女性与心理健康

NÜXING YU XINLI JIANKANG

胡英娣　柳韶军◎主　编

董玲艳　鲍　露　陈　娜◎副主编

东北师范大学出版社
NORTHEAST NORMAL UNIVERSITY PRESS

长　春

图书在版编目（CIP）数据

女性与心理健康 / 胡英娣，柳韶军主编. —长春：
东北师范大学出版社，2022.1
ISBN 978 - 7 - 5681 - 8663 - 6

Ⅰ.①女… Ⅱ.①胡… ②柳 Ⅲ.①女性－心理健
康－健康教育－高等学校－教材 Ⅳ.①G444

中国版本图书馆 CIP 数据核字（2022）第 012503 号

□责任编辑：刘佳微 □封面设计：迟兴成
□责任校对：石 斌 □责任印制：许 冰

东北师范大学出版社出版发行
长春净月经济开发区金宝街 118 号（邮政编码：130117）
电话：0431—84568023
网址：http：∥www.nenup.com
东北师范大学音像出版社制版
河北亿源印刷有限公司印制
石家庄市栾城区霍家屯裕翔街 165 号未来科技城 3 区 9 号 B
电话：0311—85978120
2022 年 1 月第 1 版 2022 年 1 月第 1 次印刷
幅面尺寸：170mm×240mm 印张：12.5 字数：230 千

定价：38.00 元

前　言

　　随着生活水平的提高和社会的不断进步，女性对健康的要求也越来越高。然而，女性的心理健康关系女性自身、子女、家庭乃至整个社会，如果女性心理不健康，就会带来一系列的问题。因此，女性应该学会不断研习心理健康知识，领会心理健康的要领，以健康快乐地生活。

　　本书广泛吸收了近年来心理健康的研究成果，综合运用医学、心理学、女性学、教育学等学科知识，根据女性不同年龄阶段的生理、心理特点，直面女性要遇到和即将经历的种种问题，提供科学、有效和实用的心理调适方法，以帮助女性增强各个人生阶段的适应能力，保持身心健康，从而促进女性发展，走向成功成才。本书可以作为专科以上院校女性心理健康教育课程的教材，适合社会各界女性阅读，也可以作为家政等各类培训机构使用的教材。

　　本书分为 8 章，约 20 万字。书中全面、系统地阐明了心理健康的基本理论和实践。在撰写本书的过程中，胡英娣、柳韶军担任主编，董玲艳、鲍露、陈娜担任副主编。书中内容的编写情况主要是：第一章，女性心理健康概述，由胡英娣、柳韶军编写；第二章，女性心理发展与保健，由鲍露编写；第三章，女性情绪管理，由董玲艳编写；第四章，女性的人格与培养，由董玲艳编写；第五章，女性人际交往与心理健康，由鲍露编写；第六章，女性婚姻、家庭与心理健康，由董玲艳编写；第七章，女性压力管理与挫折应对，由陈娜编写；第八章，心理健康与女性成才，由胡英娣编写。胡英娣、董玲艳负责本书的统稿工作。另外，在撰写本书的过程中，笔者们还参阅了大量文献、资料，在此谨向有关人士深表谢意！

胡英娣

目　　录

第一章　女性心理健康概述

本章导读

　　女性学会维护自身心理健康之前需要先走入神秘的心理世界。什么是心理学？什么是心理现象？树立科学的心理观，是女性提高自身心理健康的基础。随着生活水平的提高和社会的不断进步，女性对健康的要求也越来越高，逐渐发展出自己的健康生活观。体质要健康、心理要健康、社会适应良好逐渐成为现代女性的健康标准。女性了解心理咨询与心理治疗的基本理论知识，既有助于提升自我，更能帮助他人。

第一节　心理学概述

一、心理学概念及其研究对象

　　人的心理现象是自然界最复杂、最奇妙的一种现象，恩格斯把它誉为"世界上最美丽的花朵"。心理学是研究心理现象的科学，具体来说，是研究人的行为和心理活动规律的科学。心理学既研究动物的心理，又研究人的心理，并且以人的心理现象为主要的研究对象。纷繁复杂的心理现象（Mental Phenomena）可分为以下两个方面，如图1-1所示。

　　　　　　　　　　　　　　　　　　　　　　认知过程
　　　　　　　　　　　　　　心理过程　　　　情绪情感过程
　　　　　　　　　　　　　　　　　　　　　　意志过程
　　　　心理现象
　　　　　　　　　　　　　　人　格　　　　　人格倾向性
　　　　　　　　　　　　　　　　　　　　　　人格心理特征

图1-1　心理现象

（一）心理过程（Mental Process）

心理过程是指在人的认知、情感、意志行动方面表现出来的心理活动，包括以下三个过程。

1. 认知过程。认知过程是指人认识客观事物的过程，是人由表及里、由现象到本质地反映客观事物特性与联系的最基本的心理活动。认知过程由低级到高级，主要包括感觉、知觉、记忆、思维和想象等。

2. 情绪情感过程。情绪情感过程是个体在实践活动中对事物或行为的态度、体验和感受，如喜、怒、哀、乐、爱、憎、惧和自豪感、荣誉感、成就感等。

3. 意志过程。意志过程是指个体根据自身的需要和动机，自觉地确定目标，克服内部和外部困难并力求实现目标的心理活动。

（二）人格（Personality）

人格也称为个性，是一个人的整体精神面貌，是个人心理活动稳定的心理倾向和心理特征的总和。其主要包括人格倾向性和人格心理特征两个方面。

1. 人格倾向性。人格倾向性是指人所具有的意识倾向，决定个体对现实世界的态度以及对认识活动对象的趋向与选择。其主要包括需要、动机、兴趣、信念、理想、价值观和世界观等。

2. 人格心理特征。人格心理特征是指区别于他人、在不同的环境中表现出一贯的、稳定行为模式的心理特征，主要包括能力、气质和性格。

心理过程与人格是紧密相连、密不可分的：一方面，心理过程是人格形成的条件；另一方面，人格能影响和制约心理过程的进行，并在心理过程中得到表现。

二、心理的实质

（一）心理观

对于心理的实质，不同观点的人有着不同的回答，主要存在两种对立的心理观。

1. 唯心主义心理观：唯心主义认为心理是不依赖于物质，先于物质而独立存在的，一切物质是心理的产物。主观唯心主义认为客观事物由个体的感觉意识所决定，客观世界就是感觉的总和，即"存在就是被感知"。客观唯心主义认为事物由存在于世界之外的某种绝对精神决定，即"天赋观念说"。这些都是错误的。

2. 唯物主义心理观：庸俗唯物论认为，心理是自然、本能的活动，即一种本能反应；机械唯物论认为，人如同一架机器。两者都不科学。

真正科学的心理观是：世界的本质是物质的，物质第一性，意识第二性。心理是人脑的功能，是对客观现实的主观的、能动的反映。

（二）脑是心理的器官，心理是脑的功能

相当长一段时间内，人们认为心理活动的器官是心脏，因为平时能感觉到心脏的跳动，并且在不同精神活动状态下，能感觉到心脏活动有变化。然而，随着生物学、医学的发展，人们逐渐认识到人的心理活动器官不是心脏而是脑，具体表现在以下三个方面。

1. 从物种发生史来看，心理是物质发展到高级阶段的属性。一切物质都具有反映属性，随着物质由低级向高级不断发展，其反映形式也由简单向复杂发展。无生命物质仅仅具有物理的、化学的反映形式，而有生命的物质由于产生了神经系统，不仅具有无生命物质的反映形式，而且出现了生物的反映形式。生物体最早出现的反映形式是感应性，随后随着神经系统的不断完善，其逐步出现感受性、知觉、思维的萌芽和意识。因此，心理是物质的一种反映形式，是神经系统的功能，更确切地说是神经系统的最高部位——脑的功能。

2. 从个体发生史来看，心理的发生、发展与脑的发育完善紧密相连。根据大脑研究的相关资料，我们得知随着儿童脑重量的增加和脑皮质细胞的功能成熟，儿童的心理水平也随之提高：从感觉阶段发展到表象阶段，从形象阶段发展到抽象思维阶段。

3. 近代医学研究证明，人脑的一定部位受到损伤会引起相应的心理功能丧失。例如，人的左脑有一个布罗卡氏区（Broca's area），即运动性言语中枢，如果这个区域损坏，人就不能说出复杂的语言；如果枕叶受到损伤，人就会失明；如果额叶受到损伤，人的智力和性格就会受到影响，从一个温良宁静、有理智的人变成粗野急躁、不能自制的人。

（三）心理是对客观现实的主观的、能动的反映

1. 心理是对客观现实的反映。客观现实是人的心理活动内容的源泉，没有客观事物的刺激作用，人的心理就会成为无源之水、无本之木，大脑不能产生任何心理现象。例如，对于感觉来说，人的感觉器官和脑的感觉中枢具备了产生感觉的条件，但看到什么、听到什么、闻到什么，这些内容都不能由人的主观决定，而取决于外部环境中的具体事物。其他心理现象也是如此，都不是无端产生的，都是由现实生活中的事物决定的。

2. 心理是对客观现实的主观映象。这种主观映象与所反映的客观现实是很相像的，但两者本质不同。客观现实是具有物质实在性的具体事物，而主观映象只是一种精神现象。心理反映是由主体（个人）进行的，它不像是复印、摄影等对事物的翻版，而是受到个人的知识经验、个性特征、思想观点等多种因素的影响，带有主观色彩。例如，同样面对夕阳，在唐代诗人李商隐的笔下是"夕阳无限好，只是近黄昏"，带有悲观韵味；在叶剑英元帅的笔下是"老夫喜作黄昏颂，满目青山夕照明"，反映了十分乐观的精神面貌。

3. 人的心理是积极能动的反映。脑对客观世界的反映不是像镜子一样机械被动的反映，而是一种积极能动的反映。心理反映具有选择性，人对客观世界的反映是根据主体的需要、兴趣、任务而有选择地进行的。另外，心理反映还具有主动性，人的反映不仅能认识客观现实的外部特征，还能揭示其本质和规律，通过意志的作用对其进行改造。在反映现实的过程中，人能根据实践的检验不断调整自己的行动，使反映符合客观规律，并随时纠正错误的反映。这些都表现了人的心理反映的能动性。

4. 社会生活实践对人的心理起制约作用。实践活动是客观现实与主观反映相联系的纽带，客观现实只有作为人实践活动的条件和对象时，对人的心理活动才有意义。人的心理在实践活动中产生和发展，从不成熟走向成熟，从低级走向高级。新生儿从遗传中只获得了本能行为，然后逐渐在交往活动中学会了说话，在游戏活动中学会了交友，在学习活动中学会了书写、发展了抽象思维，在个体社会化的活动过程中形成了个性。同时，由于实践活动的领域不同，成年人心理发展的方向带有明显的职业特色。比如，画家善于记忆具体形象，其形象思维的能力发展突出；数学家的抽象逻辑思维水平常常是普通人所不能及的。

拓展阅读

狼孩的故事

1920 年，印度心理学家辛格在一个深山的狼洞中发现了两个女孩，其中一个大约七八岁，取名为卡玛拉。辛格夫妇将其送到孤儿院精心抚养，一心想让其恢复人性。一开始，卡玛拉一身的狼性，吃饭喝水都是趴在地上舔，此习惯经过两年的矫正才改过来。虽然卡玛拉已经 10 岁，但是她还从死鸡肚子里掏肠子吃，晚上像狼一样号叫。她被带回来三年半后才学会直立行走。直到第六年，她走起路来还不如 2 岁孩子稳当，尤其一遇到惊吓，她就马上趴下"四蹄"逃跑，但她学会了用杯子喝水，用手吃饭。刚被带回来时，她根本不会说话，经过两年的训练，她才学会 4 个词。直到 17 岁死亡时，她才学会 45 个词，她的智力水平相当于 4 岁的孩子。

三、健康及心理健康概念的内涵

《世界卫生组织宪章》中指出，为了使人类达到最充分的健康状况，就必须向所有人普及医学的、心理的和其他有关健康的知识。心理健康教育就是帮助女性树立心理健康意识，增强心理调适能力，以达到心灵和谐、人格健全的目的。

（一）健康概念及其标准

早在 1948 年，世界卫生组织就给出了关于健康的新定义：健康不仅是没有疾病和虚弱现象，而且是一种生理上、心理上和社会适应能力上的良好状态。

1998 年，世界卫生组织又对健康做出了新解释：健康应包括身体健康、心理健康、社会适应能力良好和道德健康。

一些学者提出了具有现代意义的新的健康观：健康应是一个人能对抗紧张，经得住压抑和挫折，积极安排自己的各种生活及活动，其智慧、情感和躯体能融为一体，物质生活和精神生活充满生机，富有文明的意义。健康包括四大要素：①生理平衡（没有身体疾患）；②心理稳定（没有心理障碍）；③社会成熟（具有社会适应能力）；④道德健康（具有良好品质）。

下面是世界卫生组织规定健康的 10 条标准。

（1）有充沛的精力，能从容不迫地应付日常生活和工作的压力，而不感到过分紧张；

（2）态度积极，乐于承担责任，无论事情大小都不挑剔；

（3）善于休息，睡眠良好；

（4）能适应外部环境的各种变化，应变能力强；

（5）能够抵抗一般性的感冒和传染病；

（6）体重适当，身材匀称，站立时头、肩、臂的位置协调；

（7）反应敏锐，眼睛明亮，眼睑无炎症；

（8）牙齿清洁，无空洞、无病菌、无出血现象，齿龈颜色正常；

（9）头发有光泽，无头屑；

（10）肌肉和皮肤富有弹性，走路轻松自然。

（二）心理健康概念及其标准

1. 心理健康的概念

世界卫生组织认为，心理健康是一种持续高效且满意的心理状态，在这种状态下，生命具有活力，潜能得到开发，价值得以实现。

同时，世界卫生组织提出了心理健康的四个具体标志。

（1）身体、智力、情绪十分协调；

（2）能适应环境，人际关系和谐；

（3）有幸福感；

（4）能在工作中充分发挥自己的能力，能高效率地生活。

2. 心理健康的判断标准

（1）世界组织的标准

世界卫生组织提出心理健康的标准包括"三良"：具有良好的个性、良好的人际关系、良好的社会适应。

（2）我国的标准

我国学者将心理健康的标准概括如下。

① 智力正常。智力是人们在获得知识、运用知识时所必须具备的心理条件或特征，是人的观察力、注意力、思维力、想象力和实践活动能力等的综合。智力正常是心理健康的基本条件。智力低下者在社会适应、工作、学习、生活中会遇到障碍，容易出现心理问题，从而产生自卑感。

② 情绪稳定。心理健康者能经常保持乐观、愉快、开朗、满足的心境，对生活和未来充满希望。同时，心理健康者善于控制和调节自己的情绪，使情绪保持相对稳定。

③ 意志健全。健全的意志表现为行动具有果断性、自觉性、坚持性和自制力。心理健康的人总是有目的地进行各项活动，在遇到问题时能经过思考采取果断决定，并善于控制自己的激情。

④ 人格完整。心理健康的最终目标是保持人格的健全、完整与稳定。也就是说，人格结构的各要素完整统一，对自我有适当的了解和恰当的评价，以积极进取的信念、人生观作为人格的核心，并以围绕此核心统一自己的需要、愿望、目标和行为。

⑤ 适应良好。心理健康者能有效地处理自身与周围现实世界的关系，其心理行为能顺应社会文化的进步趋势，能主动地适应和改造现实环境，具有积极的处世态度，与社会广泛接触，对社会现状有较清晰正确的认识，能达到自我实现与对奉献社会的协调统一的目标。

⑥ 人际关系和谐。人际关系是人们在共同生活中，彼此为满足自身需要

而建立起来的相互间的心理关系。心理健康者能以尊重、信任、理解、宽容、友善的态度与他人相处，并乐于交往，能接受并给予爱和友谊，有广泛而稳定的人际关系。

⑦ 符合年龄。心理健康者的心理行为表现应与生理发展阶段年龄相符，即应具有多数同龄人相符合的心理行为特征。一个人的心理行为如果经常偏离自己的年龄特征，那么一般都是心理不健康的表现。

有些学者认为，随着城市竞争的激烈和劳动力市场供求矛盾的加剧，都市生活压力很大。在这种情况下，女性心理健康的风险越来越大。然而，女性的心理健康关系女性自身、子女、家庭乃至整个社会，因此，如果女性心理不健康，就会带来一系列的问题。由于女性在职业与生活双重角色中面临的压力很大，因此她们进行一些心理健康保健非常重要。随着生活水平的提高和社会的不断进步，女性对健康的要求也越来越高，逐渐发展出自己的健康生活观。体质要健康、心理要健康、社会适应良好逐渐成为现代女性的健康标准。

四、女性常见的心理健康问题及成因

现代女性常见的心理健康问题主要表现为：心因性躯体疾病、各种神经症、自我意识问题、人格障碍、情感情绪障碍、人际关系和社会适应问题等。

其中，心因性躯体疾病引发的各种神经症主要是指焦虑症、抑郁症、恐惧症等。自我意识问题主要表现为典型的自负、自卑、自恋、依赖、虚荣、攀比、嫉妒、从众心理等。情感情绪障碍主要是指女性因身体健康缘故或在生活、工作、人际交往和教育孩子等方面遇到挫折而导致的情感情绪失常现象，产生负性、消极的情绪状态而影响正常的生活，如烦躁、愤怒、沮丧、抑郁、悲伤、痛苦、绝望、压抑、狂躁等。人际关系和社会适应问题主要表现为无法正确处理和协调各种人际关系，无法适应周围的客观环境和社会环境，无法做到随遇而安，自然地融入周围环境中。

女性产生这些心理健康问题的原因是多方面的，我们可以从主观因素和客观因素两个方面来探讨。主观因素是指女性的生理健康状态、心理承受力、认知观念和态度等；客观因素是指来自女性个体自身因素之外的原因，如女性的职业发展、夫妻关系、亲子关系、婆媳关系、家庭暴力问题、人际关系、子女教育等各种社会压力问题。

第二节 心理咨询与心理治疗概述

一、心理咨询与心理治疗的概念

（一）心理咨询的概念

心理咨询（Psychological Counseling）是指运用心理学的理论、技术与方法，通过特殊的人际关系，帮助求助者解决心理问题，或者由心理问题引发的行为问题，提高其生活适应能力，促进其人格健康发展的过程。简单来说，心理咨询就是咨询者协助求助者解决心理问题的过程。心理咨询的概念有以下四点含义。

1. 心理咨询以心理学的理论为指导。心理咨询是一系列心理活动的过程。从咨询者的角度来看，帮助求助者更好地认识自我、接纳自我、开发自我，是一系列的心理活动；从求助者的角度来看，接受新的信息，学习新的行为，学会自己解决问题的技能及做出某种决定，是一系列的心理活动。为使心理咨询工作顺利、有效地开展，咨询者需要以心理学的相关理论作为指导。

2. 心理咨询通过特殊的人际关系实现。咨询关系是"求"和"帮"的关系，这种关系在心理咨询中具有普遍意义。帕特森（C. H. Patterson）认为，咨询者提供一定的心理氛围和条件，使求助者发生变化，解决自己的问题，形成一个有责任感的独立的个体，从而成为一个更好的社会成员。罗杰斯（C. R. Rogers）指出，许多用心良苦的咨询者未能成功的原因是在这些咨询过程中未能建立一种令人满意的咨询关系。这说明，在心理咨询中起关键作用的不是咨询者的方法和技能，而是咨询者和求助者之间良好的人际关系。

3. 心理咨询以解决心理问题为目的。心理咨询的任务只是解决心理问题本身，而不包括引发心理问题的具体事件。也就是说，咨询者帮助求助者解决的问题，只能是心理问题，或者由心理问题引发的行为问题。除此以外，咨询者不能帮助求助者解决任何生活中的具体问题。

4. 心理咨询是咨询者帮助求助者自我成长的过程。咨询者不仅要帮助求助者解决当前面临的问题，还要帮助求助者培养独立解决问题的能力，使其能够正确面对和处理自己人生中的各种问题，成为一个心理健康、人格成熟且能自我实现的人。心理咨询的根本目标是"助人自助"，即通过咨询者的帮助，求助者不仅能学会自己解决问题的方法，而且能自己解决自己的问题，而不是依靠咨询者代替解决问题。

（二）心理治疗的概念

心理治疗（Psychotherapy）是以医学心理学理论为指导，以良好的医患关系为基础，运用心理学的技术和方法，治疗患者的心理疾病，以促进患者的人格向健康、协调方向发展的过程。简单来说，心理治疗是心理治疗师对求助者的心理与行为问题进行矫治的过程。心理治疗有五个基本要素。

1. 心理治疗师必须具备一定的医学和心理学的理论知识与技术，这是成功实施心理治疗的基本条件。

2. 心理治疗工作是在人际关系和交往互动的背景下进行的，这一关系是心理治疗的起点和终点。因此，建立良好的医患关系是心理治疗成功的保障。

3. 心理治疗是一个过程，因此要严格按照一定的程序进行。

4. 心理治疗的主要对象是各种心理疾病，包括行为障碍、人格障碍、神经症、心身疾病等。

5. 心理治疗的目的是通过改善患者的心理功能，最终缓解或消除其可能存在的各种心身症状，恢复其健全人格，使其获得生理、心理、社会功能的平衡稳定。

二、心理咨询与心理治疗的关系

"心理咨询"这一概念有广义和狭义之分。广义的心理咨询包括"狭义的心理咨询"和"心理治疗"两类临床技术手段。也就是说，"心理咨询"和"心理治疗"是心理咨询临床干预工作的左膀右臂，它们有着共同的理论基础和一致的实践目标。然而，不同的是，它们采取的具体手段不同，解决问题的严重性不同。面对严重的心理问题，我们使用心理治疗的标准化手段去解决；面对一般的心理问题，我们使用心理咨询的非标准化手段去应对。在多数的实际操作中，我们一般采用两种方法交替使用的措施。因此，两者的关系非常密切，很难截然分开。两者的关系可概括如下。

（一）心理咨询与心理治疗的相同点

1. 在关系性质上。两者都注重建立咨询者与求助者之间良好的人际关系，并贯穿于咨询或治疗过程的始终，这是咨询者帮助求助者改变和成长的必要条件。

2. 在工作目标上。两者都希望通过咨询者和求助者之间的互动，使求助者的心理康复，促进求助者的身心健康和发展。

3. 在工作内容上。两者的工作内容是相似的，都是为了缓解或消除求助者的心理和行为问题。

4. 在理论基础上。两者所遵循的指导理论和采用的方法技术是一致的，如精神分析理论、人本主义理论、行为主义理论、认知心理理论等，均是两者共同的理论基础。

（二）心理咨询与心理治疗的不同点

1. 工作对象不同。心理状态分为心理正常和心理异常，其中，心理正常又包括心理健康和心理不健康两种情况。心理咨询的对象主要是心理正常，出现了心理问题导致心理不健康的人群。心理治疗的对象主要是心理异常，心理状态发生了病理性变化，行为表现明显与众不同的患者。

2. 解决问题不同。心理咨询着重处理的是正常人所遇到的各种问题，如日常生活中人际关系的问题、职业选择方面的问题、教育求学过程中的问题、恋爱婚姻方面的问题、子女教育方面的问题等。心理治疗的适应范围往往是某些神经症、性变态、人格障碍、行为障碍、心身疾病及康复中的精神障碍患者等。

3. 从业人员不同。心理咨询的从业人员主要是心理学工作者、教育学从业者以及社会工作者。心理治疗的从业人员大多是医疗工作者，特别是有着精神病学知识的医疗卫生工作者。

4. 时间、场地不同。心理咨询用时较短，一般咨询次数为一次至几次，不需要住院。心理治疗用时较长，治疗次数由数次到几十次不等，甚至一至两年，而且需要在专业的医院就诊，有的患者甚至需要住院治疗。

5. 意识层面不同。心理咨询在意识层面进行，重点在于找出已经存在的求助者自身的内在因素，并使其得到发展。心理治疗的某些学派主要针对无意识领域进行，重点在于重建患者的人格。

6. 技术手段不同。心理咨询的技术手段是"协助解决"，即在协商和帮助过程中解决问题，在操作上不太规范化、标准化，一般不需要辅以药物。心理治疗的技术手段是"矫治"，即带强制性的矫正和按治疗方法进行调治，在操作上规范化、标准化，多需要辅以药物。

为了更好地区别心理咨询与心理治疗，现列表进行对比，如表1-1所示。

表1-1 心理咨询与心理治疗的区别

名 称	心理咨询	心理治疗
工作对象	心理正常，但有心理问题的人，称为求助者或来访者	心理异常的人，称为患者
解决问题	正常人所遇到的各种心理问题（人际关系、学习、工作、婚姻家庭等问题）和可疑神经症	异常心理（神经症患者、性变态患者、人格障碍患者、行为障碍患者、心身疾病患者等）和康复中的精神障碍患者
从业人员	咨询心理学家、心理咨询师	临床心理学家、医学心理学家、心理医生
工作时间	咨询时间较短，依实际情况可在1次至几次左右	治疗时间较长，短则数周，长则1～2年
工作场地	在咨询室进行，不需要住院和进门诊	在专业的医院门诊进行，有的甚至需要住院
意识层面	在意识层面进行，注重教育性、指导性和支持性	需要进入无意识领域，注重重建患者的人格
技术手段	"协助解决"，即在协商和帮助过程中解决问题，在操作上不太规范化、标准化，一般不需要辅以药物	"矫治"，即带强制性的矫正和按治疗方法进行调治，在操作上规范化、标准化，多需要辅以药物

三、心理咨询与心理治疗的原则

心理咨询与心理治疗的工作原则基本一致，综合体现在以下六个方面。

（一）和谐原则

良好和谐的医患关系是心理咨询与心理治疗成功的关键，也是其具体实施的重要前提条件。咨询者在心理咨询与心理治疗的过程中保持对求助者尊重、热情、支持、理解和同情的态度，能使求助者对其建立信任感和权威感，以便求助者树立治疗信心，真诚并毫无保留地袒露心声，为心理咨询与心理治疗的顺利进行提供保障。

心理咨询与心理治疗的人际关系不同于普通生活中的人际关系。其特征主要有两点：①情感限制：心理咨询与心理治疗的关系必须限制在工作范围内，咨询者对求助者的关心只能限制在心理问题或心理障碍方面，不能超出他们关系以外的任何形式的个人关系。同时，咨询者不能将个人情绪带入心理咨询或心理治疗的过程中。②时间限制：心理咨询与心理治疗的关系严格控制在心理咨询与心理治疗期间，待心理咨询与心理治疗结束，他们的关系也就终止，双方不能再以"朋友"关系进行来往。若求助者以后出现新的心理问题，则需要与咨询者重新建立新的心理咨询或心理治疗关系。

（二）保密原则

坚持保密原则是心理工作者必备的职业道德。心理咨询与心理治疗往往涉及求助者的个人隐私。保密的内容不仅涉及心理咨询与心理治疗的谈话内容，而且涉及心理诊断和心理测量的结果，包括思想状况、个人生活、个人成长经历、恋爱、婚姻、交友、工作等情况。为维护求助者的合法权益和治疗本身的声誉及权威性，使求助者得到安全的治疗，心理工作者应确保或力争求助者提供的信息真实有效，而且未经求助者同意绝不把信息泄露给别人。如果涉及求助者有明显伤害自己或他人的意图，那么心理工作者需要特殊考虑，恰当、谨慎地处理。

（三）中立原则

心理咨询与心理治疗的最终目标是帮助求助者自我完善与成长。由于每个人都有自己独特的价值取向，心理咨询或心理治疗工作者不仅应该尊重求助者自己的价值观和各种权利，而且不能把自己的目标强加在求助者身上，不能用自己的价值观去影响求助者。心理咨询或心理治疗工作者只有保持中立的原则，不把个人情绪带入心理咨询或心理治疗中，才能对求助者的情况进行客观分析和正确理解，提出适宜的处理办法。心理咨询或心理治疗工作者应帮助求助者学会自己解决问题，而不是代替求助者做任何抉择。

每个人都有维护亲朋好友利益的本能，易产生对有亲近关系的人的偏袒，加上求助者在熟人面前很难完全自我暴露，这样就给心理咨询或心理治疗造成障碍。为尽量确保中立的态度，心理咨询或心理治疗工作者一般回避为亲友和熟人进行心理咨询或心理治疗。

（四）针对原则

咨询者本人对不同心理治疗技术掌握的熟练程度、操作经验及设备条件等情况有所不同，而且每种心理治疗的技术都有一定的适用范围。因此，咨询者应根据求助者出现的具体问题和需求，结合自身的实际情况有针对性地、科学地选择治疗技术，保证取得良好的治疗效果。

（五）计划原则

无论选择哪种心理治疗方法，在开始实施之前，咨询者应该根据求助者的具体信息资料，在做出明确诊断的前提下设计科学的治疗程序，包括目标、时间、方法、疗程等，同时预测治疗过程中可能出现的各种变化及相应的应对措施。咨询者要做好与治疗相关信息的详细记录，形成完整的病案信息资料，以备档查用。如果咨询者在治疗途中发现求助者的病情有新的变化，或者治疗过程受文化习俗、经济条件、个人价值观等因素的干扰，那么可以随时根据新的情况灵活调整治疗方案或选择更适合的治疗方法。

（六）综合原则

心理疾病产生的原因是各种社会、生物、心理等诸多因素相互作用、互为因果的结果。咨询者应遵循多种治疗方法联用和多治疗途径相结合的综合原则，以增强疗效，加快患者康复的进程。例如，心理治疗与物理治疗、药物治疗等治疗方法联用。家庭环境和社会的各种因素对求助者产生较大的影响，这些因素也构成了求助者的社会支持系统，对求助者的治疗起到至关重要的作用。因此，咨询者在对求助者进行治疗的过程中应争取其朋友的理解、亲人的关心、同事的帮助、社会的支持等多方面的支持，实现多途径的综合运用。

第三节　心理咨询与心理治疗的理论基础与技术

心理咨询与心理治疗所遵循的指导理论和采用的方法技术基本上是一致的。为了便于表达，以下描述以心理治疗为例。

一、心理支持疗法

心理支持疗法（Supportive Psychotherapy）简称为支持疗法，是以心理学的知识和临床医学知识为基础，治疗者采取鼓励、支持、同情、劝导、启发、说服、消除疑虑、提供保证等交谈方式来帮助和指导患者认识、分析当前所面临的问题，使其发挥自己最大的潜能和自身的优势，正确面对各种困难或心理压力，以渡过心理危机，从而达到治疗目的的一种心理治疗方法。支持疗法本身并不构成独立的治疗体系，其核心是为患者提供心理支持和力所能及的帮助。

（一）理论基础

支持疗法不用来分析患者的潜意识，而主要是支持、帮助患者适应目前所面对的现实，因此又称为非分析性治疗。也就是说，当患者面对严重的心理挫折或心理创伤，如发现自己患了癌症而无法医治，或发觉自己的配偶有不忠行为，或面临亲人受伤或死亡等意外事件时心理难以承受，难以控制自己的感情，感到手足无措，精神几乎崩溃，需要依靠他人的"支持"来应付心理上的难关时，治疗者为其提供支持，帮助其应付危机。支持疗法的另一层含义是：对于患者的人格不成熟、情感脆弱或患有慢性精神障碍、退化性障碍，治疗者需要长期支持与照顾，以降低其复发或恶化的可能性，增强其应付现实的能力。

（二）治疗目标

支持疗法的治疗目标是治疗者能善用与患者所建立的良好关系，利用自身的权威、专业知识来关怀、支持患者，使患者发挥潜在能力，舒缓其精神压力，提高其应付危机的技巧和适应困难的能力，帮助其走出心理困境，从而避免其精神发生崩溃。

（三）治疗技术

1. 耐心倾听。倾听就是听患者诉说，包括他们的问题、感受和需要等。倾听本身包含许多技术和作用，不是被动消极的。倾听的过程是一个交流双方相互交往、相互了解、相互信任与合作的过程。倾听的作用有：①患者被压抑的情感得以宣泄和疏导；②患者通过倾述内心的痛苦和烦恼，产生满足感以及被接受、被信任、被尊重和被理解；③治疗者能深入了解患者的心理活动、心理需要和心理问题；④促进医患关系的发展，有利于治疗深入进行。

2. 安慰劝解。患者因对疾病的担忧和恐惧常会出现情绪悲观、低落、焦虑不安等情况，此时，治疗者应不失时机地及时给予其安慰与劝解，启发其接受和面对现实，劝导其以积极的态度和行为面对疾病，增强其治疗信心，使其顽强地与疾病做斗争。

3. 解释指导。治疗者采用通俗易懂的语言实事求是地向患者讲清疾病的原因和性质及治疗措施，消除患者的疑虑和误解。针对患者存在的认知和行为问题，治疗者应提出合理化建议和指导，为患者提供新的思维和方法，帮助其重新认识问题，从而帮助其从困惑中解脱出来。

4. 鼓励保证。鼓励是针对消极悲观、缺乏自信的患者，治疗者通过采取鼓励的方式使他们能振作精神、鼓起勇气，增强应对危机的信心。保证则是在患者苦恼、焦虑，尤其是处于危机时，治疗者给予他们心理保护所采取的措施。然而，如果治疗者在对患者不够了解时就过早地给予保证，就会使患者认为自己受到欺骗，导致治疗前功尽弃。面对这种情况，治疗者应以充分的事实为依据，客观地解释疾病发展的可能性及预后情况，用坚定地语气充满信心地向患者保证，消除患者的紧张和焦虑情绪，使其正确、客观地对待自身出现的问题。

5. 改善环境。环境可以分为内环境和外环境。内环境的改善主要是让患者学会认识自己的性格特点，了解哪些人生态度和处世方法有益于身心健康，哪些人生态度和处世方法有害于身心健康；外环境的改变、人际关系的及时调整是患者避免心理痛苦所采取的有效途径。患者通过积极改善自身的内、外环境，能够形成健康的行为和生活方式，实现自我心理保健的目标。

（四）适用范围

支持疗法是我国目前使用很广的一种心理治疗方法，可广泛用于身患绝症且精神上难以抵御和补偿的患者；各种神经症和神经症性反应的患者；等等。

二、精神分析疗法

精神分析疗法（Psychoanalytic Psychotherapy）由弗洛伊德（S. Freud）于 19 世纪末创立。其是指建立在精神分析理论上的心理治疗方法。

（一）理论基础

精神分析理论认为，人的早年心理冲突会沉积在潜意识中。在一定条件下（如环境变化、精神刺激等），这些潜意识中的心理冲突在以后的生活中可转化为各种症状（神经症、心身疾病等）。精神分析学家通过"释梦""自由联想"等方法，帮助患者将压抑在潜意识中的各种心理冲突、童年时期的精神创伤和焦虑情绪体验挖掘出来，带入意识中，使无意识的心理过程转变为有意识的内容，使患者了解、领悟症状的真正意义，重新认识自己，从而改变原有的行为模式，重建健康人格，达到治疗的目的。

（二）治疗目标

精神分析疗法有两个目标：①把压抑在潜意识中的矛盾症结挖掘出来，使它浮现至意识层面；②强化自我，使行为能更顾及现实情况而较不受本能的导引。精神分析疗法的目的不单纯是消除患者的症状，而是通过对早年心理冲突的分析，一方面增强并调节患者的自我功能，从而使患者能更好地承受各种压力，适应社会；另一方面注重患者人格的重建、态度的转变，使其达到认知上的领悟，促进其人格的成熟。

（三）治疗技术

1. 自由联想（Free Association）。自由联想是精神分析疗法的基本手段。其主要功能是降低患者的心理防御机制，使其逐渐接近潜意识。在治疗时，治疗者应让患者在完全放松的状态下，启发其毫无保留地说出自己想说的一切，包括家庭、娱乐、工作、过去和现在的生活经历等方面。无论是否合乎逻辑，治疗者都应鼓励患者尽情倾述，引导患者回忆童年时期的精神创伤和挫折等，逐渐进入其内心深处的潜意识，将其潜意识层的心理冲突逐渐导向意识层，找出问题症结，使其对此有所领悟，从而建立现实的、健康的心理。

2. 释梦（Dream Interpretation）。梦是通向潜意识的捷径，梦中出现的物体具有象征性意义，它代表着愿望的迂回满足，其内容更接近于真正的动机和欲求。弗洛伊德认为梦的内容与被压抑在潜意识中的心理活动着有内在联系。人在睡眠时的自我意识有所放松，使得平时那些被压抑在潜意识中的欲望、情感、意念活跃起来并以梦的形式出现，从而得以发泄。通过对梦的分析，治疗者更容易捕捉到患者被压抑的心理症结。在治疗时，治疗者应注意不能将一次梦孤立地进行分析，而应结合患者的其他资料综合加以分析和解释。

3. 阻抗分析（Resistance Analysis）。阻抗是在自由联想的过程中，患者表现出有意无意地回避某些问题，在行动上表现出不合作，不相信治疗者的一系列行为。阻抗能够提示治疗者已涉及患者高度敏感的内容，而这正是问题的关键所在。阻抗分析就是治疗者要指导患者以现实态度正视问题，发掘潜意识中的问题症结。一旦阻抗被认识和消除，治疗就接近于成功。

4. 移情（Transference）。在治疗过程中，随着患者对治疗者的信任和依赖的增加，患者会把治疗者看成过去心理冲突中的某个人，将自己曾经体验的态度和情感不自觉地转移到治疗者身上，这种现象称为移情。移情可以是正移情，也可以是负移情。正移情是患者将友爱、依恋、敬仰、喜欢等转移到治疗者身上；负移情是患者将怨恨、愤怒、敌对等转移到治疗者身上。治疗者可以通过移情引导患者认识到内心深处的情感纠结的本质原因，借此宣泄被压抑的情感，使患者对自身的内心情感活动有了更清晰的认识，从而推动治疗。

5. 解释（Interpretation）。治疗者可以通过解释揭示患者症状背后的潜意识动机，克服阻抗和移情的干扰，帮助患者将潜意识的内容导入意识层面加以理解，使患者能够领悟或自知自身症状的本质含义，从而面对现实并适应现实。治疗者可以通过解释使患者重新认识自己，认识自己与他人的关系，让被压抑的心理内容不断地通过自由联想和梦的分析暴露出来，从而达到治疗的目的。由于解释是一个复杂的过程，治疗者要循序渐进，逐步深入，以患者本人的话为依据，用患者能够理解的语言让其认识到心理症结的所在。

（四）适用范围

精神分析疗法适用于各种神经症患者、某些人格障碍患者、心境障碍患者。由于文化差异大、治疗时间长、技术难度高等原因，经典的精神分析疗法在我国未能广泛使用。然而，某些修正后的新精神分析疗法在时间上已有缩短，并且增加了对社会文化因素与疾病和症状关系的分析，用于解决当前迫切要求解决的问题，目前使用较多。在临床心理护理干预中，精神分析疗法的一些思想，如关注潜意识的心理活动、疏导压抑的情感、帮助认识自我、表达情感、学会面对现实等都值得我们借鉴和采纳。

三、行为疗法

行为疗法（Behavior Therapy）是建立在行为学习理论基础之上的心理治疗方法，在20世纪50年代兴起并迅速发展，短时间内便成为世界上应用最广泛的心理治疗方法之一。

（一）理论基础

行为疗法主要是根据行为主义的学习理论来认识和治疗心理问题的，主要包括巴甫洛夫的经典条件反射理论、斯金纳的操作条件反射理论和班杜拉的模仿学习理论。其核心内容是：人的一切行为包括正常的行为和非正常的行为，都是通过后天学习而获得的，因此，那些不良的或不适应的行为同样可以通过学习来修正和消退。与其他心理治疗方法相比，行为疗法更注重对患者的病理、心理问题进行行为方面的确认、分析，更注重制定治疗目标和采取相应的干预措施，目的是改善患者适应性目标行为的数量、质量和整体水平。

（二）治疗目标

行为疗法学派认为，各种心理异常及躯体症状不仅是某种疾病的症状，还是一种异常行为，它们都是在特定环境下习得的。因此，行为疗法的治疗目标就是消除患者不良适应的行为，帮助他们学习建设性的行为。行为疗法的治疗重点集中在发现影响行为的因素和如何有效处理有问题的行为上，而不是改变特质或性格。

（三）治疗技术

1. 系统脱敏疗法（Systematic Desensitization）

系统脱敏疗法又称为交互抑制法，其基本原理是：人的放松状态和焦虑状态是对抗的过程，通过肌肉的放松可以达到生理上的放松，使焦虑情绪得到抑制，即放松对焦虑有抑制作用。因此，治疗者可以帮助患者通过掌握肌肉的放松技术来对抗焦虑，达到治疗的目的。其具体方法是治疗者先同患者一起制定一份恐惧、焦虑的情境等级表，再让其在每一情境等级中运用放松技术抑制焦虑反应的发生，达到对焦虑情境等级的逐步脱敏的目标。具体操作步骤如下。

（1）放松训练：主要是肌肉的放松。每日 1 次，每次 20～30 分钟，一般练习 6～10 次就能学会放松。以达到能迅速进入松弛状态的水平为适合。

（2）制定焦虑等级表：对引起患者焦虑反应的事件或情境做详细的等级划分（一般分为 7～10 个等级），按由弱到强的顺序排列，依此层次建立焦虑等级表，如表 1 - 2 所示。

（3）实施脱敏：患者在基本掌握放松技巧后按照设计的焦虑等级表中的次序，从弱到强逐级进行脱敏训练，具体分为想象脱敏训练和现实脱敏训练两种方式。

① 想象脱敏训练：治疗者首先让患者想象最低等级的刺激事件或情境，当患者确实感到焦虑、紧张时，治疗者令其暂时停止想象，同时全身放松。患者在平静后再重复上述过程，反复训练至不再对这一刺激事件或情境感到焦虑、紧张为止。治疗者逐级而上，让患者想象自己身临焦虑等级表上的每一情境中，直到对刺激事件或情境的最高等级实现脱敏。

② 现实脱敏训练：这一步骤与想象脱敏训练基本相同，只是对于引起焦虑、恐惧的刺激事件或情境，治疗者不是让患者去想象，而是让患者身临其境地接触，将其置身于实地一步步地脱敏。

表 1 - 2　对动物（狗）恐怖症患者的焦虑等级表

等级	刺激事件
1	看"狗"的名词
2	看狗的图片和谈到狗
3	接触玩具狗
4	听到狗的叫声
5	看关在笼子里的狗
6	摸关在笼子里的狗
7	单独同狗玩

2. 冲击疗法（Flooding Therapy）

冲击疗法又称为满灌疗法，是暴露疗法之一。其基本原理为：逃避诱发焦虑的情境实际上是条件反射性的强化焦虑。其治疗方法是让患者直接暴露在对他来说最强烈的刺激情境中，并持续一段时间，不允许逃避，直至焦虑、恐惧消除。该疗法能使患者直接面对最令其焦虑、恐慌的情境，从中获得顿悟，不再恐惧、焦虑，疗效较好。然而，该疗法常使某些患者难以接受，也可能出现强烈反应而导致意外事件发生，如心肌梗死、昏厥等。因此，治疗者在运用冲击疗法时应慎重，因对象而异。

3．厌恶疗法（Aversion Therapy）

其基本原理为操作性条件反射，是将某种令人厌恶的刺激（如电刺激、药物刺激、体罚、厌恶想象等）与患者的不适应行为相结合，使患者在出现不适应行为的同时产生令人厌恶的反应，从而对不良行为产生厌恶而使其逐渐消退。厌恶疗法常用于治疗酒精依赖、烟瘾、药物成瘾、吸毒、肥胖症、强迫症、性心理障碍（如同性恋、恋物癖、窥阴癖等）等患者。在治疗时，厌恶刺激必须与不良行为同时出现，而且厌恶刺激应该达到足够强度，使患者产生的痛苦或厌恶性反应远远超过不良行为带来的快感，并长期持续直到不良行为消失为止。

4．标记奖励疗法（Token Economy）

其基本原理为操作性条件反射，是正强化技术的一种形式，即如果对某种行为给予奖赏（正强化），该行为出现的频率就会上升，具有奖赏效用的强化物称为"标记"。标记奖励疗法就是通过给患者一定数量的标记来奖赏其适应性行为，只要患者出现适应性行为就可以获得标记，并且可以用这些标记换得自己喜欢的物品或参加特殊活动等。反之，取消标记，惩罚患者出现的不适应性行为。因此，该方法既可以用于不适应行为的消除，又可以用于对适应行为的塑造。

5．模仿学习疗法（Modeling Therapy）

其基本原理为社会学习理论，即让求助者通过模仿他人的适应性行为而学习。社会学习理论认为人的行为是在后天环境中通过观察学习来获得的，因此，如果需要建立或消除一种行为，那么治疗者可以通过给予求助者一种示范、一个榜样，使其能效仿、获得某种行为，或者取代不适应性行为。

6．生物反馈疗法（ Biofeedback Therapy ）

其基本原理为将正常属于无意识的生理活动置于意识控制之下，通过生物反馈训练建立新的行为模式，实现有意识地控制内脏活动和腺体的分泌的目标。治疗者运用生物反馈疗法就是利用现代生理科学仪器，把患者体内的生理功能予以描记，并转换为声、光等反馈信号，让患者自己直观地看或听到它，然后根据反馈信号进行采用心理意念调整生理功能的训练，通过反复训练掌握自我暗示的手段，学会调节自己体内不随意的内脏功能及其他躯体功能。例如，降低或升高血压、调节心率等，从而达到减轻恐惧、焦虑、精神紧张，防治疾病的目的。生物反馈疗法对多种与社会心理应激有关的身心疾病有较好的疗效。常用的设备有肌电生物反馈仪、脑电生物反馈仪、皮肤湿度反馈仪、脉搏反馈仪等。

拓展阅读

生物反馈疗法治疗紧张性头痛

一般认为，紧张性头痛的病理生理基础是头部与颈部肌肉持久的收缩，肌肉收缩致使供应肌肉的血液减少，局部处于缺血状态引起疼痛。然而，这种收缩大多由心理因素所致，头痛的特点是两额部与后枕、颈项部持续性钝痛。

国外一位医生描述一例 28 岁未婚妇女主诉颈右侧发紧、疼痛，怕与男性交往，其实，心理因素在疾病发生上起到重要作用。她的母亲认为她与别人发生过性关系而严厉惩罚过她。她说想结婚，但只在婚后不发生性生活的条件下才结婚。在做肌电图时，该名患者肌肉紧张的心理因素非常明显。医生在她安静时从她的颈部到手臂记录了肌电图（获取基线数据）。当男助手挪动她的手或与她交谈时，来自她右颈部的肌电活动增加，显示肌紧张，而来自她左颈部的肌电活动无变化。基于对紧张性头痛发病机理的认识，医生一般采用额肌电反馈放松训练作为治疗手段（选取敏感的反应指标）。

在开始两次训练时，医生先教给病人放松肌肉的方法，要求病人尽量放松，不给任何生物反馈，并记下当时的肌电活动（获取基线数据）。然后，男助手开始操作（给患者增加精神负荷），按患者的肌紧张程度给予反馈信号，前额张力高时，给予高频声音；肌肉松弛时，给予低频声音（生物信号反馈），并让患者体会到出现低频声音时的自我调整方式（内省学习训练）。在训练期间，患者的肌张力降低，头痛也随之减轻。反馈训练几个月后随访，疗效巩固。

（四）适用范围

行为疗法的应用相当广泛，它不仅适用于各种神经症（如强迫症、恐惧症）、某些心身疾病（如高血压、慢性疼痛和失眠）患者，还适用于品行障碍、性功能障碍、进食障碍、注意缺陷与多动障碍、孤独症以及精神发育迟滞等患者。行为疗法以其操作技术具体、简单易行、适用范围广等特点受到人们的欢迎和广泛使用。然而，行为疗法不研究和分析求助者异常行为的内在动机和心理根源，只着眼于可观察的、外显的行为以及引起这些行为的外部刺激，这使得行为疗法所带来的改变很可能是表面的，只治标不治本。目前，行为疗法借鉴和引入了有关认知改变的技术。在心理治疗中，治疗者更多地将行为疗法与认知改变相结合，因此，有些学者将此称为认知行为治疗（Cognitive Behavior Therapy）。

四、认知疗法

认知疗法（Cognitive Therapy）是一组通过认知和行为技术来改变求治者不良认知，达到消除求治者不良情绪和行为的短程心理治疗方法。认知疗法是20世纪50年代在美国心理治疗领域中发展起来的一种新的理论和技术。

（一）理论基础

认知疗法的理论认为，人的认知过程影响情感和行为，心理问题是由于个体不合理的、歪曲的、消极的思维方式和错误的信念造成的。因此，治疗的关键在于通过改变患者对人、对己或对事的看法与态度来改变并改善所呈现的心理问题。认知疗法的种类有很多，如艾利斯（A. Ellis）的理性情绪疗法、贝克（A. T. Beck）的认知疗法、罗斯（L. Ross）的归因理论等。它们都强调改正不适当的认知形式、不合理的想法，认为这是矫正情绪困扰或心理疾病的关键，但在治疗程序和概念上有很大的差异。

（二）治疗目标

认知疗法的基本目标是将注意力放在个体的认知过程上，通过对患者的认知歪曲进行讨论、挑战、实验，改变其思维的偏差和歪曲，使其摆脱消极观念，转而接受积极的思想，形式积极的情绪和行为。它既注重不良行为的矫正，更重视患者的认知改变以及认知、情绪、行为三者的和谐。

（三）治疗技术

下面以艾利斯的理性情绪疗法（Rational Emotive Therapy，RET）为例介绍相关治疗技术。

理性情绪疗法于20世纪50年代末被提出，其基本理论主要是ABC理论，其中，A（Activating Event）是指诱发事件；B（Belief）是指信念；C（Consequence）是指情绪和行为后果。艾利斯认为B是A与C的中介因素，造成问题的不是事件本身（A），而是人们对事件的判断和解释（B）。人天生具有歪曲现实的倾向，一切错误的思考方式或不合理信念是心理障碍、情绪和行为问题的症结。理性情绪疗法就是帮助患者认识自己不合理的信念以及这些信念的不良情绪后果，通过对非理性信念的驳斥和辩论（D）修正这些潜在的非理性信念，建立正确合理的逻辑思维，最终做出理性的选择，达到新的情绪及行为的治疗目的（E）。这样一来，原来的ABC理论有了进一步扩展，增加了D（Disputing irrational believes）和E（New emotive and behavioral effects）两部分，形成了ABCDE的治疗模式。其治疗步骤和技术要点如下。

1. 心理诊断阶段。此阶段的任务是：①治疗者与患者建立良好的医患关系，并帮助患者建立自信心；②治疗者找出患者的不良情绪和行为（C），以及与之相对应的刺激事件（A），分析两者之间的不合理信念（B），找出患者迫切希望解决的问题；③治疗者与患者共同协商制定治疗目标；④治疗者介绍ABC理论，使患者认识和接受该治疗体系。

2. 领悟阶段。治疗者在这一阶段进一步深入地寻找和确认患者不合理的信念，帮助患者实现三个领悟：①患者认识到不良情绪和行为是由不合理信念引起的，而不是刺激事件本身。②患者对自己的情绪和行为问题负有责任，应自我反省和审查。③患者认识到只有纠正不合理的错误信念，才能缓解或消除目前存在的不适症状。

3. 修通阶段。这一阶段是最重要的阶段。治疗者要主动采取驳斥、分析、归谬或幽默的方法，甚至通过与患者辩论的方法来动摇其非理性的信念，并代之以合理的信念，从而使其症状得以减轻或消除。本阶段以与患者的辩论为核心，要求治疗者有广博的知识和精辟的见解，否则，治疗者的理性信念难以压倒患者的非理性情绪。幽默是理性情绪疗法的常用技术之一，因为多数情绪困扰是患者过于严肃造成的，而幽默能对抗和改变患者陷入困境的夸张的想法，动摇其生活中的"必须"哲学，"嘲笑"其根深蒂固的、非理性的观念。此外，治疗者还可以指导患者学习一些问句来质疑自己的非理性观点，如"为什么要求人们一定要公平对待我？""谁说我每件事都应该成功？这是从哪里学来的？""如果生活不如愿，那么也没有什么可怕的，别人不也是如此吗？""我为什么要求每个人都喜欢或接受我？我不也是并不喜欢每个人吗？"……

■ 知识链接 ■----------------------------------

不合理信念的三个主要特征

1. 绝对化要求：个体以自己的意愿为出发点，认为某一事件必会发生或不会发生的信念，通常与"必须或应该"的字眼连在一起，如"我必须成功""别人必须很好地对待我"。

关键词："丢尽了人""天生如此""绝不可能""总是……"。

2. 过分概括：这是一种以偏概全、以一当百的不合理思维方式的表现，一般指根据个别事件，不考虑其他情况就对自己或他人做出关于能力、智力和价值等整体素质的普遍性结论，如"某些人在面对自己的失败时，往往认为自己一无是处或毫无价值"。

关键词："肯定如此""一定是……""绝对不可能""就是……"。

3. 糟糕至极：这是一种对事件的可能后果非常可怕、非常糟糕，甚至是一种灾难性的预期的想法。这种非理性信念常使个体陷入耻辱、自责、抑郁、焦虑、悲观、绝望等极度痛苦的情绪体验中难以自拔。

关键词："彻底失败了""世界末日到了""我全完了""再没有可能了"。

4. 再教育阶段。这个阶段主要是巩固治疗所取得的效果，治疗者帮助患者在前几个治疗阶段的基础上，发展出一套理性的生活观，并用理性的信念和思维方式取代非理性的信念与态度，学会与环境相适应的情绪和行为反应模式，打断恶性循环的自我责备过程，促进患者更好地适应现实生活。具体来说，治疗者可以指导患者每天做 ABC 日记，记录所遇到的具体刺激性的生活事件。在患者复诊时，治疗者可以与其一起讨论 A、B、C 之间的关系，找出那些非理性信念并加以质疑，探讨通过改变 B 来改变 C 的可能，最终重建患者理性的认知方式。

（四）适用范围

认知疗法适用于治疗抑郁症、性功能障碍、焦虑障碍、神经性厌食、社交恐怖、偏头痛、考试前紧张焦虑以及慢性疼痛等。

五、询者中心疗法

询者中心疗法（Person Centered Therapy）又称为来询者中心疗法，是美国心理学家罗杰斯（C. R. Rogers）以人本主义理论为基础，于 20 世纪 50 年代创立的。这种方法能在较短的时间内产生人格与行为的显著改变，所以得到了广泛应用，被称为心理治疗史上第三座里程碑。

（一）理论基础

罗杰斯认为每个人都生而具有自我实现的趋向和积极成长的动力，当由社会价值观念内化而成的价值观与原来的自我发生冲突时便引起焦虑。为了应对焦虑，人们不得不采取心理防御手段，这样就限制了个人对自身思想和感情的自由表达，削弱了自我实现的能力，导致心理发育处于不完善的状态。询者中心疗法的根本原则是人为地创造一种绝对"无条件积极关注"的气氛，使来访者能在这种理想气氛下修复自身被歪曲与受损伤的自我实现潜力，动员自身的大量资源进行自我理解，改变对自我和对他人的看法，调节和控制自己的行为，重新走上自我实现、自我完善的心理之路。

（二）治疗目标

治疗目标不仅仅是解决求助者的实际问题，而且能够帮助求助者不断成长，使他们更好地克服现在以及将来所要面对的问题。因此，治疗的基本目标是治疗者提供一种气氛，与求助者之间建立安全与可信任的治疗关系，使其能减少防卫，真实地进行自我探索，进而察觉阻挠自身成长的各种障碍，从而变得更信任自己，更愿意进步，更开放，更愿意依照内心的标准去生活，而不是任凭外界意见去塑造自己。

（三）治疗技术

以人为中心的心理治疗实质上是一个以关系为导向帮助患者探索自我，重建新的自我的过程。治疗者与患者之间的关系是最重要的治疗因素，因此，治疗者的任务在于坚持和表达三种被罗杰斯称为"心理治疗中人格改变的充分必要条件"的态度。这三种态度如下。

1. 无条件的积极关注。"无条件"是指治疗者对患者不加判断地接受，避免对患者做出任何评价；"积极"是指治疗者对患者自己解决问题的能力表示信任，不代替患者做决定；"关注"是指治疗者对患者的关心，但绝不试图控制患者，避免使患者的能力受损，如对患者所说的话题感兴趣等。罗杰斯认为自我不协调的原因是条件性积极关注，因此，治疗者也提倡用"无条件性积极关注"创造平等、协调、真诚、理解的环境，对患者坦诚相待，不批评、不教育、不指责，无条件地关心和接受患者，从而帮助患者实现态度和行为的转变。

2. 通情。通情是指治疗者站在患者的角度考虑问题，按照患者看待世界的方式理解他的行为，用言语准确地表达对患者内心体验的理解，引导患者对自身的感受做进一步的思考。

3. 真诚。真诚是指治疗者在治疗关系中以"真正的我"出现，对患者态度真诚，不加任何伪装和掩饰，把患者视为朋友，相互信任，使患者能自由地吐露自己的内心体验，从而使得医患双方有发自内心的情感交流。

（四）适用范围

询者中心疗法来自临床实践，主要适用于正常人的普通心理咨询。询者中心疗法从开始的个体咨询到团体咨询，以及在教育、企业等领域应用的范围逐渐扩大。

第四节　心理咨询的过程、形式与技巧

一、心理咨询的过程

心理咨询是一个帮助人适应和发展的过程。咨询者在整个咨询过程中应以敏锐的洞察力和感知力深入了解求助者，同时需要尊重、关注和无条件接纳求助者，充分发挥求助者自我探索的潜能，最终实现助人自助。心理咨询的基本过程可以分为六个阶段。

（一）建立关系阶段

建立良好的咨询关系是有效心理咨询的前提条件，也是心理咨询的核心内容。咨询关系的建立受咨询者与求助者的双重影响。求助者的咨询动机、期望程度、合作态度、行为方式、对咨询者的反应等对咨询关系的发展产生一定程度的影响。正确的咨询态度是建立良好咨询关系的重要基础。咨询者应体现尊重、热情、真诚、共情和积极关注的咨询态度。

（二）收集资料阶段

咨询者在倾听求助者自述和他人介绍情况后，应进一步询问和观察，尽量全面地收集求助者的有关资料。资料的收集以三个方面为重点。

1. 求助者的基本情况。这包括姓名、年龄、性别、民族、文化程度、职业、健康状况、婚姻状况、家族健康史、宗教信仰、兴趣和爱好等。

2. 求助者的社会背景。这包括个人成长的家庭背景，受教育背景，当前学习、生活或工作状况，人际关系，社会交往情况，周围人对求助者的反应，等等。

3. 求助者的心理问题。心理问题是资料收集的核心部分。其包括求助者心理问题发生的原因、时间、发展过程及影响因素，心理痛苦程度及其对工作与生活的影响，心理冲突的性质和强烈程度，与心理问题相应的测量、实验结果，等等。

（三）分析诊断阶段

这一阶段将收集的资料归类整理。关于整理资料，我们可以按照与心理问题有关的三个方面，即个体情况、环境情况和临床专业初步评价进行，以便对资料的进一步分析。结合临床心理学知识，咨询者要确认求助者问题的类型、性质和严重程度。

1. 界定求助者心理问题的范围。咨询者应结合临床检查，界定求助者是否确诊为精神病患者、人格障碍或有躯体器质性病变者，如果是，就超出了心理咨询的范围，咨询者必须将求助者转到相应的医疗机构就诊。

下面是咨询者判断求助者心理正常与心理异常的三个原则：①主观世界与客观世界的统一性原则；②精神活动的内在协调一致性原则；③个性的相对稳定性原则。

2. 判断求助者心理问题的类型和严重程度。咨询者依据临床心理学知识，判断求助者的心理问题是一般性心理问题、严重心理问题还是可疑神经症，并确定其轻、中、重的程度，为选择咨询方法和制订咨询计划奠定基础。

3. 选择并确认优先解决的问题。对适合心理咨询的求助者，咨询者要仔细分析其问题的来龙去脉及因果关系，分析其家庭背景、社会环境等方面，根据其自我认知、应对方式等进一步判断优先解决的问题，即主要问题。主要问题是指求助者最关心、最困扰、最需要解决的问题。对于问题的确定，咨询者既要考虑求助者的问题和需要，又要考虑咨询的理论。

（四）确定目标阶段

在确定咨询目标前，咨询者首先要考虑求助者的问题是否属于心理学性质范围。属于心理学性质的问题主要涉及心理障碍、心理适应、心理发展问题。对于不牵涉心理问题的求助者，一般不属于咨询的范畴。然后，咨询者应遵循具体、可行、积极、多层次统一、可以评估、双方可以接受的原则确定咨询目标。

（五）制定方案与实施咨询阶段

1. 制定方案。咨询方案是心理咨询实施的完整计划，是进入实施阶段的必备文件。咨询方案必须按照心理问题的性质、采用的治疗方法、咨询的期限、咨询的步骤、计划中要达到的目标等具体情况来制定。咨询方案制定的内容与咨询的过程是一致的，包括以下七点：①咨询目标；②双方各自的特定责任、权利与义务；③咨询的次数与时间安排；④咨询的具体方法、过程和原理；⑤咨询的效果及评价手段；⑥咨询的费用；⑦其他问题及有关说明。

2. 实施咨询。实施咨询是咨询的最核心、最重要的实质性阶段。此阶段咨询者的主要任务是：帮助求助者分析和解决问题，纠正其不合理的认知模式和非逻辑思维，使其改变消极情感，深化自我认知，矫正不良行为。咨询者应根据自己的理论倾向，针对求助者的问题，选择适当的咨询技巧和干预技术，或探寻潜意识，或改变认知，或矫正行为，也可以几种方法结合使用。

（六）评估效果阶段

1. 回顾和总结。当咨询目标基本达到后，咨询者应帮助求助者回顾整个会谈情况，强调要点，总结咨询成果，使求助者对自己有一个更清醒的认识，明确今后努力的方向，强化其正确思维和积极行动，帮助其获得独立返回社会生活的自信与能力。

2. 巩固咨询经验。咨询者应帮助求助者把在咨询中获得的知识、方法、体验运用到日常生活中，使其学会自主、独立地解决问题，逐渐走向成熟。

3. 咨询效果评价。心理咨询的效果评定并不是在结束时，而是在咨询的全过程中不断地总结反馈，及时进行调整。然而，当咨询全部结束前，咨询者需要对整个咨询过程成效做一个更全面的评价，强化咨询效果，评估诊断与咨询是否正确，反馈咨询中的指导和帮助是否有效。

二、心理咨询的形式

（一）门诊咨询

门诊咨询包括各医院开设的心理咨询专科门诊和专业的心理咨询中心。这种形式是心理咨询中最主要、最有效的方法。门诊咨询是面对面的直接交谈，其特点是咨询者能及时发现求助者的问题，及时对求助者进行全面深入的诊断和评估，并及时做出妥善处理，如会诊、转诊等。

（二）电话咨询

电话咨询是咨询者利用电话对求助者进行支持性咨询。其特点是迅速、方便、及时，对处理心理危机干预有较好的效果，如自杀、暴力行为等，因此又被称为"生命线"。

（三）专栏咨询

专栏咨询主要是通过电影、电视、广播、报纸、杂志等大众传播媒介，针对大众关心的焦点问题进行咨询。其特点是覆盖面广、信息量大、权威性较强，能产生轰动效应，便于普及心理卫生知识。其缺点是只能对共性问题进行咨询，不能对个体的心理问题进行咨询。

（四）信函咨询

信函咨询是一种以通信的方式进行的咨询。其特点是方便简单、可跨地域的限制，避免当面咨询的尴尬、紧张和羞怯心理，适用于不愿暴露身份的求助者。其缺点是受文化程度的影响较大，咨询者难以深入细致地了解求助者的情况，很难达到理想的咨询效果，并且难以保证及时回复。

（五）现场咨询

现场咨询是指咨询者亲自前往某现场进行当场讲座或答疑的咨询形式。其特点是一人宣传多人受益，具有预防和咨询的双重效果，是特殊群体心理卫生的重要方式。例如，学校、厂矿、机关单位、农村、社区等地的心理咨询。

（六）互联网咨询

互联网咨询是咨询者通过互联网帮助求助者。其特点是可跨时间、空间的限制，快捷方便，保密性高，咨询者可以利用软件程序收集、保存全部信息资料，以便深入分析求助者的问题及进行案例讨论，同时有利于学术研究分析。

其缺点是需要一定的设备条件和较熟练的电脑操作技能，咨询效果受文化程度的影响较大。

在实际工作中，各种咨询方式是互为补充的。咨询者可以根据环境条件的变化和具体需要，灵活掌握，及时调整或更换，选择适合求助者的咨询方式，以利于有效咨询的顺利进行。例如，求助者最初可能通过门诊咨询开始咨询，中途因工作需要出差一段时间，为了保证咨询的效果，在这期间，咨询者可以改用电话咨询或互联网咨询的形式继续咨询。例如，咨询者如果在现场咨询中发现某人有严重的心理问题，就可以建议其转到医院或专业心理咨询机构进行门诊咨询。

三、心理咨询的技巧

心理咨询的技巧是成功咨询的重要工具和手段，也是反映咨询者咨询技能水平的关键因素。心理咨询的技巧包括建立咨询关系的技巧和咨询中会谈的技巧两大方面。

（一）建立咨询关系的技巧

1. 尊重。尊重体现在咨询者对求助者的现状、价值观、权益和人格的接纳、爱护和关注。咨询者无条件地尊重求助者，对咨询关系的建立及咨询的顺利进行，都有重要促进作用。尊重意味着把求助者作为有思想感情、生活追求、内心体验以及独特性与自主性的活生生的人去对待。咨询者如果能使求助者感觉获得一种自我价值感，就可以为求助者创造一个安全、温暖、轻松的咨询氛围，使其最大限度地表达自己。

2. 积极关注。积极关注是咨询者对求助者的言语和行为的积极面予以关注，使求助者拥有正向价值观，能帮助求助者全面地认识自己和周围人，看到自己的优点、长处、积极的一面和对未来的希望，从而使求助者树立自信心，消除迷茫。

3. 共情。共情是指咨询者不仅能深入体验求助者的内心情感与思维的实质，而且能准确地将这种体验传达给对方，以影响对方并取得反馈。共情不仅可以帮助咨询者更准确地把握求助者的内在心理活动状况，还可以促使求助者进行自我探索、自我表达，从而增进咨询双方的深入交流。

4. 真诚。真诚是指咨询者以一种没有任何防御和伪装，表里如一、真实坦白、诚实可信的姿态置身于咨询关系中。真诚既为求助者提供了一个安全自由的氛围，又为求助者树立了榜样。这有利于求助者坦然地表露自己的喜怒哀乐，宣泄情感，在增加咨询双方沟通的清晰和准确性的同时有助于求助者正确地认识自我。

（二）咨询中会谈的技巧

由于心理咨询中会谈的技巧有很多种，咨询者应根据咨询的实际情况，在咨询过程中交替、灵活地运用。针对护理工作需要，本书选择性地介绍两类常用技巧的方法。

1. 参与性技术

参与性技术主要是用来澄清问题，启发和引导求助者自我探索的。其包括倾听、提问、鼓励、内容反应、情感反应、具体化等。

（1）倾听。倾听是咨询者获取信息资料的重要手段和途径。当求助者倾听时，咨询者应表现为耐心专注，不打断和干扰对方的话题，不做任何价值性的评价，不急于下结论，积极恰当地回应并用心体会内容。

（2）提问。恰当的提问有利于咨询者获取正确的信息，控制会谈的进程。提问分为开放式和封闭式两种形式。开放式提问常用"为什么""怎么样""如何""什么"等词汇。这种提问方式不受问题限制，给足求助者思考和判断的空间，有利于求助者畅所欲言，获得更多信息。开放式提问多用在谈话开始时，引出求助者对问题的探讨，如"您有什么想法和感觉，能和我说说吗？"封闭式提问常用"是不是""对不对""可不可以"等词汇。这种提问方式将问题的回答限制在"是"或"否"之间。这种方式可以用于对问题的澄清，或者迅速获得重要答案，如"你是不是经常失眠？"

（3）鼓励。鼓励是咨询者直接地重复求助者的话或用"嗯""我理解""多告诉我一些"等来强化求助者叙述的内容，并鼓励求助者继续表达自己的想法和感受，在没有任何人干扰的情况下自然地表达想说的话。

（4）内容反应。内容反应也称为释义或说明。其是指咨询者把求助者的主要言谈、思想加以综合整理，再反馈给求助者，也就是说，咨询者引用求助者言谈中最具代表性、最敏感、最重要的词语。这种技术有助于求助者更清楚地做出决定和剖析自己的困扰，深化会谈内容。

（5）情感反应。情感反应与上述的释义很接近，释义着重于求助者的言谈内容的反馈，而情感着重于求助者的情绪反应。一般释义与情感反应是同时存在的。情感反应可以帮助咨询者了解求助者的情绪，并由此推测其思想、情感和态度，走进其内心世界。情感反应最有效的方式是咨询者针对求助者现在的情感，而不是过去的情感。

（6）具体化。具体化是指咨询者协助求助者清楚、准确地表述其观点、所有概念、所体验到的情感以及所经历的事件。具体化有助于澄清求助者所表达的那些模糊不清的观念及问题，把握真实情况。

2. 影响性技术

影响性技术主要用于对求助者实施心理干预。其包括解释、劝告、指导、自我开放、反馈等。

（1）解释。解释是咨询者运用某一理论来描述求助者的思想、情感与行为的原因、过程和实质等。解释可以使求助者从全新的角度重新面对困扰、周围环境及自己，并借助新思想、新观念加深了解自身的行为、思想、感情，产生领悟，从而提高认识，有所变化。解释常用于咨询者分析和综合刚刚获取的资料，并改变求助者自身的观察方式。

（2）劝告。劝告常用于咨询者传递信息、给予保证、提出建议、进行褒贬和反馈，以帮助求助者思考问题和做出决策。

（3）指导。指导是咨询者直接指示求助者做某件事、说某些话或以某种方式行动。指导是影响力最明显的一种技巧。它可以直接造成求助者的认知、情感、行为，甚至性格改变。指导的内容包括提出意见、给予提示、提供反馈或再保证。指导的内容是咨询者看法的要点，而不是求助者所讲内容的复制。指导常用于访谈时咨询者的引导。

（4）自我开放。自我开放又称为"自我暴露"，是咨询者主动将自己的思想、情感、经验向求助者表达的一种技巧。自我开放有利于建立和促进咨询关系，能使求助者感觉到有人为自己分担了困扰，从而更多地自我暴露。

（5）反馈。反馈是咨询者通过某种方式把信息传递给求助者。其作用在于让求助者了解自己的问题、想法，在咨询者看来是否合理、有效，是否得到重视。通过信息的反馈，求助者能及时获得更多对问题的新认识。

要想形成一套既成熟又行之有效，具有咨询者个人风格的技能的心理咨询技巧，咨询者需要在实际工作中反复摸索，积累经验，不断实践和总结。

思考与练习

1. 什么是心理学？心理的实质是什么？
2. 什么是健康？什么是心理健康？
3. 心理健康的标准有哪些？
4. 什么是心理咨询与心理治疗？它们之间有什么联系与区别？
5. 心理咨询与心理治疗的原则有哪些？
6. 列举常见的心理咨询形式与技巧。

7. 案例分析：我该如何走出情绪低谷？

小梅是家中的独生女，今年上大一。小梅父母的学历都很高，是别人眼中典型的知识分子家庭。在上大学之前，她深信自己一家三口很幸福，在生活中，父母都对自己很好。学习上，老师管得很严，同学之间没有什么深入的交往，男女同学更是不敢多说话。她盼着考入大学后，能有一片属于自己的自由天空，憧憬着享受自由的未来。

但高考后，母亲开始向她讲述很多父母之间的事，原来自己深爱的家庭也隐藏许多的不幸，小梅很受打击，尤其为母亲担心。原来，小梅父亲的性格固执，在任何事情上都坚持自己的看法，因此与母亲冲突很多。父亲经常冲母亲大发雷霆，母亲觉得不幸福。然而，为了不影响高考前的小梅，父母尽量避免在她面前发生争吵。高考后，母亲觉得她长大了，就向她倾诉了这些年的苦水。小梅听了母亲的哭诉，心里很震惊。一方面，她觉得自己在父母的矛盾中无能为力；另一方面，她很替母亲担忧。因此，在上大学后，小梅并没有轻松快乐的感觉。相反，父母间的长期冷漠让夹在当中的小梅无比难受。在这样的无奈与担心中，小梅的情绪越来越低落。在沉迷网络一段时间后，她发现了躯体不适、头疼、记忆力下降，后来去医院检查，被诊断为精神衰弱。

家里的这些事让小梅不愿与同学交流，多半独来独往。她觉得内心很孤独、无助。带着内心的苦闷，小梅走进了咨询室。

（1）对此案例进行分析。

（2）该案例咨询的目标是什么？

（3）列举此案例咨询的重点。

第二章 女性心理发展与保健

本章导读

　　女性在人类社会中扮演着重要的角色。因为有了女性，人类才得以保存繁衍，生生不息；因为有了女性，世界才变得生气勃勃，色彩斑斓。女性的一生是一个连续发展过程，但它又是由六个生理阶段构成的，包括婴幼儿期、童年期、青春期、青年期、中年期、老年期，各生理阶段有不同的生理特点和心理特点。本章主要阐述了女性一生各时期的生理和心理特点，以及易出现的心理问题和采用的心理保健方法，旨在维护女性各阶段的心理健康，适于广大女性阅读，对提高女性的心理健康水平有重要意义。

第一节　婴幼儿期女孩心理发展与保健

　　婴幼儿是婴儿和幼儿的统称，一般是指 0～6 岁的幼小儿童。根据年龄特征的发展特点，我们将婴幼儿期划分为三个阶段，0～1 岁为婴儿期（或称乳儿期），1～3 岁为幼儿早期（或称先学前期），3～6 岁为幼儿期（或称学前期）。出生后的前六年，儿童的身体生长发育迅速，动作逐渐发展完善，心理特征发展最快。

一、婴幼儿期女孩的生理变化

　　出生至未满 28 天为新生儿期。新生儿的平均体重每天增加 2030 克，满月时体重将达到 4 千克，身长增加 2.5～4 厘米，女婴体重的增加稍低于男婴，同时身长稍短于男婴。此期是一个特殊时期，婴儿的各器官需要进一步完善，为了适应子宫外的新环境，婴儿要经历解剖生理上的巨大变化。由于女性胎儿在母体内受到胎盘及母体卵巢所产生的女性激素的影响，其外阴及乳房等可能有一定程度的发育，个别的有泌乳现象。出生后新生儿血中的女性激素水平因脱离母体环境迅速下降，可能出现少量阴道出血，这些均属于生理现象，短期内能自然消退。

脑是产生心理活动的器官，新生儿的脑细胞虽已形成，但体积较小，随着年龄的增长，新生儿神经细胞的体积逐渐增大，神经纤维也逐渐增长、增粗，使脑的重量增加。从出生时的 350 克左右到 1 周岁时的 950 克左右，婴儿脑重已达成人的 70%。这说明婴儿时期是脑部生长最迅速的时期，这个时期儿童脑的发育将为日后的智力活动和行为的发展奠定基础。

出生至不满一周岁的这段时期，婴儿生长发育得比其他任何时期都快，女婴体重达到 6.6～10.5 千克，身长达到 65.0～75.9 厘米，长出 2～4 颗牙齿，身体动作的发育经历抬头、翻身、坐、滚、爬、站立和学习走路这一过程。由于生长发育快，这一时期的婴儿对能量和蛋白质的需要特别高，若能量和蛋白质供给不足，则婴儿易发生营养不良和发育落后的问题。由于从母体得到的免疫力逐渐消失，加上自身后天免疫力很弱，这一时期的婴儿易患感染性疾病。因此，此期提倡母乳喂养，在婴儿 4 个月后，家长需要及时、合理地给婴儿添加辅食，定期带其进行体格检查，同时做好计划免疫和常见传染病的防治工作，开展体格锻炼和早期教育。

1～3 岁幼女已经学会走路，运动能力和感觉能力大大提高，能独立走稳，能扶扶手上下楼梯，开始学跑、跳，四肢和躯干长得更长，头和身体的比例趋于成人，虽然生长发育速度较婴儿期缓慢，但各器官系统仍处于发育时期，而且正处在断乳阶段，如果不注意膳食质量，就容易发生体重增长缓慢，甚至出现营养不良的情况。

3～6 岁幼女的体格仍然持续生长，体重每年平均增加 2 千克，身高每年平均增长 5～7 厘米。随着与外界环境的接触日益增多，3～6 岁幼儿的活动和锻炼时间也增多，体质增强，感染性疾病发病率降低。婴幼儿期女孩的生殖器官并不发育，子宫小，宫颈占全子宫长的三分之二，卵巢比较狭长，输卵管比较细，阴道狭长，上皮薄细胞内无糖原，且尿道较短，局部抵抗力弱易感染，因此，家长应每天为孩子做好卫生清洁。

二、婴幼儿期女孩的心理特征

0～1 岁是婴儿心理发展的起步阶段，是认知、情绪情感、语言迅速发展的重要阶段，是良好依恋关系形成的关键期。新生儿最重要的反射行为有以下几种：觅食反射、吸吮反射、游泳反射、眨眼反射、巴宾斯基反射等。例如，当成人将手指伸入新生儿的口腔中，他会反射性吸吮。反射能使新生儿适应周围的环境，是新生儿身体健康的指标，不过这些反射会逐渐消失。随着婴儿清醒的时间越来越长，其听觉、视觉、嗅觉、触觉等发展迅速，眼睛越来越明亮，反应越来越灵敏，简单的动作系统开始相互协调，显著的标志有手眼协调，对周围物体的探索，出现社会性微笑、认生现象，开始咿呀学语。

1～3岁幼女的心理方面有了长足的进步，开始意识到自己是个独立个体，自我意识增强，特别喜欢按照自己的意愿做事，出现对自主性的强烈要求，会反抗父母的意志。这个时期又是幼儿心理发展的一个转折期，心理学家称之为人生的第一个"反抗期"。在这一阶段，幼女用语言表达需求的能力更强，其能用语言表达自己的想法、想要的东西等，有能力与父母进行交互式对话，但其在该阶段所讲的话很简单，句子也表达不完整，有些发音还很模糊。从情绪角度来看，2岁多的幼儿能明确表达快乐、恼怒、悲伤和恐惧等情绪变化，对于自我意识如羞愧、嫉妒、骄傲等表达要晚一些，但有了一定的情绪调节能力。2～3岁幼儿的心理发展正处于自我中心阶段，对是非的判断以自己是否愉快为依据。

3～6岁是儿童心理发育的重要时期。3～6岁幼女的心理行为发展水平更加成熟，其语言、思维、个性和社会交往能力得到较快的发展。在与他人交际范围日益扩大的基础上，其词汇量迅速扩大，言语能力日益增强，主要表现在完整的口头语言发展上。5岁以上的幼儿基本上可以用清楚连续的语言表达自己的愿望或和他人用语言交往。在思维的发展上，3～4岁幼儿的思维特点是先做后想，不会想好了再做。4～5岁幼儿的思维是具体形象的，理解事物需要依靠事物的形象，他们不会做复杂的综合分析，更不会逻辑推理，因此，成人在与他们讲话时要讲正面话，对他们提出的要求也要非常具体。5～6岁幼儿的思维仍以具体形象思维为主，但抽象逻辑思维已经开始萌芽，能进行一些简单的概括和逻辑抽象的思维活动，如可以从多个角度对物体进行分类。在个性发展上，随着各种心理过程逐渐发展，3岁后幼儿的个性就开始形成，但这是一个缓慢的过程。到了5～6岁，幼儿的个性特征开始有了较明显的显现，初具雏形。

3～6岁幼儿的心理和行为的另一个重要特征就是他们开始学习性别的区分。起初，幼儿由于男女间身体上的差异和行为特点而对性的区别产生兴趣。2～3岁时，幼儿喜欢和同性别的孩子一起玩，而女孩更早地表现出这种偏好。3～4岁的幼儿能区分自己是男孩还是女孩，开始习得同自己的性别相适应的态度和反应，如女孩模仿母亲玩当妈妈的游戏，尽量地学着母亲的温柔、能力和女性的性别行为。另外，幼儿期的幼儿还表现出对于人格特质的性别刻板定型的基本认识，如"爱哭""易受伤害""需要帮助""喜欢拥抱和亲吻"等特点适用于女孩。

三、婴幼儿期女孩的心理保健

（一）分离焦虑

1. 分离焦虑的表现与原因

分离焦虑是婴幼儿期常见的心理问题之一。分离焦虑一般表现为：幼儿在与父亲、母亲或主要照顾者分开时所出现的负面情绪，如紧张不安、沮丧、闷闷不乐，或者特别黏人、爱哭、固执等。一般来说，孩子的分离焦虑在 $6 \sim 8$ 个月时出现，通常在1岁至1岁半时比较严重，这与她们的表达能力增强、探索范围扩大、分离机会增加有关。在初入幼儿园时，由于直接面临着与家长的长时间分离，幼儿经受着分离焦虑所带来的痛苦。有分离焦虑症的幼儿常出现睡眠不好、做噩梦、讲梦话、烦躁不安、食欲不振、头昏乏力、心悸多汗等症状。然而，随着幼儿对父母的存在有安全感以及对环境的适应和对自我状态的掌握越来越有信心，其分离焦虑的状况就会逐渐改善。当新入园时，面对新环境，大多数幼儿会表现出分离焦虑，而随着对幼儿园环境及教师与同伴的熟悉，他们分离焦虑的状况会逐渐改善。

2. 心理保健指导

父母如果不能正确处理孩子的分离焦虑状况，那么将对她们日后的人际互动与社会适应产生不利影响。因此，父母应掌握适宜的态度与方法，陪伴婴幼儿一起走过分离焦虑时期，具体表现在以下七个方面。

（1）确认分离环境的安全性和替代照顾者的熟悉性。父母首先应确认分离环境是否安全、舒适。父母如果要将婴幼儿托付给老人或保姆来照顾，那么还应先确认替代照顾者能经常陪伴在婴幼儿身旁，而且是婴幼儿熟悉、信任的照顾者，这对于减轻分离焦虑非常重要。

（2）给婴幼儿适应的时间。父母应在孩子觉得安心后离开。在必须和孩子分离的情况下，父母应先陪伴孩子，直到其比较放松后离开。父母如果能预先让孩子有心理准备就更好了，并在离开时和孩子说"再见"，告诉孩子什么时间回来，让孩子了解自己还会回到其身边，从而建立孩子对自己的信任，千万不要偷偷或强硬地与孩子分开。

（3）尽可能遵守承诺。父母要尽可能地遵守自己对孩子的承诺，即使无法施行，也应该及时让孩子了解自己的状况，以免加重孩子的分离焦虑。

（4）注重生活教育。对于已经学习行走的孩子，父母可以和其玩躲猫猫或藏东西的游戏，有助于让孩子建立物体恒存的概念，明白东西不见了还可以找到、父母离开还会回来。另外，父母还可以和孩子一起阅读与分离焦虑有关的故事，让孩子在阅读的过程中增加对分离的了解。

（5）新入园前，熟悉环境。在确定幼儿园后，父母可以带着孩子提前在幼儿园里玩一玩、看一看，让孩子有一个初步的印象，认为幼儿园是一个熟悉的地方。

（6）初入园时，携带熟悉的物品或玩具。在与孩子分离的时候，父母可以让其带上在家时喜欢的物品，如毛绒玩具、小被子等，因为这些能为其带来安定、信任感的物品或玩具，可以让孩子在新环境中产生一些安全感。除了孩子自己喜爱的物品外，父母还可以让其带上父母或主要照顾者的几样东西，让孩子对父母的存在和归来更有信心。

（7）坚持入园，家园合作。3岁左右的幼女离开父母温暖的怀抱，离开熟悉的家庭，面对一个新的环境和陌生的教师与同伴，必然会紧张、哭闹。然而，父母一定要坚持送孩子上幼儿园，让孩子很快适应集体生活，如果送两天歇三天，或者中途到幼儿园看望孩子，那么非常不利于孩子适应集体生活。另外，父母还可以在入园、离园的时间或通过电话的方式多与幼儿园教师交流，及时得到孩子的信息，与教师共同帮助孩子度过分离焦虑期。

（二）反抗、抗拒

1. 反抗、抗拒的表现与原因

在儿童心理发展的两个阶段之间，有时会出现心理发展在短期内急剧变化的情况，我们称之为儿童心理发展的转折期。例如，3岁的幼女从家里进入幼儿园的时候，6岁的女孩从幼儿园转到小学的时候，都可能出现明显的转折期。在心理发展的转折期，儿童的心理常常发生紊乱。伴随着自我意识的萌芽，她们认识到自己是一个独立的个体，不再像过去那样安静、听话、对父母有较大的依赖性，而是突然变得固执、任性起来，常常闹独立，什么事都要自己去干，不听父母的吩咐，力图摆脱父母的约束，拒绝接受父母的帮助。这时，如果她们的要求受到限制，她们就会产生强烈的反抗情绪，如爱哭、爱闹、爱发脾气等，从而可能出现和成人关系突然恶化的情况。例如，女婴满周岁时，虽然走路还不稳，摇摇晃晃的，但是能坚持自己到处走，到处钻，不再像以前那样顺从成人的指挥。到了3岁，幼女常常表现出各种反抗行为或执拗现象，对成人的任何指令都说"不""偏不"，以示反对。6岁左右的女孩也常常出现心理平衡失调、情绪不稳定的特征。

2. 心理保健指导

如果父母不了解儿童心理发展的规律和特点，当孩子出现反抗行为和情绪时，她们就往往感受到教养孩子的不顺利。父母如果一味地满足孩子，就很容易造成她们的任性、固执，甚至产生极强的占有欲；父母如果过多地限制和要求孩子，就会加剧她们的反抗。这样一来，父母不仅会挫伤孩子的自主性、自尊心，而且容易使她们变得顺从、压抑和过度依赖，缺乏对自己的信任。然而，儿童心理发展的转折期，并非一定出现"危机"。因此，针对孩子自我意识的发展特点，父母应采取正确的态度和恰当的做法，因势利导，帮助孩子顺利地度过这一时期，同时有助于培养孩子获得自主感，发展独立、坚持的健康人格，具体表现在以下三个方面。

（1）尊重孩子的自主性。面对处于自我意识发展阶段的孩子，父母及其他家人的心态一定要端正、平和，正确理解和认识孩子此时的心理特点，采用尊重和平等的态度与孩子相处，使用询问、希望的语气，而不能用否定、禁止和命令性的话语。例如，"宝宝，来做这个好吗？宝宝，你想再玩几分钟呢？"如果妈妈这样对孩子说话，让孩子自己选择，做力所能及的事情，那么孩子自然会高高兴兴地完成。这是因为妈妈所说的话表明他们认识到孩子已经是一个独立自主的个体，表现出对孩子自主性的尊重，满足了孩子自我意识发展的心理需要，这样一来，孩子的自主性、自理能力也会大大提高。另外，父母还要及时给予孩子肯定、表扬和称赞，这样一来，孩子在感受到认可和爱之后，就会顺利成长，变得天真、可爱。

（2）巧用注意力转移法。当孩子的想法和要求不切实际时，父母不要和她们硬顶，不能一味地满足她们的任何要求，不能没有底线地纵容她们，而可以先适当地将她们的注意力转移，再伺机进行教育。对待处在此期的孩子们，父母无须着急给她们讲道理，更不能用武力来制止。一方面，孩子的理解能力是有限的，对于成人的语言并不会完全理解。正处于情绪里的孩子很难听得进去父母的话，因此容易产生激烈的矛盾。此时，父母只需要冷静一些，用注意力转移法，将孩子的注意力转移到其他让她感兴趣的事上。另外，在孩子闹情绪的时候，父母还可以采取冷处理的方式，让孩子的情绪得以冷静后再进行教育，从而避免激起孩子倔强的心理。

（3）制定家庭规则。俗话说："没有规矩，不成方圆。"父母在培养孩子自主性的同时要关注规矩，制定家庭规则，让孩子学会遵守秩序，培养孩子养成良好的生活习惯。然而，很多父母忽略了家庭规矩是家庭中每个成员都要共同遵守的，不是给孩子一个人用的。因此，父母要注意以身作则，周围人要紧密配合，共同做好孩子的工作。当父母都做遵守规矩的模范时，孩子也就习惯于遵守规矩了。

第二节　童年期女孩心理发展与保健

童年期的年龄范围是从6、7岁到11、12岁期间，属于小学阶段，是为一生的学习活动奠定基础知识和学习能力的时期。童年期女孩的身体在继续增长，由于进入学校以后的主导活动发生了根本性变化，童年期女孩在心理方面发生了质的变化。

一、童年期女孩的生理变化

在体格上，童年期女孩的身体发育速度相对于婴幼儿时期要平缓一些。在这一时期，童年期女孩长骨的生长速度比肌肉的生长速度要快一些，所以会感觉到"生长疼痛"。另外，在这一时期，虽然童年期女孩的骨骼要比婴幼儿期坚硬，但是石灰质较少，胶质较多，富有弹性，因此，骨骼仍然容易变形、脱臼，但不易骨折。在小学高年级，童年期女孩进入青春期体格快速增长时期，其手、脚及上下肢的生长速度加快，出现长臂长腿不协调体态，乳牙改换为恒牙。

在神经系统的发展上，童年期女孩的脑重接近于成人的脑重，脑神经细胞体积增大，突触增多，神经纤维增长，中枢神经系统的髓鞘化日益完善，这些都有利于她们复杂精细动作的发展。同时，童年期女孩脑的兴奋过程与抑制过程逐渐趋向平衡。另外，第一信号系统和第二信号系统相互关系发生变化，第二信号系统开始占主导地位，条件反射形成的时间也缩短，形成后不易泛化，较为巩固。

在生殖系统的发展上，7～8岁童年期女孩的内分泌腺开始活动，这个阶段的女孩逐渐出现女性特征，骨盆渐变宽大，髋、胸及耻骨前等处皮下脂肪逐渐增多。10岁左右童年期女孩的卵巢中开始有少数卵泡发育，但大都达不到成熟程度。11～12岁童年期女孩的第二性征开始出现，皮下脂肪在胸、髋、肩部及耻骨前面积储，子宫、输卵管及卵巢逐渐向骨盆腔内下降，乳房开始发育。

二、童年期女孩的心理特征

在认知发展上，童年期心理发展具有与婴幼儿期心理发展不同的特点和趋势，其认知活动由不随意性、不自觉性向随意性和自觉性发展。进入小学后，童年期女孩在学习读、写、算的过程中，注意力、观察力、记忆力和思维能力的随意性不断得到发展，心理活动的自觉性也逐步发展起来。童年期女孩的认知水平则从以具体形象为主要形式向抽象概括过渡，通过学习掌握了一定的知识经验和越来越多的概念，在进行记忆、想象和思维活动中，其概括能力也逐渐得到提高。

在情绪情感发展上，由于生活条件、生活环境的改变，童年期女孩接触到更多的人和事物，与客观现实的相互关系变得复杂化，这引起了她们复杂的态度体验，促使她们情感的发展，使她们情感的内容不断丰富、充实，使她们情感的稳定性、深刻性日益增强，她们不再像婴幼儿时期那样变幻莫测、喜怒无常，不再因为某件小事而大哭大闹，她们开始懂得控制自己的情感。一般来说，童年期女孩的情感要比婴幼儿时期稳定，她们能经常处于比较平静而持久稳定的愉快心境中和朝气蓬勃的情绪状态下。在教育教学的影响下，她们的高级情感也进一步发展，如集体荣誉感、友谊感、理智感、道德感、美感。她们开始注意自己的衣着打扮，开始对同伴的长相评头论足。

在个性发展上，童年期女孩个性的发展受学校因素的影响较多，她们的自我意识也逐渐发展起来。例如，在教师的评价中，她们认识到自己学习的成败、行为的好坏。随着年龄的增长，自我评价的内容逐渐起了变化，表现在自我评价的独立性日益增长，她们从最初的信任教师的评价，到有自己的独立评价，批判性增强，从只评价自己的外部动作转化为对自己内部品质的评价，但总体而言，童年期女孩的自我评价水平是比较低的，个性也有一定的可塑性。

在性别角色发展上，童年期女孩的认知水平已发展到一定程度，能够清晰地意识到自己的性别角色，会更有意识地采纳和选择符合自身性别的角色行为，有关性别角色的认识也更加丰富、稳定、灵活，可以接受不适宜性别行为的出现，如女孩也能使用工具和运动器械，男孩也会参加到家务劳动中，等等。

三、童年期女孩的心理保健

童年期女孩的身体发展进入了一个相对平缓的阶段，其大脑的发育趋于成熟，其心理发展进入了一个快速发展时期，但因为心理还不够稳定，其很容易受其他外界因素的干扰而发生变化，因此最容易产生心理问题。一个常见的童年期的心理行为问题是品行问题，以往品行问题多数出现在男孩身上，但是近年来，女孩的品行问题呈现增长趋势，如撒谎、攻击、逃学等。由于童年期女孩的心理发展还不成熟，自控能力还未充分发展起来，许多不良行为都是未学习或不当学习的结果，或者是不良环境影响的结果。因此，作为家长和教师，应找出原因，采取对策，耐心地引导，帮助她们健康成长。

（一）说谎

1. 说谎的表现与原因

说谎是为了获得某种利益而说假话欺骗他人。幼儿有时分不清现实和想象，常常夸大或虚构事实，因没有说谎的动机，故不应视为说谎。到了小学，她们能分清真实与想象，但有的女孩在处境难堪或遭遇困难时，也会偶尔说些谎话来掩饰和搪塞，一般也无关紧要。如果童年期女孩经常为了达到自己的目的和愿望，如获得表扬、逃避责任、获得某些利益、报复他人等而有目的地说假话，就是品行问题了。久而久之，她们会生活在虚假世界中，从而影响心理健康。

童年期女孩说谎的原因一般表现为以下三个方面：第一，可能是对父母或周围的人说谎行为模仿的结果。她们在看到熟悉的人说谎后不仅没有受到指责，而且轻易获得某些利益时，也会试着去说谎。第二，说谎往往是压力的产物，压力过大就会造成欺骗。例如，她们可能因成绩不及格，害怕受到父母的训斥与打骂，以后就会谎报好成绩或涂改分数。当父母不能满足她们的一些正当要求时，她们会编造理由更充分的谎话去达到目的。第三，她们在说谎后未受到惩戒，甚至得到默认，达到了自己的目标，受到强化，使说谎成为习惯，积习难改。

2. 心理保健指导

为了矫正童年期女孩的说谎行为，父母和教师首先要起到示范的作用，做诚实的榜样，不要用谎言掩饰自己的错误或为错误找借口。对于童年期女孩说谎的行为，父母和教师应查明她们说谎的动机，区分情况予以对待。特别重要的是，父母和教师要帮助她们建立"诚实是做人的基本原则"的认识，以及让她们对"说谎不会有好结果"有深刻的体验。例如，父母和教师可以利用"角色扮演"的方法帮助童年期女孩改善现有的认识和体验，这也是消除她们说谎行为的一种方法。

（二）欺负

1. 欺负的表现与原因

欺负是小学生中常见的一种特殊类型的攻击性行为，欺负者凭借体力上的优势或行为上的蛮横，对弱小者施以身体上的或心理上的伤害。欺负可以分为直接欺负和间接欺负。前者是指打、踢、推搡、辱骂、勒索财物等。后者是指背后说人坏话，造谣调唆，使受欺负者在群体中遭排斥、受孤立，等等。欺负行为在小学生中是一种经常发生的现象。调查结果表明，在欺负的方式上，女孩更多地采用言语欺负或心理欺负的方式。随着年龄的增长，女孩的欺负行为减少。欺负行为对儿童的身心发展产生严重的不良影响：一方面，受欺负者会产生焦虑、抑郁、失眠、心神不定、注意分散、旷课、逃学、成绩下降等情况。另一方面，欺负者会发展起错误的社会观念和示范的行为模式，若不受到教育和惩戒，则容易导致其日后的犯罪行为和社会适应问题。

欺负行为发生的原因包括以下三个方面：第一，家庭因素。童年期女孩的模仿力较强，父母简单粗暴的教育方式和暴力解决问题的方法使她们潜移默化地习得了欺负或攻击性行为，甚至形成暴力是解决问题的错误观念。另外，家长过分的娇惯也容易培养出高攻击性的女孩，如对孩子百依百顺，没有原则地满足孩子的任何要求，从不控制孩子的任何行为，都容易导致孩子为所欲为，从而养成独占、独霸的习惯。第二，媒体因素。当下的媒体信息非常丰富，如电视、电影、图像材料等，这其中充斥着大量的武打、凶残的暴力画面，都会引诱童年期女孩模仿学习。第三，自身因素。当童年期女孩疲倦、不舒服或做事屡糟失败时，为了维护自身心理上的平衡，她们本能地做出攻击性行为，这也是比较常见的。在此基础上，如果童年期女孩发现攻击可以使自己获得某些好处，如可以满足自己的某种愿望、使同伴屈服于自己等，她就会很快地学会把攻击作为达到自己目的的手段。

2. 心理保健指导

对于童年期女孩欺负行为的干预，首先，父母不要一味地偏袒、纵容她们。一些管教方式过于简单粗暴的家长要注意尊重她们，不能过于强制，更不能采取暴力管教的方式，注意为子女树立榜样。其次，父母要为她们选择适宜的、非暴力的多媒体资料。再次，父母要注意与教师互相配合。在学校，教师要注重培养互助互爱和尊重他人的良好班级风气，为童年期女孩提供积极的参照团体。最后，父母要鼓励和奖励他们的亲社会行为。当童年期女孩表现出分享、谦让、合作、帮助等亲社会行为时，父母要及时给予她们鼓励和奖励，这样不仅能积极地防范她们的攻击性行为，还能有效地减少她们已有的攻击性行为。

（三）逃学

1. 逃学的表现与原因

逃学有的是因为贪玩，完不成作业，害怕教师批评；有的是因为厌恶学习；有的是因为受到严厉惩罚后，以逃学来显示对家长和教师的反抗。当童年期女孩面临一边是不能完成的学习任务以及教师的批评和同学的轻视，一边是来自父母的压力和打骂的双避冲突情境，而自己不能有效地应对时，逃学就是她的可能选择。她们在逃学后如果受到逃学同伴的接纳，从而满足平时在校内不能满足的归属需要，或者玩上了游戏机等，而感到比上课有趣，逃学就容易形成习惯，从而发展成品行问题。

2. 心理保健指导

针对逃学的问题，首先，家长和教师要默契合作，重视培养孩子美好的心灵。孩子具有健康的心理是提高学习成绩的前提。家长要多与教师联系，教师也可以利用家长会、致家长的一封信等方式对家长进行教育方法的指导，双方共同改善孩子的逃学行为。其次，家校双方如果一方担任严厉批评的角色，那么另一方担任劝解角色，万不可两面夹击，以减轻孩子的心理压力。再次，家校双方要善于发现逃学女孩身上的闪光点，适当降低对她们的要求和学业难度，维护她们的自尊心，使她们看到希望，树立信心，从而激发她们的学习兴趣。最后，家长要多与孩子谈心，了解她们的想法，与她们交流情感，使她们获得归属感和家庭的温暖。

第三节　青春期少女心理发展与保健

从月经初潮至生殖器官逐渐发育成熟的时期称为青春期，一般是12~18岁，也是生长发育的第二个高峰期。这一时期女孩的身体，尤其是生殖器官发育迅速，第二性征形成，开始出现月经，而且这一时期女孩的心理水平有较大的发展。

一、青春期少女的生理变化

青春期是人们的身体生长发育最快的时期，青春期少女全身成长迅速，逐步向成熟过渡。在这个时期，人们的身高、体重、胸围、头围、肩宽、盆骨等都在迅速增长，如青春期少女的骨骼将迅速地增长和成熟，让人看起来很快就长高了、长大了。此外，人身体的各个器官、各个系统都将迅速地成熟、完善和健全。在这个时期，人大脑的内部结构逐渐变得复杂起来，大脑皮层的沟回组织和神经元细胞逐渐趋向成熟和完善，高级神经活动中的兴奋和抑制过程逐渐平衡，特别是内部抑制机能逐渐发育成熟，握力、肺活量、血压、脉搏、体温、血红蛋白、红血球等生理标志性的因素也将逐渐生长成熟。

青春期少女的性腺机能开始成熟和发生作用，第一、二性征开始出现并逐步走向成熟。第一性征主要是指生殖器官的发育特征，如青春期少女主要是卵巢逐步发育成熟。第二性征主要是指女性所特有的征象，这一阶段女孩的音调变高，乳房丰满而隆起，出现阴毛及腋毛，骨盆横径的发育大于前后径，胸、肩部的皮下脂肪更多，显现出女性特有的体态。

月经来潮是青春期开始的一个重要标志，一般是12、13岁左右出现。由于卵巢功能尚不健全，这一阶段女孩初潮后的月经周期也多无一定规律，须经逐步调整才能接近正常。当生长高峰的速率开始放慢时，青春期少女的身体几乎达到成熟，最明显的标志就是月经周期的形成。

二、青春期少女的心理特征

青春期少女各种体内机能的迅速健全和完善，为心理逐渐成熟提供了物质基础和可能性。在这一阶段，青春期少女的记忆力、注意力、抽象思维能力和逻辑思维能力都有所增强，她们的兴趣爱好变得更加广泛、稳定，渐渐形成了自我看待事物的标准，初步形成了个人的性格和对人生、世界的基本看法。

在思维发展上，初中阶段的青春期少女开始发展抽象思维，她们对一般的问题，能够透过现象进行概括和总结。到了高中阶段，青春期少女的逻辑思维、创造性思维迅速发展，她们能多维地、立体地考虑问题，并且通过综合、分析、推理找出问题的本质和规律。因此，在这一阶段，她们好辩论，打破沙锅问到底，敢于挑战教师和家长。

在情绪情感发展上，青春期少女的情绪容易波动，不善于控制，而且表现为两极性，即有时心花怒放，阳光灿烂，满脸春风；有时愁眉苦脸，阴云密布，痛不欲生，甚至暴跳如雷。在这段时期，她们的情感由原来对亲人的挚爱之情，拓展到对同学、教师、明星、科学家等人物的崇敬和追随，由自爱到爱集体、爱家乡、爱人民、爱祖国、爱整个人类，充分地体现了社会性。她们追求公平公正，在处事上往往带有感情色彩，如对成功人士、名人非常崇拜，对坏人坏事疾恶如仇，在现实生活中无法妥协和容纳不同意见的人与事，所以很容易受到伤害。

青春期少女的自主意识也越来越强，她们不再对父母说的话"言听计从"，而是变得更加自我，在很多事情上都要自己拿主意。在这个阶段，她们喜欢用批评的眼光看待周围的事物，对于教师和家长的正当干涉往往表现出反抗心理。在青春期的后面阶段，她们的独立性会进一步发展，但仍然不客观、不全面、不稳定，在重要问题的抉择上仍然需要家庭、他人的帮助和指导。

在人际交往上，青春期少女渐渐地从家庭中游离，更多地与同伴一起交流、活动，结交志趣相投的朋友，与她们无话不谈、形影不离，视友谊至高无上，这也是心理断乳的表现。

青春期是性心理萌芽期，表现为开始比较注意自己的形象，特别是异性同学对自己的评价，也尝试与异性交往，希望得到异性的关注，受到异性的喜爱。一般情况下，这并不是真正意义的恋爱，只是彼此有共同的语言，喜欢一起交流和彼此欣赏。然而，由于学校、家庭和社会舆论的约束、限制，青春期少女在情感和性的认识上存在既非常渴求又不好意思表现的压抑的矛盾状态。

在自我同一性的发展上，心理学家埃里克森认为青春期心理发展的任务是解决"自我同一性和角色混乱的冲突"。自我同一性的确立，意味着青春期少女要对自身有充分的了解，如"我是一个什么样的人？""我应该成为一个什么样的人？""我在他人眼中是一个什么样的人？"能将自我的过去、现在和将来组合成一个有机的整体，统合自己的各个方面，形成一个协调一致、稳定的自我，获得自我认同感、自尊感和价值感。另外，在寻求自我的发展中，青春期少女还会产生关于自我的确认和自我发展的一些重大问题，如理想、职业、价值观、人生观等的思考和选择的过程，从而确立自己的理想与价值观念，并对未来自我的发展做出思考。如果青春期少女在青春期阶段无法整合自我，就会发生角色混乱现象，从而产生心理矛盾冲突。

三、青春期少女的心理保健

走进青春期，也就渐渐走进了社会成长期，周围的人、事、环境、氛围都会影响和决定一个女孩的成长与成熟。这时的女孩，不再是天真烂漫的小女孩，因为那个无忧无虑的自然成长期已经渐渐过去。当她们迈进中学的大门后，集体的生疏、环境的变化、学业的压力，竞争的氛围，都促使她们在未走入社会之前就感受到独自面对人生的体验。这些因素在促使她们成长、成熟的同时会使有些女孩产生一些心理问题。此时，如果她们能感受到来自家庭、学校、朋友给予的关怀和支持，她们的青春期就可以顺利地通过；相反，在得不到有利的支持和帮助下，她们很容易误入歧途。

（一）叛逆

1. 叛逆的表现与原因

随着自我意识的发展，以及与社会的接触越来越多，青春期少女的自主意识越来越强。与心理独立性、成人感的出现相比，对于家长而言，孩子进入青春期之后是最头疼的一个问题。在这个时期，她们可能会出现一些叛逆行为，如不喜欢被家人管束，很难听进去长辈们的教导，有时会嫌家长啰唆，和家长顶嘴，喜欢和父母或教师唱反调，等等。尤其是对于父母和教师的期盼和要求，她们不能很好地完成，而父母和教师不允许的事情，她们会做得比较全面，喜欢抗争，难以管教。无论是在家庭中，还是在学校大环境里，她们都是我行我素的态度，以自我为中心，有时会显得有点目中无人，不把长辈放在眼里。她们的行为也会比较偏激，经常会做一些过分的行为或举动。

然而，从内心来讲，她们在面对复杂的矛盾和困惑时，依然希望在精神上得到成人的理解、支持和保护，于是就产生了心理断乳需求和依托现实之间的矛盾。如果在这个情况下，她们得不到父母的理解和支持，那么极有可能出现心理闭锁，将自己的内心世界封闭起来，不愿意向外袒露，而心理封闭过久会导致她们感觉孤独和寂寞，易产生心理问题。因此，在这一阶段，家长和教师一定要掌握正确的方法来应对，这样不仅能减少矛盾，而且能帮助她们顺利地度过青春期。

2. 心理保健指导

青春期是成长发育路上所必经的一个阶段，此时的家长不能再像对待幼儿那样对待她们，而应像对待成年人那样与她们进行沟通和交流，尊重她们的自主性，同时给予她们正确的建议，理解和支持她们的决定，这样才能让她们感受到关爱，从而顺利地度过青春期，发展独立性。

首先，家长要保持平和的心态，给予孩子自主空间。面对孩子的青春期叛逆，家长不要想着用暴力来压制，因为这会适得其反，让孩子更加叛逆。家长要保持平和的心态，给予孩子一定的自主空间，在她们冷静理智的时候耐心地讲道理，而不是一味地责备或打骂。其次，家长要学会包容和自我反省。进入青春期的孩子往往心思会更加敏感，有时，她们所犯的错误并不大，那么家长这个时候需要包容孩子，尤其是家长在恼怒想发脾气之前，应仔细想一想这件事情的对错，先进行自我反省，而不能一味地只冲孩子发脾气。最后，家长要给予孩子更多的理解，亲近孩子。很多时候，青春期少女叛逆的主要原因是家长的不理解。因此，家长平时应多换位思考，给予她们更多的理解和关心，每天多抽出时间和她们聊聊天、谈谈心，亲近孩子，培养亲子感情，柔和地处理问题，这样不仅易于她们接受，而且容易获取她们的信任。

（二）青春期性教育

青春期是人类从性不成熟、不能生育的儿童时期转变为性成熟、具有生育能力的成年期的过渡时期。性机能的发育成熟给青春期少女带来很多与异性交往和性心理卫生方面的困惑和问题，此时，家长和教师对她们进行性教育是十分必要的。通过性教育，她们能懂得一些性的知识，正确对待青春期出现的一些性生理、心理现象，对性欲冲动保持理智的态度，学会保护自己，调节自己，爱护自己，发展和完善自己，更好地防止在成长发育期间产生性生理疾病和性心理障碍。这对于她们今后的恋爱婚姻和终身幸福也是至关重要的。

父母是孩子的第一任性启蒙老师。当孩子提出关于性生理、心理方面的问题时，父母不应惊讶、羞耻或责备孩子。这是因为孩子如果不能从父母那里解决这些问题，她们就可能完全依赖媒体、网络、朋友提供的性知识，可能会获得一些歪曲的性知识，甚至出现不健康的性行为。正确的性知识有助于青春期少女发展健康的性意识和性行为。因此，当孩子进入青春期后，亲子间的沟通要保持畅通，父母要对孩子进行恰当的性教育，适时给予她们答疑解惑，指导她们了解性知识，使她们形成健康的性观念。

1. 青春期性教育的内容

概括地讲，性教育的内容有性生理教育、性心理教育和性道德教育。

性生理教育主要是关于性与生育的生物学知识，如两性的身体构造、生殖系统功能特点、生育的机理和过程等。通过教育，青春期少女孩能了解人类身体的基本结构，正确看待性生理现象，认识两性生理差异及变化规律，适时、顺利地接受自己性生理发育逐渐成熟的事实。

性心理教育包括两性发育心理、性别角色、爱情心理等。通过教育，青春期少女能了解人的性心理发生发展的一般规律，了解青春期的心理躁动与不安，以坦然、健康的心理来面对，努力按照社会要求来规范自己的生活，克服性神秘感、恐惧感、自责感、罪错感，达到促进性心理健康发展的目的。

性道德教育包括两性间的基本行为规范、男女社会交往方面的礼仪、对异性的态度；如何正确处理与异性的关系和朦胧的两性情感；如何培养和树立正确的爱情观；等等。通过教育，青春期少女能掌握维系和调整两性关系的道德规范和行为准则，知道怎样保持良好的两性交往形式、什么是真正的爱情、如何树立正确的恋爱观等，提高对两性关系的社会责任感和义务感，增强对性的控制能力和抵抗诱惑的能力，避免性道德偏失。

2. 家庭性教育指导

对青春期少女进行性教育有助于她们保持性的生理和心理健康，使她们在顺利完成青春期转折过程中建立起高尚的情操，有利于她们人格的健全发展。那么家长要如何对孩子进行性教育呢？

首先，让孩子坦诚地面对性。孩子对于性的好奇心是可以理解的。对于她们遇到的性问题，家长不能堵而是疏，不能防而是导。这时，家长需要通过正常的渠道让她们了解性的知识，如果含糊其词，躲躲闪闪，连自己都不能正视，就无法和孩子坦然交谈。然后，有的放矢，主动引出话题。如果孩子还没有问有关性方面的问题，那么家长可以找一个恰当的时机引出相关话题。如果没有机会，那么不妨寻找借口，如"你注意到大卫妈妈的肚子越来越大了吗？她快要生孩子了。你知道这个孩子是怎么到她的肚子里的吗？"然后就可以从这开始交谈。最后，适时、适当地提供准确的性知识。家长在对孩子进行性教育时对时机和内容的选择要适时、适当，要遵循她们此时的心理、生理发展特点和需求，及时地、不失时机地进行正面教育与引导，而且要注意谈话的内容适合她们的年龄和所处的成长阶段。

拓展阅读

早 恋

青春期少女，无论是生理还是心理，都将由青涩走向成熟。她们此时会对男孩产生一种莫名的好奇和"好感"，她们更愿意和男孩待在一起，喜欢和男孩一起学习，一起玩。她们如果遇到觉得优秀的某个男孩，就可能把那个男孩当成倾慕甚至崇拜的对象，会产生对未来的幻想，并愿意和他多接触，这样一来，双方交往频繁，相互倾心，就可能导致恋爱的发生，这也就是所谓的早恋。对于家长而言，他们大多认为孩子上学时最重要的事情就是学习，谈恋爱是绝对被禁止的，但是，青春期女孩出现与异性交往的愿望和行为是正常的。因此，家长要正确看待早恋，不要轻易地给她们扣上早恋的帽子，也不要指责和强行反对她们。

由于青春期少女的身心都在发展中，她们早恋可能存在一些问题，如彼此往往是由双方身上的某一方面的优点产生倾慕之情，缺乏对对方的全面评价，容易造成感情不稳定；缺乏责任感和伦理道德观念的约束，易发生性行为，伤害双方的身心健康；等等。因此，家长在正视孩子早恋的同时要加以正确的引导和交流，具体表现在以下四个方面。

第一，平衡自己的心态，正视早恋。家长在这一阶段应尊重孩子的人格和感情，理解孩子在青春期生理及心理的一系列变化及由此产生的各种现象和问题，以平等、真诚、信任的态度多和孩子聊天，注意孩子的思想动向。家长可以安排一些亲子活动，如一起看场电影、一起看演唱会、一起进行体育运动等，加强与孩子之间的情感交流，鼓励孩子说出自己的想法，这样才能让孩子对自己敞开心扉，从而发现孩子存在的心理及行为问题，及时地对孩子进行引导和纠正。

第二，帮助孩子正视早恋。家长不用刻意避免在孩子面前谈早恋。家长越是开放坦白地和孩子交流，孩子越能打破对"恋爱"的神秘感。同时，家长应该告诉孩子，美好的爱情并不只是单纯的异性相吸，还包括高尚的情操和充实的精神生活，以帮助孩子分析这段恋情。例如，如果孩子是被对方的优点和长处吸引的，家长就可以告诉孩子把这种美好的情感和对对方的钦佩、欣赏化为努力自我提升的动力；如果孩子是被对方的外貌或家境吸引的，家长就可以告诉孩子物质和外在只是表面，内在精神的高尚和充实才是最重要的。家长要让孩子认识到个人的理想、兴趣、志趣的变化都会引起恋情的变化和发展，应把精力放在追求远大理想和实现人生价值上，而不宜过早恋爱，消磨时光。

第三，及时对孩子进行适度的性教育。在青春期，人体的生殖系统迅速发育，但很多青春期少女对自身的性发育及性成熟的生理改变感到困惑不解。如果孩子已经和爱慕的异性有交往密切的倾向，家长就要坦然地跟孩子讲交往过程中需要注意的事项，根据孩子的身心特点和成长阶段进行及时、适度的性教育。家长可以为孩子准备与青少年性教育相关的丛书放在家里，方便孩子读取，鼓励孩子学习科学的性知识。

第四，丰富兴趣活动，转移情感。家长和教师应密切配合，鼓励早恋中的孩子积极参加各种活动，丰富她们的精神生活，把她们的兴致、注意力、精力都转移到活动中来。家长和教师通过积极鼓励孩子参加各种活动，不仅能培养她们对科技、文艺、体育等方面的浓厚兴趣和高尚情趣，而且能利用活动中健康、宽松的男女交往环境逐步培养她们对他人的正确态度和纯真的关系，教会她们把握与他人交往的分寸，锻炼她们理智分析和冷静控制情感的能力。

第四节　青年期女性心理发展与保健

青年期也称为成年初期，年龄范围大约为 18～35 周岁。在这一时期，个体生理发育已成熟，身体健康进入顶峰状态，认知能力、情感和人格也日趋成熟。

一、青年期女性的生理变化

青年期女性在 20～25 岁期间达到生理发育的顶点。30 岁以后，她们大多数器官的结构和功能开始以一定的速度衰退。

青年期女性的面部皮肤滋润，头发乌黑浓密，牙齿洁净整齐，体魄健壮，骨骼坚强且较柔韧，肌肉丰满且有弹性，脂肪所占比例适中。此期女性内部各种机能良好，心脏血液输出量和肺活量均达到最大值，血压正常，有时略有偏高；消化机能很强，因此食欲较好；自身的抵抗能力强，而且能自觉地利用各种方法增进体质、预防疾病，因此这时疾病的发生率相对较低，即使患上某些疾病，也能在较短的时间内治愈康复；体力和精力均处于"鼎盛时期"，能承担较繁重的脑力劳动和体力劳动，能为社会做出较大贡献。

青年期女性进入性成熟期，她们的卵巢功能成熟并有性激素分泌及周期性的排卵，生殖器各部和乳房也都有不同程度的周期性改变。此期女性的生育活动最旺盛，具有良好的生殖能力，因此，这个时期是女性生育的高峰期。

二、青年期女性的心理特征

青年期女性的思维逐渐达到成熟水平，独立自主性日益增强，个性趋于定型，形成独特的人格特征，社会适应能力越来越强，价值观和道德观形成并成熟，性心理成熟，进入恋爱结婚、成家立业的人生阶段。

在思维发展上，此阶段是女性思维能力大整合、大飞跃的时期。青年期之前的女性思维发展主要表现在知识的获得上，青年期之后的女性思维发展主要表现在对知识的应用上。青年期女性的思维方式由形式逻辑思维为主转变为辩证逻辑思维为主，思维更加具有相对性、变通性、灵活性、整合性和实用性。在青年期的最后阶段，女性的创造性思维达到顶峰，开始在不同的领域内表现出不同的创造力。

在情感发展上，青年期女性对个人亲密友谊的需要急剧地增长起来。与青春期少女相比，青年期女性的交友数量有所减少，但亲密性提高。一般来说，女性对异性的爱慕情感往往含蓄、深沉，表现为娇媚、自尊，略显羞涩、被动，在与异性的接触中，女性不断修正自己的恋爱观与婚姻观，使得自身的择偶标准更为全面。

在个性发展上，进入青年期后，女性开始将注意力集中到发现自我、关心自我的存在上来。在不断积累的生活经验和他人评价的影响下，青年期女性不断修正自我意识。这样不仅能全面认识自己的身心特点和社会价值，而且能懂得尊重他人的需要，在自尊的同时尊重他人，对自己和他人的评价更加深刻和全面。青年期也是女性人格形成与成熟的重要时期，虽然她们的个性还会受内外环境的影响而发生变化，但人格越来越稳定、成熟，以后的改变十分微小。

青春期前女性的人生观和价值观处于萌芽状态。进入青年期后，女性开始用更多的时间阅读有关人生问题的书籍，更深入地思考人生问题，但她们此时人生观的发展尚不稳定。参加工作后，由于所从事的职业已基本定向化和专业化，女性对社会生活意义的看法更加深刻。在理论与实践的不断磨合中，女性的人生观和价值观渐渐趋于成熟、稳定。

三、青年期女性的心理保健

青年期是女性最美好、最幸福的时期，也是女性真正迈入人生道路、最富变化的时期。在这一阶段，女性要经历学业、事业、恋爱、婚姻、社会交往、自我实现等重大人生事件的考验，容易出现各种心理问题。因此，这一时期的女性要完成一系列心理调适，正确处理多种冲突，善于进行自我调整，以健康的心理状态度过社会的第一阶段。

（一）社会适应

适应是青年期女性的一大心理需要，一个人能否与其生活的社会环境相协调直接影响其生活质量。青年期女性在经过探索和选择后，完成了首次择业，从而开始迈向社会，这无疑是人生的一大转折。如何尽快适应这一转折，顺利完成从大学生到从业者的社会角色转换，是每个青年期女性需要面对的现实问题。此时，青年期女性应当以积极、正确的态度认知新的角色，实现新的角色，进而促使整个角色转换过程的顺利进行。然而，由于女性具有依赖、柔弱、胆小等消极的性格特征，她们不易适应新的环境和陌生的地方，因此容易产生焦虑、自卑的现象。

由于进行社会角色的转换过程实际上就是社会适应过程，青年期女性在正式步入社会时更需要具有一种良好的社会适应性，要注意调整自己的心理，与外界保持沟通，从而顺利适应新的角色，具体体现在以下三个方面。

1. 找准定位，调整好心态。青年期女性应在择业前对自我有一个清晰的认知和定位，从兴趣出发选好职业方向，认清当下的就业形势和现状，转变就业观念，调适好就业的心态，适当降低就业期望值，切忌好高骛远。

2. 增强自身素质，提高抗压能力。青年期女性应努力学习与工作，不断地锻炼，培养自身的抗压能力和吃苦耐劳的品质，遇到挫折时不气馁，敢于挑战，勇于面对失败，克服依赖、柔弱、胆小等消极的性格特征。另外，在学习和实践中，青年期女性还要及时地调整和改变自己的观念、态度、习惯、行为等，以适应社会发展变化不断提出的新要求。

3. 建立良好的人际关系。青年期女性应学习处理好工作中人与人的关系，尽快融入新的人际圈，这对顺利度过适应期起到关键性作用。对于刚走上工作岗位的青年期女性来说，她们要注意建立和谐的人际关系，主动交往，热情待人，豁达处世，学会合作，尽快与集体融为一体，消除陌生感、孤独感。

（二）产后抑郁

青年期女性具有良好的生殖能力，这个时期也是女性生育的高峰期。但是，女性在生育后，由于生理、心理、社会角色等因素的变化，可能出现精神、情绪、行为的紊乱和不良变化，如出现焦虑、沮丧、失眠、易怒、注意力不集中、食欲下降，对日常活动缺乏兴趣，体会不到愉悦感，无法专心工作或喂养，不能应付生活等情况，觉得生活无趣，甚至反复出现自杀想法、轻生或伤害他人的念头。这往往就是我们所说的产后忧郁症的症状表现，不仅会严重影响女性本身的身心健康，而且会影响婴儿的身心成长发育。

1. 原因

产后抑郁出现的原因主要有以下九点。

（1）怀孕期间情绪过于波动。女性在怀孕期间遭遇特殊事件或情绪大起大落容易引发产后抑郁。如果女性在怀孕期间已经显示出抑郁征兆，那么产后的抑郁情绪会加剧。

（2）性格要强，完美主义。过于追求完美主义，或者对自身期望过高的女性，在遇到困难时往往不愿意寻求帮助，又无法很快适应母亲的身份，因此，当丈夫不理解自己，或者不承担共同养育的责任时，她们就会感到压力过大而抑郁。

（3）内分泌和激素影响。由于怀孕和分娩，女性的内分泌发生变化，尤其是产后女性体内的激素水平急剧变化，常常会导致产后抑郁症的发生。

（4）心理变化。除了身体外，孕妇在怀孕、生产期间的心理也会有很大变化，一旦出现适应不良，对角色定位缺乏认同的现象，很多女性就会产生矛盾的心理，无法应对压力。

（5）身体变化。有躯体残疾或疾病的产妇易出现产后抑郁，尤其是身体不适的症状会对产妇的情绪产生影响。

（6）对生产的认识。很多女性对分娩有恐惧感。女性从网络上认识到分娩的疼痛而感到恐惧不安，导致神经高度紧张，内分泌失调，加重焦虑情绪，诱发产后抑郁。

（7）以往情绪问题。孕前就有抑郁症的女性在产后患抑郁症的可能性很大。

（8）遗传。有抑郁症家族史的女性在产后发生产后抑郁的发病率很高。

（9）家庭和社会的因素。如果产妇缺乏父母、丈夫的支持和照顾，就容易患产后抑郁症。重男轻女的观念、家庭的经济来源都会让女性感到压力过大。

2. 预防与心理保健

如何预防产后抑郁呢？如何克服产后抑郁呢？

（1）准备怀孕时即开始进入母亲角色。青年期女性在准备怀孕前就可以通过阅读书籍、讲座、观摩等途径，学习育儿知识和技能，如喂奶、洗澡、换尿布、抱婴儿等。同时，青年期女性要对儿童正常的生长发育规律、常见病痛防治及安全防范有一些了解，提前进入母亲角色，做好心理准备。

（2）提前了解产后情绪的变化。青年期女性可以在孕期与丈夫一起向医生咨询，阅读有关书籍或去孕妇学校学习，对产后抑郁症多一些了解，做好心理准备，积极地应对产后容易出现的不稳定情绪。

（3）孕期坚持运动以提高体质。孕期常坐办公室的女性，最好每天参加一些适宜的有氧运动，锻炼心肺功能，为分娩、产后照料宝宝及身体在产后尽早康复进行体能储备，以便适应繁忙的母亲角色。

（4）产后充分睡眠和休息。过度困乏直接影响新妈妈的情绪，因此，身边人应尽量减少不必要的打扰，特别是亲朋好友的探视。同时，新妈妈的精神状态很不稳定，因此，身边人要避免各种精神刺激，尤其是敏感问题，如婴儿性别、体形恢复及经济负担等。

（5）认同母亲角色。新妈妈要运用母亲角色，关心、爱护、触摸小宝宝，经常与他们进行情感交流，积极采取母乳喂养，这样可以发挥母亲间的交流和鼓励，消除自认为无能的心态。

（6）丈夫多帮助，多体谅。丈夫应尽量避免出门，积极主动地给宝宝洗澡、换尿布，并承担其他家务。宝宝夜里经常会哭闹，此时，丈夫应该与母子同住一起，帮助照料，避免新妈妈产生委屈情绪。当妻子出现情绪沮丧时，丈夫应多给予同情、支持、爱护和谅解，避免争吵。同时，丈夫要积极分担家务，多帮助妻子照顾宝宝。

（7）转移注意力，释放不良情绪。在天气较好时，新妈妈可以带宝宝外出散步，呼吸新鲜空气，让心情开朗起来，经常放松自己，如读书、听音乐等。

当心情沮丧时，新妈妈最好能与好友们在一起，寻求他人的帮助化解，安全度过心理危机。多做运动也有助于新妈妈释放不良情绪，让自己的精神振奋起来。

（8）必要时寻求专业人员帮助。如果沮丧情绪持续存在或加重，新妈妈就要尽快寻求专业人士的帮助，以控制抑郁情绪的发展。新妈妈只要接受适当的帮助，就能战胜产后抑郁。

心理测试

抑郁自评量表（Self- Rating Depression Scale，SDS）

SDS 是由贝克（W. K. Zung）于 1965 年编制的，是用于心理咨询、抑郁症状筛查及严重程度评定和精神药理学研究的量表之一。本量表有助于我们了解自己，评定自己是否处于抑郁状态。请仔细阅读下面的 20 个问题，根据自己最近一周的真实体验和实际情况在适当的方格里画"√"。每条文字后有 4 个方格，分别代表没有或很少时间、小部分时间、相当多时间、绝大部分或全部时间，请根据自己的第一印象做出选择。

	实 际 感 觉	没有或很少时间	小部分时间	相当多时间	绝大部分或全部时间
	1. 我感到情绪沮丧	1	2	3	4
*	2. 我感到早晨心情最好	4	3	2	1
	3. 我要哭或想哭	1	2	3	4
	4. 我夜间睡眠不好	1	2	3	4
*	5. 我吃饭像平时一样饿	4	3	2	1
*	6. 我的性功能正常	4	3	2	1
	7. 我感到体重减轻	1	2	3	4
	8. 我为便秘感到烦恼	1	2	3	4
	9. 我的心跳比平时快	1	2	3	4
	10. 我无故感到疲劳	1	2	3	4
*	11. 我的头脑像往常一样清醒	4	3	2	1
*	12. 我做事情像平时一样不感到困难	4	3	2	1
	13. 我坐卧不安，难以保持平衡	1	2	3	4
*	14. 我对未来感到有希望	4	3	2	1

	实 际 感 觉	没有或很少时间	小部分时间	相当多时间	绝大部分或全部时间
	15. 我比平时更容易激怒	1	2	3	4
*	16. 我觉得决定什么事很容易	4	3	2	1
*	17. 我感觉自己是有用的和不可缺少的人	4	3	2	1
*	18. 我的生活很有意义	4	3	2	1
	19. 假如我死了别人会过得更好	1	2	3	4
*	20. 我仍旧喜爱自己平时喜爱的东西	4	3	2	1

〔注〕 * 为反向计分

【测验计分】

正向评分题，依次评为 1、2、3、4 分；反向评分题，依次评为 4、3、2、1 分。

把 20 个项目中的各项分数相加，即得总粗分（X），然后将粗分乘以 1.25 以后取整数部分，就得标准分（Y）。

【结果解释】

按照中国常模结果，SDS 标准分的分界值为 53 分，其中，53～62 分为轻度抑郁，63～72 分为中度抑郁，73 分以上为重度抑郁。

临床使用时可以采用抑郁严重指数（0.25～1.0）来反映受试者的抑郁程度。

抑郁严重指数＝粗分（各条目总分）/80（最高总分）

抑郁程度判断方法：无抑郁（抑郁严重指数小于 0.5）；轻度抑郁（抑郁严重指数在 0.5～0.59 之间）；中度抑郁（抑郁严重指数在 0.6～0.69 之间）；重度抑郁（抑郁严重指数大于等于 0.7）。

第五节 中年期女性心理发展与保健

中年既是青年的延续，又是向老年的过渡时期，一般是指 35～59 岁年龄段。中年期是一个再适应的时期，中年期女性需要对自己生理上、心理上以及社会角色上的变化进行自我调节，以便更好地适应中年期的工作和生活。

一、中年期女性的生理变化

一方面，中年期是稳定而健全的时期；另一方面，中年期进入了某种生理的衰退过程。中年期女性身体的各个部分逐渐发生退行性变化，她们的内脏器官、生理功能开始减弱，尤其是身体细胞分裂、再生减少，功能开始衰退。中年期女性应根据以上这些生理特点，正确认识这种自然过程，采取一些积极的防患措施，延缓这种衰退，促进自身健康发展。

中年期女性的神经、精神活动比较稳定，对各种刺激的反应不像青年人那样剧烈，不及青年人快，也不如青年人敏捷。中年期女性的中枢神经抑制过程减弱，睡眠时间逐渐缩短，入睡难，容易醒。由于进食量往往较大，质量虽较好，但基础代谢下降，所以中年期女性容易发胖。中年期女性的消化功能降低，肠蠕动减弱，易发生便秘情况。在心肺功能方面，中年期女性的心脏自律性逐渐降低，同时伴有动脉硬化、血压升高、肺张力减弱、肺活量降低、供氧量不足等情况，尤其在劳动或运动时常感到喘不过气来。女性在35岁时的骨质达到最高密度，随后开始逐渐流失，很容易令骨骼内部变得单薄，造成中空疏松，无法承受体重或日常生活所造成的压力，容易骨折。

更年期是女性由成熟期进入老年期的一个过渡时期，一般发生在45～55岁之间，分绝经前期、绝经中期、绝经后期。这一时期女性的卵巢功能由活跃状态转变为衰退状态，排卵变得不规律，直到不再排卵，月经渐趋不规律，最后完全停止。更年期内的少数女性，由于卵巢功能衰退，植物神经功能调节受到影响，出现阵发性面部潮红、涨热、出汗、头痛、手麻、情绪不稳定、血压升高、心悸与失眠等症状，我们称之为"更年期综合征"，一般为时两年，症状可自然消失，约有25%的患者需要治疗。

二、中年期女性的心理特征

中年期女性已成家生儿育女，生活方式初步定型，认识问题有了相当力度、深度，不再为表面所迷惑，遇事冷静，处世更加稳重妥善，心理发展日趋成熟。

中年期女性的智力仍然继续发展和成熟。其主要表现在能独立进行观察和思维，具备独立解决问题的能力，感觉思维敏捷，判断力准确，注意力集中，记忆力旺盛，能适应和把握环境，等等。

在情感特征上，中年期女性的情绪趋于稳定，自我意识明确，精力充沛，情感丰富，具有很强的同情心。她们从自己多年的切身经历中，能设身处地为别人着想，能同情人、理解人，容易与别人相处。

在意志特征上，中年期女性的意志很坚强，善于支配自己的情感，能够克服社会、工作、事业、家庭带来的各种困难，表现出很强的耐力和刻苦精神。当在生活、工作、学习中遇到困难时，她们能抑制自己不必要的激动和冲动；当出现悲欢、愤怒或忧虑等情感时，她们总是善于支配自己的情感，表现出沉着和自制。

中年期女性的自我意识明确，了解自己的才能和所处的社会地位，善于决定自己的言行，有所为和有所不为。她们对既定目标勇往直前，遇到挫折不气馁。同时，她们能有理智地调整目标并选择实现目标的途径。

性格特征基本定型是中年期女性心理成熟的一大表现。到了中年，稳定的个性表现出每个人自己的风格，有助于其排除干扰，坚定信念，以自己独特的方式建立稳定的社会关系，并顺利完成自己追求的人生目标。

当然，我们也要看到，由于中年期女性在生理上出现的一些不稳定现象，她们的心理也发生一些变化。例如，情绪不够稳定，易激动，易怒，易紧张焦虑；注意力不够集中；心理敏感性增强，记忆力减弱；等等。但是，更年期出现的心理特征并不是所有更年期女性所共有的，而仅仅在一部分更年期女性身上出现。

三、中年期女性的心理保健

中年期女性正值壮年向衰老过渡，在社会、家庭中，都处于一个承上启下、继往开来的中坚地位，既要承担工作和事业上的重担，又要肩负赡养老人、抚育儿女的重任，从而成为负荷最大的人群。加上自身正从人生的鼎盛向衰老转变，各种躯体疾病不时侵袭，她们渐感力不从心，产生了一种大好时光即将流逝的紧迫感。在这一时期，中年期女性的心理卫生问题也是比较突出的。

（一）多重角色压力

1. 多重角色压力的表现

中年期女性是社会中的重要群体，她们不仅是业务骨干，而且是家庭中的栋梁，在社会和家庭中都非常重要。由于兼顾多重角色，她们容易感受到多方的压力。压力主要来自以下三个方面：第一，工作上的压力。例如，复杂的人际关系，年轻人更具竞争优势；等等。第二，家庭的压力。她们在家庭生活中既要扮演妻子的角色，又要扮演母亲的角色，还要扮演女儿的角色。这样，繁杂的家务、子女的教育、婆媳关系、家计的安排使她们疲惫不堪。第三，情感上的压力。中年女性要调整和保持与伴侣之间的情感关系，因为稍不留神，夫妻关系就容易出现危机，家庭内部无休止的冲突会对中年期女性的身心健康造成严重伤害。此外，部分中年期女性还不可避免地迎来更年期，这同样会使她们不同程度地感到压力，产生沮丧的情绪。

2．压力调适

（1）增强适应能力。中年期女性要努力调整自我，增强适应能力，学会对各种现象做出客观的分析、正确的判断；在生活中遇到矛盾时不退缩、不逃避、不忧愁、不沮丧，树立起战胜困难的信心和勇气，注意调整自我，以达到心理上新的平衡。

（2）注意调节和宣泄不良情绪。中年期女性要善于调节情绪，正确对待发生的心理冲突，做到乐观开朗、心情安宁、温和乐观。当感到巨大的心理压力和出现悲伤、愤怒、怨恨等情绪时，中年期女性要勇于在亲友面前倾诉，做合理的宣泄，这样在他们的劝慰和开导下，自身的不良情绪就会慢慢消失。

（3）善于释放压力。中年期女性要做到遇事想得开，不钻"牛角尖"，在身处逆境时能进行自我安慰、自我开导，保持良好的心理状态。

（4）建立良好的人际关系。中年期女性要理解、尊重他人，与人真诚相待，"以心换心"。对待他人，中年期女性要多理解与宽容，相互关心，从而促进心理健康发展。

（5）建立科学的生活方式。建立文明、健康、科学的生活方式，对于提高身体素质，防止积劳成疾至关重要。中年期女性要合理安排生活节奏，做到起居有常、睡眠充足、有劳有逸，学会在繁忙中求得休息，培养广泛的兴趣爱好，工作之余养花植树、欣赏音乐、练习书法、绘画等，陶冶情操，调和气血，以利于健康。

（二）更年期综合征

1．更年期综合征的表现

被诊断为更年期综合征的女性会伴有精神和植物神经功能紊乱的症状，如面部潮红、潮热出汗、头晕目眩、头痛耳鸣、腰痛、口干、喉部有烧灼感、思想不易集中、紧张激动、情绪复杂多变、性情急躁、失眠健忘、皮肤发麻发痒等。但是，更年期的这些生理与心理的失调是暂时性的、功能性的。对于这些变化和不平衡，大多数女性是可以平安度过的，因此不要惊恐不安，因为精神乐观、情绪稳定是顺利度过更年期最重要的心理条件。

2．更年期保健

要想平稳地度过更年期，更年期女性要注意更年期的心理卫生，根据更年期的身心特点进行生活与工作，既不要不顾身心的变化勉强行事，又不要谨小慎微、顾虑重重、无所事事，具体表现在以下五个方面。

（1）正确认识更年期出现的生理与心理变化。更年期女性要提前认识更年期综合征，做好心理准备，正确认识发病的原因、症状、临床表现等，即使提前出现早期临床症状，也不会因此而紧张不安。

（2）保持乐观的情绪，消除不必要的紧张和焦虑。有些更年期女性因为身体上的症状会变得焦躁、焦虑，甚至烦躁、暴躁，严重的会患上抑郁症。此时，更年期女性要学会调整好心态，积极地面对、应对身体上的这种异常，学会在这段时间内与更年期的诸多不适同行，当遇到工作和家庭中不顺心的事时应多听取别人的劝慰，当不好意思诉说更年期问题时应学会与同龄的朋友分享与交流，不要被情绪左右，以积极的心态面对。

（3）正视"负面生活事件"，处理好家庭与社会间的关系。正确地对待突发事件对更年期女性来说甚为重要。更年期女性遇事时要注意保持镇静，切不可忧心如焚、不思后果，从而诱发或加重症状。家庭和睦也是预防更年期综合征的重要因素。更年期女性不仅要适应家庭，更要适应社会，对当今社会上的一些现象要有一个正确的认识，多与他人交流看法。

（4）创造丰富多彩的生活。更年期女性要更多地参与到社会活动中来分散自己的精力，把生活安排得有节奏，适当增加业余爱好，增加生活的情趣，保持良好的大脑功能，促进身心健康发展。

（5）安排规律的起居生活和注意膳食营养。更年期女性要注意合理地安排工作与生活，坚持适当的体育锻炼和劳动，以改善机体血液循环，维持神经系统的稳定性。同时，更年期女性要注意饮食与营养，增加优质蛋白质和钙的摄入，均衡膳食搭配，减少摄入酒精、咖啡因，少吃香辣刺激的食品。

第六节　老年期女性心理发展与保健

老年期是 60 岁到死亡这一时期，它标志着人体生理与心理的老化过程。衰老过程是人类不可避免的自然规律，也给老年期女性带来许多不适、烦恼和困难。

一、老年期女性的生理变化

进入老龄阶段后，人的各种生理功能逐步趋向衰退，引起了身体的一系列的变化。衰老引起形态上的变化，如细胞的变化、组织和器官的变化以及整体外观的变化；感觉器官功能下降，导致老年人出现老眼昏花、听力下降、味觉迟钝的现象；神经运动机能缓慢，导致老年人的行动以及各项操作技能变得缓慢、不准确、不协调，甚至笨拙和迟钝；体力逐渐减退，行动多有不便，导致老年人容易出现意外事故，如摔跤，跌伤，被刀、剪割伤，等等。

老年期女性机体的所有内分泌功能普遍低落，卵巢功能进一步衰退，易致代谢紊乱。此期女性卵巢间质的内分泌功能逐渐衰退，体内雌激素明显下降，整个机体发生衰老变化，生殖器官进一步萎缩，易发生老年性阴道炎问题。由于衰老，这一时期女性的性激素减少，骨质疏松，易发生骨折。

老年人机体多种生理功能的减退，往往导致内环境稳定性失调，从而出现各种功能障碍，如肠胃不适、睡眠不佳等。随着免疫功能的衰退与紊乱，老年人的抵抗力明显下降，容易患上某些传染性疾病、代谢紊乱性疾病、恶性肿瘤等。

二、老年期女性的心理特征

在认知发展上，老年期女性感知觉的适应性变化最明显，表现为视力明显减退，出现所谓的"老花眼"，听力下降，味觉、嗅觉、皮肤觉下降；记忆力下降，表现为记忆广度、机械识记、再认和回忆等均减退，但理解性记忆、逻辑性记忆常不逊色。随着年龄的增长，老年期女性的脑组织质量和脑细胞数逐渐减少、萎缩，思维变得迟缓、迟钝。受许多因素如教育水平、某些生活经历、生活环境等的影响，老年期女性智力下降的程度有所不同。

在情绪情感变化上，老年期女性由社会人变成自由人，社会角色发生了变化，短期内可能不适应，表现为消沉、郁闷、烦躁等。身体健康和经济保障两方面的问题会带给老年期女性不安全感。由于子女的关心与照顾较少，或者失去配偶等因素，老年期女性可能会感到孤独和痛苦。

在个性上，在年老的过程中，老年期女性的人格仍保持较高的稳定性和连续性，改变相对较小。老年期女性由于经历复杂、经验更丰富，多表现为具有低沉、缓慢、沉默、冷淡的性格特征，也可能有以下性格特征：以自我为中心、内向、保守、好猜疑、嫉妒心强、刻板、执拗、灵活性差、应变性差、依赖性强、爱发牢骚、好管闲事等。相对来说，老年期女性个性的变化受出生时代及社会文化因素的影响更大一些。

老年期女性处于一个生理和心理老化的时期。但是，她们心理的老化依个人的心理能力而定，如受学习的欲望，欣赏、享受满足与愉快的能力，兴趣的广泛性以及一个人的意志能力等的影响。

三、老年期女性的心理保健

老年期是人生的特殊时期，是身体及心理极易出现问题的时期。随着老年人生理功能的退行性变化、年龄的增长和生活条件的改变，老年期女性的心理问题极易出现。精神心理因素也会威胁到老年期女性的健康，因此，我们充分了解老年期女性的变化特点是十分必要的。另外，我们还要引导老年期女性建立良好的人际关系，保持与家庭、社会的沟通，及时治疗慢性疾病，养成良好的生活习惯，树立乐观、开朗的人生态度，愉快地度过晚年。

（一）老年期常见的心理问题

1. 抑郁情绪

抑郁产生的原因是多样化的。首先，老年期女性在受到慢性疾病的困扰及死亡的威胁时易产生抑郁情绪。其次，退休后生活方式的改变，社会交往减少，失去配偶，家庭不和，缺乏归属感都容易造成老年期女性心情抑郁。这种表现主要体现在老年期女性出现压抑、痛苦、自责、沮丧等一些负面情绪，也可能会出现心肌梗死、冠心病、高血压以及癌症等各种身体疾病，甚至会出现自杀倾向或自杀行为。

2. 焦虑和恐惧感

老年期女性的焦虑和恐惧感主要来源于疾病和死亡的威胁。随着年龄的增长，老年人躯体各器官功能减退，易患许多慢性疾病。由于担心患病、生活不能自理，害怕给子女带来负担，被人讨厌和冷落，以及惧怕死亡等，老年期女性的心理负担加重，从而产生焦虑和恐惧感。如果这些情绪长期存在，就很有可能发展成老年焦虑症、老年疑病症等心理障碍。

3. 孤独和寂寞

老年期女性由于丧偶、独居、身体、心理及其他原因，社会交往减少，常感到空虚寂寞，再加上子女成年后要忙于自己的家庭和事业，她们在心理上往往产生孤独感和失落感。特别是子女关心不够，与亲朋、邻居来往较少的老年期女性，她们的孤独感更加明显，表现为沉默寡言、表情淡漠、情绪低落。

（二）老年期的心理保健

1. 认识身体的变化，并积极对待。老年期女性要正确地对待身体的变化，定期体检，发现疾病及早治疗，坦然面对死亡，认识到生老病死是自然规律，无论谁都无法抗拒，以积极的心态认真地过好每一天。

2. 心胸豁达、知足常乐。老年期女性在生活中要做到胸怀宽广，为人处世热情，关心、理解别人；用平和的心态处理问题，善于调节情绪，时时感觉到生活的充实、美满、幸福。

3. 保持良好的人际关系，与朋友和家人亲密相处，注重情感上的交流与沟通。老年期女性要多与自然、社会和人接触，多结交朋友，在与他人的交流和沟通中宣泄郁闷、相互安慰，丰富自己的精神生活，愉悦心情，以便更好地适应环境，保持心理平衡。

4. 培养适宜的兴趣和爱好，保持思维活跃，丰富晚年生活。老年期女性要培养适宜自己的兴趣和爱好，陶冶情操，也可以多参加一些力所能及的社会公益活动，发挥余热，使生命更有意义。

5. 生活规律，养成健康、良好的生活方式。老年期女性要安排规律的生活与合理的作息时间，根据自己的兴趣、爱好、体质状况有选择性、有规律地进行运动，如爬山、打太极拳等体力运动，下棋、打牌等脑力运动等。这样，不仅能增强体质，还能延缓大脑功能的衰退。

6. 家庭的和睦。老年期女性常会感到孤独，希望得到家人的关心、爱护和照顾，因此，子女应经常与老人沟通，遇事与老人商量，使老人得到应有的尊重。丧偶的老人独自生活会感到寂寞，因此，子女应理解老年人的求偶需求，支持老年人的求偶行为，满足老年人的愿望。

■ 知识链接 ■--------------------------------

埃里克森的人格发展八阶段理论

埃里克森（E. H. Erikson, 1902）是美国著名精神病学家，是新精神分析学派的代表人物。他认为人格的发展贯穿于个体的一生，他把个体人格发展过程划分为八个阶段。这八个阶段的顺序是由遗传决定的，但是每一阶段能否顺利度过是由环境决定的，因此，这个理论可以称为心理社会阶段理论。

埃里克森认为，在每个心理社会发展阶段中，每个阶段都有一个独特的发展任务。个体如果顺利实现这一发展任务，就有利于人格健康发展；反之，个体会出现发展"危机"，并妨碍后来各时期人格的健康发展。

1. 婴儿期（0～1.5岁）：基本信任和不信任的心理冲突

此时是基本信任和不信任的心理冲突期，因为这个时期的孩子开始认识人，当孩子哭或饿时，父母是否出现是建立信任感的重要问题。信任在人格中形成了希望这一品质，它有着增强自我的力量。具有信任感的儿童敢于希望，富有理想，具有强烈的未来定向；反之，不具有信任感的儿童不敢希望，时时担忧自己的需要得不到满足。埃里克森把希望定义为：对自己愿望的可实现性的持久信念，反抗黑暗势力，标志生命诞生的怒吼。

2. 儿童期（1.5～3岁）：自主与害羞和怀疑的冲突

在这一时期，儿童掌握了大量的技能，如爬、走、说话等。更重要的是，他们学会了怎样坚持或放弃，也就是说，儿童开始有意识地决定做什么或不做什么。这时，父母与子女的冲突很激烈，也就是第一个反抗期的出现。一方面，父母必须承担起控制儿童行为，使之符合社会规范的任务，即培养儿童养成良好的习惯；另一方面，儿童开始具有自主意识，他们坚持自己的进食、排泄方式，因此，养成良好的习惯不是一件容易的事。同时，儿童会反复应用"我""我们""不来"反抗外界的控制，而父母绝不能听之任之、放任自流，因为这将不利于儿童的社会化。反之，如果父母过分严厉，就会伤害儿童的自主感和自我控制能力。如果父母对儿童的保护或惩罚不当，儿童就会产生怀疑，并感到害羞。因此，父母要把握住度的问题，这样才有利于儿童形成意志品质。埃里克森把意志定义为：不顾不可避免的害羞和怀疑心理而坚定地自由选择或自我抑制的决心。

3. 学龄初期（3～6岁）：主动和内疚的冲突

在这一时期，如果儿童表现出的主动探究行为受到鼓励，他们就会形成主动性，这为他们将来成为一个有责任感、有创造力的人奠定了基础。如果成人讥笑儿童的独创行为和想象力，他们就会逐渐失去自信心，这使他们更倾向于生活在别人为他们安排好的狭窄圈子里，缺乏自己开创幸福生活的主动性。当儿童的主动感超过内疚感时，他们就有了目的的品质。埃里克森把目的定义为：一种正视和追求有价值目标的勇气，这种勇气不被儿童想象的失利、罪疚感和惩罚的恐惧所限制。

4. 学龄期（6～12岁）：勤奋和自卑的冲突

这一阶段的儿童都应在学校接受教育。学校是训练儿童适应社会、掌握今后生活所必需的知识和技能的地方。如果儿童能顺利地完成学习课程，他们就会获得勤奋感，这使他们在今后的独立生活和承担工作任务中充满信心；反之，他们就会产生自卑感。当儿童的勤奋感大于自卑感时，他们就会获得有能力的品质。埃里克森把能力定义为：能力是不受儿童自卑感削弱的，完成任务所需要的是自由操作的熟练技能和智慧。

5. 青春期（12～18岁）：自我同一性和角色混乱的冲突

青春期的主要任务是建立一个新的同一感或自己在别人眼中的形象，以及其在社会集体中所占的情感位置。这一阶段的儿童危机是角色混乱。这种同一性的感觉也是一种不断增强的自信心，一种在过去的经历中形成的内在持续性和同一感（一个人心理上的自我）。埃里克森认为，如果这种自我感觉与一个人在他人心目中的感觉相称，那么很明显这将为一个人的生涯增添绚丽的色彩。随着自我同一性的建立，一个人形成了忠诚的品质。埃里克森把忠诚定义为：不顾价值系统的必然矛盾，而坚持自己确认的同一性的能力。

6. 成人早期（18～25岁）：亲密和孤独的冲突

只有具有牢固的自我同一性的青年人，才敢于冒与他人发生亲密关系的风险。因为与他人发生爱的关系，就是把自己的同一性与他人的同一性融为一体。这里有自我牺牲或损失，只有这样才能在恋爱中建立真正亲密无间的关系，从而获得亲密感，否则将产生孤独感。埃里克森把爱定义为：压制异性间遗传的对立性而永远相互奉献。

7. 成年期（25～65岁）：生育和自我专注的冲突

当一个人顺利地度过了自我同一性时期，他在以后的岁月中将过上幸福充实的生活，他将生儿育女，关心后代的繁殖和养育。同时，他认为生育感有生和育两层含义，一个人即使没生孩子，只要能关心孩子、教育指导孩子也可以具有生育感。反之，没有生育感的人，他们人格贫乏和停滞，是一个自我关注的人，他们只考虑自己的需要和利益，不关心他人的需要和利益。在这一时期，人们不仅要生育孩子，而且要承担社会工作，这是一个人对下一代的关心和创造力最旺盛的时期，人们将获得关心和创造力的品质。

8. 成熟期（65岁以上）：自我调整和绝望期的冲突

由于老人的体力、心力和健康每况愈下，他们必须做出相应的调整和适应，所以被称为自我调整和绝望感的冲突。当老人们回顾过去时，他们可能怀着充实的感情与世告别，也可能怀着绝望走向死亡。自我调整是一种接受自我、承认现实的感受，也是一种超脱的智慧之感。如果一个人的自我调整大于绝望，那么他将获得智慧的品质。埃里克森把智慧定义为：以超然的态度对待生活和死亡。

思考与练习

1. 婴幼儿期女孩在生理、心理的发展上呈现出哪些特点？

2. 为什么要对青春期的女孩进行性教育呢？

3. 青年期女性的心理发展特征有哪些？

4. 如何帮助老年期女性缓解心理问题呢？

5. 案例分析：

有一名初二的女生，面临期末会考，她不想上学，感觉学习很痛苦，感觉老师、同学都看不起和嫌弃自己。爸爸一直不认可她，还骂她是害人精。她的妈妈比较容易焦虑，有时候脾气比较暴躁。她从小就感到自卑，一直都很想努力地证明自己，很辛苦，感觉很累。她最近挺不住了，选择了逃避，并试图通过药物调节来解决问题。她的妈妈希望她可以继续上学，参加期末会考，希望她可以恢复正常。

请分析这名初二女生产生心理问题的原因，并为她的妈妈提出指导教育方法。

第三章　女性情绪管理

本章导读

美国精神分析师朱莉·霍兰说过，女人就需要情绪起伏，这是我们的优势，而不是弱点。不断变化的激素水平使得女性更具同理心，直觉更敏锐，让女性能更好地觉察周围环境，关注孩子的需求，解读伴侣的用意，适应各种角色。因此，女性应学会调控情绪，以迈向幸福、不失控的生活。

第一节　情绪概述

一、情绪的概念

在现实生活中，人们有时会感到高兴和喜悦，有时会感到悲伤和忧虑，有时会感到气愤和憎恶，有时会感到爱慕和钦佩，有时会感到孤独和恐惧，等等。这些都是人的情绪过程。情绪是极其复杂的心理现象，它有着独特的心理过程。

（一）情绪的定义

情绪是人对客观事物是否符合自身需要而产生的态度体验。情绪同认识活动一样，也是人脑对客观现实的反映。情绪反映的是一种主客体的关系，是作为主体的人的需要和客观事物之间的关系。例如，长期遭受旱灾的地区降了一场大雨，这场雨显然符合人们的主观需要，人们会对之采取肯定的态度，产生满意、愉快等内心体验；相反，已经遭受洪涝灾害的地区仍然降雨不止，造成更大的损失，这场降雨显然违背了人们的主观需要，人们对之持否定的态度，产生不满、愤怒甚至憎恶等内心体验。情绪以主观态度体验的方式来反映客观对象，并伴随身体的行为表现和生理变化。

（二）情绪的成分

美国心理学家伊扎德认为，情绪包括生理层面上的生理唤醒、认知层面上的主观体验、表达层面上的外部行为。当一个人的情绪产生时，这三种层面共同活动，构成一个完整的情绪体验过程。情绪与有机体的需要联系紧密，它是以需要为中介的一种反映形式。客观世界的某些刺激并不能全部引发人的情绪，只有与人的需要有直接或间接联系的事物，才能使人产生情绪。通常情况下，那种能满足人的某种需要的对象，会引起如满意、愉快、喜悦等肯定的情绪体验；反之，那种妨碍与干扰需要得到满足的东西，会引起如不满意、痛苦、忧愁、恐惧、愤怒等否定的情绪体验。

1. 生理唤醒

人在产生情绪反应时，常常会伴随着一定的生理唤醒。例如，紧张时心跳加快，害羞时满脸通红，激动时血压升高，愤怒时浑身发抖，等等。脉搏加快、肌肉紧张、血压升高等生理指数，是一种内部的生理反应过程，常常是伴随着人的不同情绪产生的。

2. 主观体验

情绪的主观体验是人的一种自我觉察，也就是大脑的一种感受状态。人有许多主观感受，如喜、怒、哀、乐、爱、恶、惧等。人们对不同事物的态度会产生不同的感受。人对自己、对他人、对事物都会产生一定的态度，如对朋友遭遇的同情、对敌人凶暴的仇恨、事业成功的欢乐、考试失败的悲伤等。这些主观体验只有个人内心才能真正地感受到或意识到。例如，我知道"我很高兴"，我感受到"我很内疚"，我意识到"我很痛苦"，等等。

3. 外部行为

当情绪产生时，人们还会出现一些外部反应过程，这一过程也是情绪的表达过程。例如，人激动时会手舞足蹈，悲伤时会痛哭流涕，高兴时会开怀大笑，等等。伴随情绪出现的这些相应的身体姿态和面部表情，就是情绪的外部行为。它经常成为人们判断和推测情绪的外部指标。由于人类心理的复杂性，人们有时的外部行为会出现与主观体验不一致的现象。例如，在一大群人面前讲话时，一个人明明心里非常紧张，还要做出镇定自若的样子。

生理唤醒、主观体验和外部行为作为情绪的三个组成部分，三者只有同时活动，同时存在，才能构成一个完整的情绪体验过程。例如，当一个人佯装愤怒时，他只有愤怒的外部行为，却没有真正的主观体验和生理唤醒，因此也就称不上有真正的情绪体验过程。因此，情绪必须是上述三方面同时存在的，并且有一一对应的关系。一旦上述三方面出现不对应，我们就无法确定一个人真正的情绪是什么。

二、情绪的形式与分类

（一）情绪的形式

在近代研究中，人们常把快乐、悲哀、愤怒和恐惧列为情绪的基本形式。

1. 快乐

快乐是指盼望和追求的目的达到或紧张解除后的情绪体验。这种体验的程度与所追求的目的价值成正比，目的达到和紧张解除的突然性可以影响快乐的程度。例如，一场实力悬殊的比赛，强者轻易取胜，只会感到轻微的喜悦，但如果弱者经过努力，经历一段紧张后反败为胜，就会感到无比的快乐。

2. 悲哀

悲哀是与失去所热爱、所追求的事物以及希望遭到破灭有关的情绪体验。悲哀的程度取决于个体对所失去东西价值的认识，深切的悲哀多是失去贵重的东西所引起的，如失去亲人就常常引发极度的悲哀。深度的悲哀情绪往往比较强烈、持久；轻度的悲哀可以仅仅是微不足道的失望或遗憾。因此，悲哀的体验是从遗憾、失望到难过、伤心、悲痛、哀恸，渐次增强的。

3. 愤怒

愤怒往往是由于遇到与愿望相违背的事或目的和愿望不能达到，并一再受到妨碍情况下产生的情绪体验。愤怒时，人的紧张感会增加，有时不能自我控制，甚至出现攻击性行为。

愤怒的产生过程，可以是从不满、生气开始，然后到愠怒，最后发展成愤怒、大怒的。强烈愤怒时，当事人可能会对阻扰对象付诸攻击行动。被攻击的对象可以是人，也可以是物；可以是阻碍的直接对象，也可以是"替罪羊"。愤怒的行为表现是打骂、搏斗或摔砸。

4. 恐惧

恐惧是一种企图摆脱、逃避某种特定处境的情绪体验。恐惧感的产生往往是由于缺乏处理或摆脱可怕情景或事物的能力，虽然面临威胁，却又束手无策，由此产生一种不可抗拒的无力感，继而感到恐惧不安。可见，引起恐惧的关键因素是缺乏应急能力。

恐惧比任何一种情绪都更具感染力。旁观者在看到或听到恐怖事件的发生时，也常常引起恐慌。一个人在恐惧中的叫喊，能使他人产生与呼叫者相同的感受，这就是情绪状态的信息传递作用。恐惧能引起相应的神色和行为改变，也能导致尿失禁、精神失常、心脏病突发等异常情况的发生，因此，我们要避免过分的、突然的惊吓。

（二）情绪的分类

情绪状态是指在一定的生活事件影响下，一段时间内各种情绪体验的一般特征表现。情绪状态根据强度和持续时间的不同可分为心境、激情和应激。

1. 心境

心境是一种微弱、平静和持久的情绪状态。"人逢喜事精神爽"是指发生在我们身上的一件喜事让我们很长时间保持着愉快的心情，但有时候一件不如意的事会让我们很长一段时间忧心忡忡，情绪低落。这些都是心境的表现。

心境具有弥散性和长期性。心境的弥散性是指当人具有某种心境时，这种心境表现出的态度体验会朝向周围的一切事物。例如，一个在单位受到表彰的人觉得心情愉快，回到家里会同家人谈笑风生，遇到邻居会笑脸相迎，走在路上也会觉得天高气爽；而当一个人心情郁闷时，他在单位、在家里都会情绪低落，无精打采，甚至会"对花落泪，对月伤情"。"忧者见之而忧，喜者见之而喜"，也是心境弥散性的表现。心境的长期性是指心境产生后要在相当长的时间内主导人的情绪表现。虽然基本情绪具有情境性，但心境中的喜悦、悲伤、生气、害怕要维持一段较长的时间，有时甚至成为人一生的主导心境。例如，有的人一生历尽坎坷，却总是豁达、开朗，以乐观的心境面对生活；有的人总觉得命运对自己不公平，或者觉得别人对自己不友好，总是保持着抑郁愁闷的心境。

生活中的顺境和逆境，工作、学习上的成功和失败，人际关系的亲与疏，个人健康的好与坏，自然气候的变化，都可能引起某种心境。然而，心境并不完全取决于外部因素，还与人的世界观和人生观有联系。一个有高尚的人生追求的人会无视人生的失意和挫折，始终以乐观的心境面对生活。陈毅元帅创作的《梅岭三章》就是这种心境的体现。

■ 小贴士 ■

心境对人们的生活、工作和健康都有很大的影响。心境可以说是一种生活的常态，人们每天总是在一定的心境中学习、工作和交往，积极良好的心境可以提高人们学习和工作的效率，帮助人们克服困难，保持身心健康；消极不良的心境则会使人意志消沉、悲观绝望，无法正常工作和交往，甚至导致一些身心疾病。因此，保持一种积极健康、乐观向上的心境对每个人都有重要意义。

2. 激情

激情是一种爆发强烈而持续时间短暂的情绪状态。人们在生活中的狂喜、狂怒、深重的悲痛和异常的恐惧等都是激情的表现。和心境相比，激情在强度上更大，但一般维持的时间较短暂。

激情具有爆发性和冲动性，同时伴随明显的生理变化和行为表现。当激情到来的时候，大量的心理能量在短时间内积聚而出，如疾风骤雨，使得当事人失去了对自己行为的控制力。例如，《儒林外史》中的范进在听到自己金榜题名时，狂喜之下，竟然意识混乱，手舞足蹈，疯疯癫癫；有些人在暴怒之下，双目圆睁，咬牙切齿，甚至拳脚相加。但当这些激情得到宣泄之后，人又会很快平息下来，甚至出现精力衰竭的状态。

激情常由生活事件所引起，那些对个体有特殊意义的事件会导致激情，如考上大学，找到满意的工作，等等；出乎意料之外的突发事件会引起激情，如多年失去音信的亲人突然回归。另外，违背个体意愿的事件也会引起激情。可见，不同的生活事件会引起不同的激情。

■ 小贴士 ■

激情对人的影响有积极和消极两个方面：一方面，激情可以激发人内在的心理能量，成为人行为的巨大动力，提高工作效率并有所创造。例如，战士在战场上冲锋陷阵，一往无前；画家在创作中，尽情挥洒，浑然忘我；运动员在报效祖国的激情感染下，敢于拼搏，勇夺金牌。另一方面，激情有很大的破坏性和危害性。激情中的人有时任性而为，不计后果，对人对己都造成损失。例如，一些青少年犯罪就是在激情的控制下，一时冲动，酿成大错。激情有时还会引起强烈的生理变化，使人言语混乱、动作失调，甚至休克。因此，我们在生活中应该适当地控制激情，多发挥其积极作用。

3. 应激

应激是出乎意料的紧张和危急情况引起的情绪状态。例如，在日常生活中突然遇到火灾、地震，飞行员在执行任务中突然遇到恶劣天气，旅途中突然遭到歹徒的抢劫，等等。无论是天灾还是人祸，这些突发事件常常使人们在心理上高度警醒和紧张，并产生相应的反应，这都是应激的表现。

应激状态下常伴随明显的生理变化，而且生理反应大致相同，但外部表现可能有很大差异。积极的应激反应表现为沉着冷静、急中生智，全力以赴地排除危险，克服困难；消极的应激反应表现为惊慌失措、一筹莫展，或者发动错误的行为，加剧了事态的严重性。这两种截然不同的行为表现，既同个人的能力和素质有关，又同平时的训练和经验积累有关。如果一个人接受过防火演习和救生训练，在遇到类似的突发事故时就能正确、及时地逃生和救人。

三、情绪与心理健康

心理健康是健康的基石，情绪稳定、情绪乐观是心理健康的重要标志。一个人的情绪好坏与健康密切相关，情绪乐观活百岁，情绪不良百病生。

愉快的情绪有益于健康。诺尔曼·丹森曾说，情感规定着人的存在。情绪与情感是人对客观事物是否符合自己主观需要而产生的心理体验，是伴随特定生理反应与外部表现的一种心理过程。情绪直接影响身体健康。世界上有一剂包医百病的良药：快乐、开朗、稳定、适度的愉快情绪是治疗的良方。"笑一笑，十年少"。对于人的生理功能，快乐、笑不仅容易克服压力，更能促进呼吸和血液循环，分泌有益于身体的激素，并会抑制压力产生的有害激素。

> ■ **小贴士** ■
>
> 实验心理学家威廉·詹姆斯说过，如果你有了快乐的思想和行为，你就能感到快乐。情绪与情感的形式有唤醒个人的心理能量和生理能量，两者存在互相交换和互相促动的关系。胜利者心情愉快，连伤口愈合都比失败者快，就是这个道理。心情愉快、心态平和更能促进人做弹性与复杂的思考，有助于人开拓思路与自由联想。因此，人们把乐观情绪称为心理健康的灵丹妙药。正如马克思所说，一种美好的心情比十副良药更能解除生理的疲惫和痛楚。情绪乐观的人会看到希望，希望是相信自己具有达到目标的意志力与方法。乐观者能激活希望，有了希望，就有人生。一个人始终保持自身的情绪稳定、乐观是健康的需要，也是生活乃至生命的需要。

第二节 不同年龄阶段女性的情绪和情感

女性的情绪和情感在发展过程中大致要经历婴幼儿期、童年期、青春期、青年期、中年期和老年期，每个阶段的情绪、情感都有自己的特点。

一、婴幼儿期女性的情绪和情感

当胎儿还在母亲体内时，他们便开始接受母亲的孕育，充足的营养、清新的空气、适量的运动、乐观的情绪、适时的胎教，为孩子的早期教育提供了身教。从这个意义上说，母亲是孩子的第一任老师。母亲的善良、精神状态、身体素质、对各种食物产生的情绪，甚至漂亮和聪慧，都会在胎儿身上得到延续。

儿童刚出生时，就有原始的情绪反应，这种反应是不分化的，使人难以分辨其确切的情绪。原始情绪的不分化性与新生儿大脑皮质不成熟有关。随着生理的成熟，在外界环境的影响下，婴幼儿的情绪反应逐渐分化。他们的情绪和情感常受外界情境的支配，往往随情境的出现而产生，又随情境的变化而消失，富有易变性。婴幼儿的情绪完全表露于外，丝毫不加控制或掩饰，而且婴幼儿不善于控制、调节自己的情绪，因此，成人常用转移的方法来消除他们的负面情绪。

家庭是婴儿第一个社交群体，它在情感上给予他们安全感。家庭成员之间语言声调的情绪色彩、相互给予的挚爱和关怀会传染给婴儿。当婴儿表现出欢乐、幸福、热爱这类情感时，拥抱、亲吻、与他做游戏，是对他的快乐情绪的奖赏。然而，如果父母只在孩子哭闹时才注意他，孩子就会学着用哭声引起他人的注意，日后会养成烦躁不安的性格。

二、童年期女性的情绪和情感

儿童入学后的生活环境发生改变。在已有的心理发展水平上，她们的情感有了进一步的发展。童年期女性的情绪、情感已不像婴幼儿那样主要与机体需要相联系。在学习、劳动和各种社会活动中，她们体验着各种复杂的情感，情感内容日益丰富。情绪对儿童的认知活动起到促进或干扰作用。无论是感知、记忆，还是注意、思维，都决定情绪，同时受到情绪的调节。此阶段，童年期女性的情感既在内容上扩大，出现了以前没有过的情感，在质量上更加深刻，富有社会性。与婴幼儿期女性相比，童年期女性在集体生活中调节情绪的能力有所发展，但总体来说，情绪仍然很不稳定。

近年来，有关童年期女性心理失衡、离家出走、自杀身亡的报道屡见不鲜。种种悲剧的发生，虽然有外界诸多不可推卸的原因，但是童年期女性的情绪、情感障碍，自身心理承受力低，情绪变化大，不能正确对待挫折与失败，才是悲剧发生的真正原因。

童年期女性本应处于无忧无虑的人生阶段，没有成人那么多的工作和生活压力。但在现代社会，随着课业负担的不断加重、竞争与升学的压力和父母对子女的过高期望，童年期女性日益承受着与年龄不相称的心理负担。有些父母忙于工作，没有时间与孩子沟通；有些父母的教育方式不当，或者过分保护或苛刻要求，严厉惩罚，这些都使童年期女性承受着极大的心理压力。有些家庭的物质生活条件日益优裕，但家长忽视了孩子的正常心理需要，这就导致父母与子女之间缺乏沟通和理解。此外，无论是家庭教育还是学校教育，它们都忽视了对孩子生活技能的教育和训练，导致她们较难适应社会，产生焦虑、恐惧、孤僻、退缩、自卑、抑郁等情绪障碍。情绪障碍会对她们的个性、智力水平的发育产生不利的影响。因此，情绪障碍已经成为影响童年期女性心理健康的重要因素之一。

三、青春期女性的情绪和情感

青春期女性情绪的波动性较大和敏感性较强。她们在情绪方面常出现不稳定和高度的敏感性，遇到挫折或成功容易动感情，在情绪表现上已逐渐失去那种毫无掩饰的单纯和率真。在某些场合上，她们可以将喜、怒、哀、乐等情绪隐藏在心中而不表现出来。她们有时兴高采烈、乐于助人；有时沮丧、焦虑、神经质、发脾气，这种情绪的变化是由内分泌引起的，可能会持续一段时间或数天，因此，我们将9～14岁称为情绪发展的困难时期。

与青春期的男性相比，青春期女性消极情绪的表现倾向于恐惧，而青春期男性更多的表现为愤怒。在情感体验上，青春期女性容易出现孤僻和伤感，而青春期男性多出现兴奋和乐观。在对待同龄人的情感态度上，青春期女性常流露出一定程度上的猜疑和嫉妒。这种情绪的变化影响她们的学习和工作，并且影响她们与和他人的关系。这一年龄阶段的女性自杀率比其他阶段的女性自杀率高。

青春期是风华正茂的时期，女孩此时由于性成熟，身段日趋女性的曲线美。加上外界的影响，女孩的美感产生，开始注意面容和衣着打扮。一般来说，女孩对人、对事都很热情，她们很容易被英雄事迹所感动。女性的榜样教育力量对这一时期的女孩影响更大，她们会通过看小说、戏剧、电影，力图模拟与自己年龄相仿的正面女主角的言谈举止。

少年时期是儿童幼稚期向青年成熟期的过渡阶段。在这一时期，女孩的个性心理或早或晚地逐渐成熟、定型，表现为心理上的闭锁性。此时，女孩的内心世界逐渐复杂，开始不轻易地将内心活动表露出来，以保护自己的独立性。

自我厌恶、自我欣赏是自我意识中的消极倾向。自我意识是指人对自己以及自己和周围事物关系的一种认识和态度。人的自我意识心理萌芽在婴幼儿期，经过童年期的逐渐发展，在青春期发展得更加迅速，并且出现了新的成分——"女性"。这时存在两种情绪：自我厌恶和自我欣赏。

由于生理成熟、月经来潮，体验到女性生理上的种种麻烦，大多数女孩感到有心理压力，但很快会摆脱。另外，一些女孩将以往道听途说的各种女性不如男性的片面看法与现实中生理上带来的不适联系起来，产生自我厌恶的感受。

自我欣赏心理建立在女性第二性征美的生理基础上，身材发育健美的女孩更容易产生这种心理反应。女孩是第一个发现和欣赏自己性成熟的人。在旁人还难以察觉的情况下，女孩便怀着羞怯的心情，隐隐观察着自己身体的变化，对着镜子进行自我欣赏，为自己的美貌而欢心，为自己的缺陷而伤心、遗憾。

四、青年期女性的情绪和情感

青年期是情绪和情感丰富并趋于成熟、定型的关键时期。青年期女性情感发展的主要内容是恋爱、婚姻的建立和发展。在择偶时，青年期女性的头脑中常常已有一个理想的"意中人"，这种偶像化的意中人是她们因受教育程度、生活环境和经历以及所接触的文学艺术作品的影响而形成的一种理想化的认知模式。但当现实生活中所好感的对象与"偶像"存在差距时，她们常常能调整自己的固有想法，使理想与现实得以协调统一。青年期女性在恋爱中往往比男性显得更理智。当恋爱成熟后，青年期女性会和恋人步入婚姻的殿堂，开始两人的家庭生活。结婚是爱情发展进入一个崭新阶段的开始，它标志着青年期女性在心理上、经济上基本摆脱了父母的照料，并且改变了以往在社会上的幼稚依赖状态。

青年期女性的情绪特征主要表现在以下四个方面。

1. 情绪的稳定性欠佳

青年期女性不像儿童那样天真、淳朴，而是更内向和含蓄。这主要表现在她们的情绪和态度易受外界的影响，会出现较大的波动，如顺利时兴高采烈，受挫时愁云密布，等等。

2. 美感迅速发展

由于青年期女性接触了大量的自然美和艺术美，她们对什么是美，什么是丑有了深刻的体验。青年期女性爱美，追求美，她们中的大部分人在打扮上既大方得体，又不落俗套，逐渐形成自己独特的着装风格。

3. 向往爱情

青年期女性已经有成熟的性意识和情感深度，她们在恋爱中已经摆脱以往的消极被动状态，会主动公开表达对心仪男性的爱慕之情，对爱情的向往和追求成为激励她们前进的巨大动力。

4. 要求独立自主

青年期女性自认为已成年，独立要求强烈。然而，由于社会阅历较浅，当面对错综复杂的社会环境时，她们常常不知所措，遇事往往容易感情用事。尽管对事物有一定的理性思考，但由于不善于处理情绪与理智的关系，她们常出现情感和理智的内心的矛盾冲突。此时期女性的身心发展都处于顶峰期，她们有着强烈的自信和自尊，常常过高估价自己的能力和力量，争强好胜。但在行动受挫、遭遇失败时，她们又常怀疑自己的能力，在意他人对自己的评价，易陷于自卑的冲突中。青年期女性刚进入社会参加工作，对事业、个人前途有着美好的憧憬，想开创事业。然而成家后，她们需要分出时间和精力照顾家庭，履行妻子、母亲的责任和义务，不能全身心地投入工作，因此常常有成家与立业之间的矛盾心理。

五、中年期女性的情绪和情感

中年期女性独有风韵和魅力，经过一定时期的生活磨炼和人生阅历的沉淀，加之已经能较好融合妻子和母亲的角色，中年期女性的情绪和情感趋于稳定、成熟。具备深藏和掌控自己情绪和情感的能力的中年期女性情感深沉，富有同情心，具有亲和力，人际关系平衡能力强，能够以"过来人"的心态乐于帮助他人，做到"心理位置互换"，也就是能够充分同情、理解他人，能设身处地地从对方角度考虑问题和处理问题。在家庭中，她们将爱给予子女、丈夫和父母身上，无怨无悔地付出。在遇困难、挫折，抑或成功、喜悦时，她们能冷静下来，善于控制自己的感情，表现出从容、沉静和自制，独立自爱，无论是对家庭还是对工作都有责任心。

然而，进入中年的女性，从家庭范围来看，中年前期和中年中期处于子女、夫妻共处的稳定期，这也是中年期女性人生的重负荷时期。她们上有老，下有小，中间还有丈夫。她们既要孝敬老人，又要精心教育和抚养子女，还要与丈夫保持协调一致，心理和经济上的压力较大。这一时期，子女正处于青春期，自我意识迅猛发展，为渴望独立、摆脱对家庭的依赖，他们反感成人的过分照料和干涉，而中年母亲习惯于把青春期子女当作年幼儿童看待，处处小心，事事照料，因此易与子女之间产生矛盾、冲突，这往往是造成中年期女性痛苦、烦恼的主要心理问题之一。中年后期女性的子女多数已经成年，或者成家结婚。因此，这一时期女性的家庭从"满巢期"逐渐过渡到"空巢期"。

六、老年期女性的情绪和情感

进入老年期后，随着老年人生理机能的老化和健康状况的衰退，加上离退休后脱离了原有的工作岗位，家中子女又逐渐独立并成家立业，老年人的生活环境和角色地位发生了较大改变。因此，老年人的情绪和情感也呈现新的特点。

老年人关切自身健康状况的情绪活动增强。随着年龄的增长，健康状况日益下降，老年人变得更加关注自己的身体，对于疾病较为重视。老年期女性怀疑自己患病和有失眠现象显著多于老年期男性。她们对于自己的情绪表现和情感流露更倾向于控制，在日常生活中常常会掩饰自己的真实情感，如遇喜事，她们不再欢呼雀跃；遇悲事，她们不易痛哭流涕。她们消极悲观的负性情绪逐渐开始占上风，如提及社会中的腐败和不道德现象，她们就常抱怨世风日下，今不如昔；谈到舒适享受，她们往往只感叹"只是近黄昏"。

拓展阅读

一项调查显示，在描述自己情感的用词中，老年人用以表达喜悦情绪的词明显少于中、青年人。老年期女性在情绪和情感中的最大特点是害怕孤独，她们害怕无人关心自己，害怕自己被嫌弃，因此希望能与家人亲密相处，但又害怕拖累他们。老年期女性的孤独感在丧偶之后会更加明显，由于失去一方的关怀、安慰和照顾，她们失去了心理上的平衡，孤独感倍增。

第三节　女性特殊生理时期的情绪和情感

　　经期、孕期、产期、哺乳期都是女性的特殊生理时期。女性特殊生理时期生理功能的正常与否，与女性个体的心理状况关系十分密切，常常相互影响。研究表明，妇女痛经、闭经、不孕、难产、缺乳等疾病，均与心理失衡有密切关系，而且如果妇女缺乏及时有效的心理疏导，那么疾病将加重，心理障碍会更加严重。

一、月经期女性的情绪和情感

　　月经是有规律的周期性子宫出血。它是女性开始发育、具有生殖能力的标志。第一次月经来潮为初潮，到更年期女性月经消失为绝经。虽然月经周期的一系列变化是自动完成的，但是心理因素可以影响这种自动性周期变化。

　　剧烈的情绪波动、环境改变或受孕等，都可以引起月经周期的紊乱，月经是卵巢分泌激素刺激子宫内膜造成的，而卵巢激素的分泌又要受脑下垂体激素和下丘脑释放的激素控制。它们又在大脑系统的调节下有规律地运行，使女性在大约 28 天的周期中出现一系列的身心变化。经研究发现，女性的情绪波动与月经周期的阶段变化密切相关。从生物学角度来看，月经周期中无论是性激素还是垂体促性腺激素，都将发生一系列变化，从而影响女性的心理活动和行为，引起女性的情绪变化。情绪变化反过来也会影响女性生殖激素的水平，并异致排卵抑制和周期紊乱。在排卵期，女性表现出积极的情绪，有较高的自信心和良好的知足感，情绪愉悦，行为主动。然而，在经前期和月经期，女性易出现消极情绪，有烦躁、抑郁、焦虑等倾向。在经前期、绝经期、产后及服用避孕药的女性中常见抑郁的发生。

　　有些女性在月经来临前可能发生"经前期综合征"。"经前期综合征"主要是指女性在每次月经来潮前的 4～5 天，会出现各种异于常态的行为或症状，如头痛、注意力不集中、焦虑、抑郁或烦躁、易怒、疲劳等，部分女性还会出现眼脸和肢体水肿，严重的会有突发性"神经质"。这多集中于 15～45 岁的女性身上。"经前期综合征"易导致女性人际关系紧张，诱发冲动性行为，因此影响育龄妇女的生活、学习及工作等。我们应对有"经前期综合征"的女性，进行月经的生理以及月经期心理行为变化等知识的健康教育，帮助她们改变对月经的错误认知，指导她们进行适度的情绪调节，保持心情愉快，学会科学合理地安排学习、工作、休息的时间，做到劳逸结合。

二、孕期女性的情绪和情感

孕期分为孕早期、孕中期和孕晚期，女性在每个时期的情绪和情感特点又有所不同。各阶段特点如下。

（一）孕早期

孕妇多有身体不适，如易疲倦、恶心、呕吐等，这些不仅与生理因素有关，而且与心理因素密切相关。此期孕妇容易担心孩子的发育情况，为早期可能遭遇的不利怀孕的各种因素感到焦虑。如果是意外怀孕，那么孕妇会更加烦恼、忧虑，妊娠呕吐也令她们苦恼、烦躁。这些消极的情绪更加重了她们身体的不适，使妊娠反应强烈。

（二）孕中期

孕妇妊娠反应消失，身体状态越来越好。孕妇对妊娠导致的生理、心理变化逐渐适应，情绪趋于稳定，但仍时常担心胎儿的发育是否良好。

（三）孕晚期

孕妇身体日益笨重，妊娠水肿、妊娠高血压等妊娠并发症也容易发生。临近分娩的孕妇往往担心、害怕分娩时的疼痛，忧虑孩子娩出是否顺利、是否会影响智力等。

针对孕妇易出现的心理问题，我们应采取各种形式为孕妇宣讲各孕期的生理、心理发展知识，如妊娠呕吐的生理、心理因素，胎儿发育特点，分娩的生理过程等，以减少或消除孕妇因无知所带来的担心、紧张；指导孕妇采用能控制自己情绪的方法，如散步、听音乐、与人交流等；鼓励孕妇做适当的工作、家务，为分娩做好准备。

三、更年期女性的情绪和情感

更年期是指人由中年期过渡到老年期的一段时期，女性大约在 45～55 岁之间。更年期女性因为月经的变化分为绝经前期、绝经中期和绝经后期三阶段，各阶段特点如下。

（一）绝经前期

此阶段月经未停止，但卵巢开始衰竭，卵巢中有一定数量的卵泡在发育，却达不到成熟阶段，同时能分泌一定量的雌激素。此时，多数月经属于无排卵的月经，常常没有黄体形成。

（二）绝经中期

绝经中期即月经停止时期，这期间的月经由极不规律到停止。一般认为，月经停止1年以上才能算作绝经，此时，卵巢内分泌功能尚未完全消失。

（三）绝经后期

绝经后期是指从月经完全停止开始，此时，卵巢内分泌功能逐渐衰萎。即将进入老年期处于绝经期的女性，由于卵巢功能快速消退，女性的雌激素分泌逐渐减少，直到没有，月经从正常走到紊乱，直至绝经。绝经后期女性生理上的变化导致心理变化，往往有悲观、忧郁、烦躁不安、焦虑与神经质等情绪波动。焦虑是绝经期女性常见的一种情绪反应，常常由于很小的刺激而引起很大的情绪波动，爱生气和产生敌对情绪，精神分散难以集中。女性在绝经前后出现的一些症状虽然对生活没有太大影响，但一些女性常为这些症状感到忧虑，甚至怀疑自己患有严重的疾病，以至情绪消沉，导致抑郁症的产生。

处于更年期阶段的女性由于卵巢功能进行性衰退带来的神经内分泌、精神等一系列变化，易发生更年期综合征。这主要表现为月经周期紊乱，自主神经功能失调，兴奋与抑制及血管收缩与舒张不平衡，因此往往产生阵发性发热、面部潮红、耳鸣、眼花、头痛、眩晕或出现心悸、失眠、多梦、关节疼痛等症状，并出现易激怒、精神衰弱、焦虑、抑郁、孤独及受挫感等消极心理。更年期综合征等症状严重影响更年期女性的身心健康，使她们的生活质量下降。

思考与练习

1. 情绪按照其状态的强度和持续时间分为哪些种类？各有哪些特点？
2. 谈一谈情绪与心理健康的关系。
3. 针对孕期女性的情绪和情感，如何进行情绪调控？
4. 青春期女性的情绪和情感有哪些特点？
5. 结合自身实际，谈一谈你对情绪的认识。

第四章　女性的人格与培养

本章导读

　　人格是一个复杂的结构系统，它包含了许多成分，其中主要包括气质、性格和自我意识等方面。因此，我们既要了解人心理的一般规律，更要深入了解和掌握每个人的个别差异以及男女两性的差异。在现代社会里，尤其是竞争激烈的信息社会，传统的性别角色差异界定将很难适应这种复杂多变的社会环境，双性化人格已经成为一种性别角色发展的新趋势。

第一节　人格概述

一、人格的含义

　　人格一词源自古希腊语"persona"。"persona"最初是指古希腊戏剧演员在舞台上演出时所戴的面具，然后是指演员本人，一个具有特殊性质的人。现代心理学沿用"persona"的含义，转意为人格。这其中包含了两层意思：一是指一个人在人生舞台上所表现的种种言行，人遵从社会文化习俗的要求而做出的反应。二是指一个人由于某种原因不愿展现的人格成分，即面具后的真实自我，这是人格的内在特征。

　　人格也称为个性，是指一个人的整体精神面貌，即带有动力倾向性的、比较稳定的个性心理特征的总和。人格结构是多层次的，是由复杂的心理特征结合构成的整体，主要分为以下四个层次：第一，完成某种活动的潜在可能性的特征，即能力。第二，心理活动的动力特征，即气质。第三，完成任务的态度和行为方式的特征，即性格。第四，活动倾向方面的特征，如动机、兴趣、理想、信念等。这些特征不是孤立存在的，而是相互联系、有机结合的整体，对人的行为进行调节和控制。简而言之，人格包括能力、气质、性格、倾向性特征四个方面。总体来说，有关专家给人格下了一个简明易懂的含义：人格是构成一个人思想、情感和行为的特有模式，这个特有模式包含了一个人区别于他人的稳定而统一的心理品质。

二、人格的特征

（一）人格的整体性

一个现实的人具有多种心理成分和特质，如能力、气质、性格、情感、意志、需要、动机、态度、价值观、行为习惯等，它们并不是孤立存在的，而是密切联系的并整合成为一个有机组织。人的行为不是某个部分作用的结果，而是与其他部分紧密联系、协调一致活动的结果。各部分综合成一个有机组织，由自我进行协调和监控。

（二）人格的稳定性

人格的稳定性是指个体的人格特征具有跨时间和空间的一致性。从时间上看，一个人的人格一旦形成就比较稳定，在其婴幼儿期、青春期、青年期、中年期和老年期有相当的一致性。从空间上看，一个人无论是在家里、在学校，还是在公共场所，其人格都具有相当的一致性。因此，我们在描述一个人的人格时总是指他经常、一贯的表现，而不是偶然、间或的表现。例如，某人具有处事谨慎的人格特征，这就说明他一贯循规蹈矩，持事稳重，而他偶尔表现出的冒失、轻率不是他的人格特征。

人格的稳定性并不意味着人格是一成不变的，而是指较为持久的、一再出现的定型的东西。人格变化有两种情况：第一，随着年龄的增长，一个人人格特征的表现方式有所不同。例如焦虑，在少年时表现为对即将参加的考试或即将考入的新学校心神不定，忧心忡忡；在成年时表现为对即将从事的一项新工作忧虑烦恼，缺乏信心；在老年时表现为对死亡的极度恐惧。第二，对个人有重大影响的环境因素和机体因素，如移民、严重疾病等，都有可能造成人格的某些特征，如自我观念、价值观、信仰等的改变。

（三）人格的独特性

人格的独特性是指人与人之间的心理与行为是各不相同的。由于人格结构组合的多样性，每个人的人格都各有特点。在日常生活中，我们可以随时随地观察到每个人的行动都异于他人，每个人都有各自的需要、爱好、认知方式、情绪、意志和价值观。

（四）人格的社会性

人格的社会性是指社会化把人这样的动物变成社会的成员。人格是社会的人所特有的。人格是在个体的遗传和生物基础上形成的，受个体生物特性的制约。从这个意义上说，人格是个体的自然性和社会性的综合。但是人的本质并不是所有属性相加的混合物，或者几种属性相加的混合物。构成人的本质的东西是那种为人所特有的，失去了它人就不能称其为人的因素，而这种因素就是人格的社会性。其实，即使是人的生物性需要和本能，也是受人格的社会性制约的。例如，人满足食物需要的内容和方式是受具体的社会历史条件制约的。

三、影响人格形成的因素

经研究表明，人格受环境与遗传的双重影响。在人格培养的过程中，我们既要看到个体的生物遗传的影响，又要看到社会文化的决定作用。

（一）生物遗传因素

心理学家通过对双胞胎的研究结果表明，遗传是人格不可缺少的影响因素，但遗传因素对人格的作用程度因人格特征的不同而不同。通常在智力、气质这些与生物因素相关较大的特征上，遗传因素较为重要，而在价值观、信念、性格等与社会因素关系紧密的特征上，后天环境因素更重要。人格发展过程是遗传与环境交互作用的结果，遗传因素影响人格发展的方向。

（二）社会文化因素

每个人都处在特定的社会文化环境中，文化对人格的影响极为重要。社会文化塑造了社会成员的人格特征，使社会成员的人格结构朝着相似性的方向发展，这种相似性具有维系社会稳定的功能，又使得每个社会成员都能稳固地"嵌入"整个文化形态中。另外，社会文化还对人格具有塑造功能，表现在不同文化的民族有其固有的民族性格。例如，中华民族是一个勤劳勇敢的民族，这里"勤劳勇敢"的品质就是中华民族的共有的人格特征。

（三）家庭环境因素

家庭对个体人格的形成和发展产生重要和深远的影响。家庭是儿童生活的最初环境，社会和时代的要求往往是通过家庭在儿童心灵上打下烙印的。许多精神分析家认为，从人出生到五六岁，是人格形成的最主要阶段。这时，一个人的人格类型已基本形成。在这个阶段，绝大多数儿童在家庭中生活，在父母的抚养中长大。因此，父母的教养态度对于个体人格的形成和今后的发展起到重要作用。俗话说"有其父必有其子"，其中是有一定的道理的。父母按照自己的意愿和方式教育孩子，会使他们逐渐形成某些人格特征。

（四）自然物理因素

生态环境、气候条件、空间拥挤程度等这些物理因素都会影响人格的形成与发展。例如，气温会提高某些人格特征的出现频率，热天会使人烦躁不安，等等。但自然环境对人格不起决定性的作用。在不同的物理环境中，人可以表现出不同的行为特点。

（五）自我调控因素

上述各因素体现的是人格培养的外因，而外因是通过内因起作用的。人格的自我调控系统就是人格发展的内部因素。人格调控系统是以自我意识为核心的，自我意识是人对自身及对自己同客观世界的关系的意识，具有自我认知、自我体验、自我控制三个子系统。自我调控系统的主要作用是对人格的各个成分进行调控，保证人格的完整、统一、和谐。

综上所述，在人格的培育过程中，各种因素对人格的形成与发展起到了不同的作用，如遗传决定了人格发展的可能性，环境决定了人格发展的现实性。

第二节　女性的气质

一、气质的概述

气质是个体表现在心理活动的强度、速度、灵活性与指向性的一种稳定的心理特征。这种特征既赋予了个体心理活动的动力特征，又给个体的心理活动添加了一层独特的色彩。在日常生活中，我们常说某人稳重、文静、办事慢条斯理，某人爽快、泼辣、手脚麻利，这就是指人的气质表现。

气质最初是由古希腊的医生希波克里特提出的，他把气质分为胆汁质、多血质、黏液质和抑郁质四种。下面具体阐述这四种气质类型。

（一）胆汁质

胆汁质的人反应速度快，具有较高的反应性和主动性。这类人感情和行为动作产生得迅速而强烈，有极明显的外部表现；性情开朗、热情、坦率，但脾气暴躁，好争论；情感易于冲动但不持久；精力旺盛，经常以极大的热情从事工作，但有时缺乏耐心；思维具有一定的灵活性，但有不求甚解的倾向；意志坚强，果断勇敢，注意力稳定而集中，但难于转移；行动利落又敏捷，说话速度快且声音洪亮。例如，《三国演义》中的张飞和《水浒传》中的李逵都属于胆汁质类型。

（二）多血质

多血质的人行动具有很高的反应性。这类人情感和行为动作发生得很快，变化得也快，但较为温和；易于产生情感，但体验不深，善于结交朋友，容易适应新的环境；语言具有表达力和感染力，姿态活泼，表情生动，有明显的外倾性特点；机智灵敏，思维灵活，但常表现出对问题不求甚解；注意力与兴趣易于转移，不稳定；在意志力方面缺乏忍耐性，毅力不强。例如，《水浒传》中的浪子燕青属于多血质类型。

（三）黏液质

黏液质的人反应较慢。这类人情感和行为动作进行得迟缓、稳定，缺乏灵活性；情绪不易发生，也不易外露，很少产生激情，遇到不愉快的事也不动声色；注意力稳定、持久，但难以转移；思维灵活性较差，但比较细致，喜欢沉思；在意志力方面具有忍耐性，对自己的行为有较强的自制力；态度持重，好沉默寡言，办事谨慎细致，从不鲁莽，但对新的工作较难适应，行为和情绪都表现出内倾性，可塑性差。例如，《水浒传》中的林冲和《三国演义》中的关羽都属于黏液质类型。

（四）抑郁质

抑郁质的人具有较高的感受性。这类人情感和行为动作进行得相当缓慢、柔弱；情感容易产生，而且体验相当深刻，隐晦而不外露，易多愁善感；往往富有想象力，聪明且观察力敏锐，善于观察他人观察不到的细微事物，敏感性高，思维深刻；在意志力方面常表现出胆小怕事、优柔寡断，受到挫折后常心神不安，但对力所能及的工作表现出坚韧的精神，不善交往，较为孤僻，具有明显的内倾性。例如，《红楼梦》中的林黛玉属于抑郁质类型。

气质本身无优劣之分，任何一种气质都有其积极和消极的方面。气质也不能决定一个人活动的社会价值和成就的高低。因此，女性要正确对待自己的气质类型，经常有意识地控制自己的消极品质，发扬自己的积极品质，以有利于形成良好的个性。

二、男性气质与女性气质

第一性征是指男、女两性生殖器的不同外形和构造特征，是一出生就拥有的。第二性征是指男、女两性在进入青春期后开始出现的一系列与性别有关的特征。第三性征是指男、女两性在性格和心理方面表现出来的特征，简单来讲就是男性气质和女性气质。

20世纪80年代之前流行的都是性角色理论，它的核心内容是基于生理差别分析的基础上对男女不同角色的强调，认为作为一个男人或一个女人就意味着扮演人们对某一性别的一整套期望，即在任何文化背景下都有两种性角色：男性角色和女性角色。性角色理论区分了男性气质与女性气质的不同，与男性联系在一起的是技术熟练、进取心主动、竞争力、抽象认知等，与女性气质联系在一起的是自然感情、令人感到亲切、被动等。男性气质和女性气质很容易被解释为内化的性角色，它们是社会习得或社会化的产物，这一理论强调社会塑造男性或女性与他们的生理性别相结合。

男性气质是指男性应当具有成就取向，对完成任务的关注或行动取向的一系列性格和心理特点。男性气质固化和稳定的内容至少包括三个成分：地位、坚强和非女性化。地位代表功成名就和受人尊重，是社会成就取向。坚强是力量和自信的表现。非女性化是指避免女性类型的活动。另外，有研究指出，关于男性气质的传统观念主要包括以下四个方面：一是屏弃女人气，男性气质中没有任何女人气的成分；二是掌舵顶梁者，富有成就感，受人尊敬，能赚很多钱；三是坚稳沉实，充满自信，有力量和自主精神；四是勇猛刚烈，具有攻击性并敢作敢为。

女性气质是指女性应当具有同情心，令人感到亲切，对他人关心等亲和取向的一系列性格和心理特点。其中包括的成分主要有：与家庭关系相关的一切；一切与男性气质相对立的特征，如温柔、爱整洁、依赖男性。在性别气质的刻板印象中，女人味总是与羞涩、腼腆、胆小、多愁善感、温柔，以及在性生活中被动相联系。女性气质通常被限制在做家务、看孩子、照顾老人等家庭角色中。女性处在从属依附地位，其影响力不如男性，很少会成为领导者和专家，较少有攻击性。在"三纲五常"的中国封建思想里，"三纲"是指"君为臣纲，父为子纲，夫为妻纲"，即妻子必须绝对服从于丈夫，它反映了封建社会中夫妇之间的一种特殊的道德关系。同时，现代社会要求女性必须温柔，富有同情心，表现出一切与男性气质相对立的特征。

男性气质和女性气质的两极化模式强调的是男性领导、女性服从，男性高等、女性低下，它限制了男性和女性的行为发展。从某种程度上说，人类通过男性气质和女性气质的刻板印象能够较为有效地实现社会管理，并将劳动性别分工合法化，实现一套社会性别关系秩序，有利于男性的统治。在性别分工中，社会通过强调男性气质中的富有冒险精神、粗狂独立和攻击性，而赋予男性较高的地位和权力，认为政治、公共事务、高科技、军事、体育等领域，应该是与男性气质相关联的，女性离得越远越好。同时，男性通过排斥女性与这些领域的接触确保自己在这些领域的绝对优势，以保证自己驾驭女性的地位，从而拥有了不被女性介入的独立领域。传统的女性气质规定女性要依从男性，被动，不求独立，这助长了女性的自卑和依赖心理的产生。同时，传统思想中认为家庭领域与女性气质相吻合，所以女性被社会建构为做家务、带孩子和看家的家庭服务者的角色，并使女性潜移默化地认同其角色定位和自愿地为家庭做出牺牲，她们无法分享男性的工作和思维方式，即使担任社会角色，也是家庭角色的延伸。例如，中国传统社会中宣扬"未嫁从父、既嫁从夫、夫死从子""女子无才便是德""女子应该在家相夫教子"等思想。女性参政、工作、教育等社会问题都被淹没在对女性婚姻、家庭或健康的私人化关系的关注里，所以构成了男女之间不平等的权力关系。

三、双性化气质

"男人就该像个男人，女人就该像个女人"，在性别角色的评判上，这似乎是天经地义的。如果"男人不像男人，女人不像女人"，就被认为是性别角色的一种错位。那么，如果一个人表现得既像男人又像女人呢？有些人往往郁闷自己过于异性化，遭到众人的取笑。然而，经研究发现，具有男女双性化气质的人在很多情况下能做得更好，因为他们既具有女性气质，又具有男性气质。也就是说，男女双性化气质的人在性别角色心理特征上，往往占据了男性和女性两个方面的气质。这种同时具有男性气质和女性气质的性别表现被称为"双性化气质"，也被称为第四性征。过于男性化的男孩和过于女性化的女孩，他们智力、体力和性格的发展较为片面，智商、情商也较低，具体表现为：综合学习成绩不理想；偏科现象严重；缺乏想象力和创造力；遇到问题时要么缺少主见，要么固执己见，难以灵活自如地应付环境。对于那些兼有温柔细致等气质的男孩，兼有刚强勇敢等气质的女孩，他们的智力、体力和性格发展全面，文、理科成绩均好，受到周围人群的喜爱。成年后，兼有两性之长的男性或女性在竞争激烈的社会中占据更多优势地位。

第三节 女性的性格

一、性格概述

（一）性格的定义

"性格"一词来源于古希腊语"character"，原意是特征、标志、属性。在心理学中，性格是指人对待现实的稳定的态度和习惯化了的行为方式。态度是个人对待社会、他人、自己的一种稳定的心理倾向，表现为对人和实物的评价、好恶和趋避等。态度表现在人的行为方式中，当客观事物作用于个体时，人往往会对它抱有一定的态度，并做出与这种态度相应的行为活动。个体对客观事物的态度和行为方式通过不断重复得以保存和巩固下来，就构成了个人所特有的、稳定的态度和习惯化了的行为方式。这种主体对客体的态度和行为方式标志着性格的本质特点。态度不同，由它支配的行为方式也不同，因此，人们形成千差万别的性格。性格是个体稳定的个性心理特征。如果一个人在一次偶然的场合中表现出胆怯的行为，那么我们不能据此认为这个人具有怯懦的性格特征。如果一个人在某种特殊条件下一反常态地发了脾气，那么我们也不能据此认为这个人具有暴躁的性格特征。只有那些经常的、一贯的表现才会被认为是个体的性格特征。

性格是人格结构中表现最明显也是最重要的心理特征，是人格的核心部分，对人的一生产生决定性的影响。一个人对作用于他的客观现实通过认知、情感、意志等心理过程，反映在头脑中，并逐渐固定下来，形成独特的、一贯的态度倾向和行为习惯。

（二）性格与气质

性格与气质既有区别，又有联系。两者的区别表现在以下两个方面。

1. 性格是指人在对现实态度和行为方式中所表现出来的个性心理特征。它主要是在后天的生活环境中形成的，社会生活条件不同，人的性格特点也有明显的区别。气质是表现在人的心理和行为活动中的动力特征，主要是由神经活动类型特点所决定的，具有先天性。在不同的生活条件下，人的气质可能表现出相同的特点。

2. 气质具有较强的稳定性，不易改变，即使有变化也相当缓慢。性格虽也具有稳定性，但在社会生活的影响下，其通过个体的主观努力可以发生变化。气质反映一个人的自然实质，无好坏之分，而性格反映一个人的社会实质，具有社会评价意义，可以用一定的道德标准和价值观进行评价，有优劣之别。

性格与气质密切联系，相互影响，主要表现在以下三个方面。

1. 气质使性格带有某种独特的色彩。例如，一个胆汁质的人和一个黏液质的人均具有勤劳的性格特点，前者在活动中表现为精力充沛、动作迅速，后者则表现为踏实肯干、沉稳细致。

2. 气质可以影响性格的形成和性格发展的速度。例如，具有黏液质和抑郁质气质类型的人比具有胆汁质和多血质气质类型的人更易形成稳耐持久、认真细心的性格特征；而具有胆汁质和多血质气质类型的人比具有黏液质和抑郁质气质类型的人更易形成果敢、坚强的性格特征。

3. 性格也对气质产生一定的影响，在一定程度上掩盖和改造气质的某些特征，使之服从于生活实践的要求。

二、性格的结构特征

性格是十分复杂的心理现象，包含心理活动的各个侧面，具有各种不同的性格特征。一般认为，性格由以下四个方面的心理成分构成。

（一）对现实态度的性格特征

人对现实的态度体系是性格最重要的组成部分，在人的性格结构中处于核心地位。这主要体现在：对待社会、集体、他人态度的特征，如有的人爱祖国、爱集体、助人为乐、正直、诚实、宽容、与人为善等，有的人自私自利、阴险狡诈、虚伪等；对待劳动态度的性格特征，如有的人勤劳、认真、细心、节俭，有的人懒惰、马虎、粗心、浪费等；对自己态度的性格特征，如有的人谦虚、自信、自尊、自爱，有的人骄傲、自馁、自卑、自怜等。

（二）性格的理智特征

性格的理智特征是指人们在认识过程中所表现出来的性格特征，具体表现在：在感知方面有被动感动型，易受环境刺激的影响，易受暗示；主观观察型，有主见且不易被环境刺激所干扰；详细罗列型，注意细节；概括型，注意事物的一般特征和轮廓。在想象方面有主动想象型，力图用想象打开自己活动的领域；被动想象型，以想象来掩盖自己的无所作为。在思维方面有独立思考型和盲目模仿型、灵活型和刻板型、创造型和保守型等。

（三）性格的情绪特征

性格的情绪特征是指一个人情绪活动的强度、稳定性、持续性以及主导心境方面的特征。情绪强度方面的特征表现在一个人受情绪的感染和支配的程度，以及情绪受意志控制的程度上，如有的人情绪产生快而强，有的人情绪产生慢而弱。情绪的稳定性、持续性方面的特征表现在一个人情绪的稳定、持久或起伏波动的程度上，如有的人忽冷忽热，几分钟热度；有的人始终保持高昂的情绪、饱满的热情。主导心境方面的特征是指不同主导心境在一个人身上稳定表现的程度，如有的人多愁善感，经常情绪抑郁；有的人整天笑容满面，是个乐天派、乐观主义者等。

（四）性格的意志特征

性格的意志特征是指人在意志行动中所表现出来的性格特点，表现在一个人习惯化的行为方式中，主要表现在以下四个方面的特征：一个人是否有明确的行为目标方面的性格特征，如是具有明确的目的还是盲动蛮干；是有主见还是易受暗示；等等。对行为自觉控制水平方面的性格特征，如一个人的行为是主动积极的还是消极被动的；是有自制力还是易受暗示；等等。在紧急或困难条件下表现出来的性格特征，如是沉着镇定还是惊慌失措；是果断勇敢还是优柔寡断、胆小怯懦；等等。在经常和长期的工作中表现出来的性格特征，如是耐久有恒、坚忍不拔还是见异思迁、半途而废等。

三、男女性格差异

（一）独立和顺从

独立性是性格的一个重要方面。有些人在生活中总是表现出比较大的独立性，凡事经过自己的思考，独立判断，做出自己的决定，有些人则人云亦云，不能坚持自己的态度，对自己缺乏自信。

拓展阅读

朱利安的研究发现，女性的顺从率是 35％，而男性的顺从率只有 22％。在他后来的一项研究中，28％的女性更具顺从性，15％的男性更具顺从性。1978 年，美国心理学家亚当斯和兰德斯两人的研究中发现，女性的独立性低于男性。从表面上看，这样的研究结果与生活中的感觉一致，一般是男性更具独立性，女性的顺从性更大。

（二）竞争与合作

"男性是竞争的，女性是合作的"，这是普遍的观念。从心理学上说，男性的性格中有更多的倾向于竞争的因素，女性的性格中有更多的倾向于合作的因素。

在群体人数不同、人员密度不同的情况下，男女的竞争与合作倾向也有明显的差异。一般来说，人员密度越高，男性的竞争性越强，而女性相反，在人员密度提高的情况下竞争的趋势反而降低。

拓展阅读

为什么男性比女性更具有竞争性，女性比男性更倾向于合作？从生物因素来说，男性激素中的雄性激素达到女性的两倍，这种雄性激素促进了氮的新陈代谢，促进了肌肉组织的发展，从而男子体格日趋健壮以致具有适宜挑战和接受挑战的有利条件。仅仅这一点是无法解释竞争性的，因为不等于越强壮的人就越有竞争性。心理学家们认为，造成男女在竞争与合作倾向之间的差异主要是社会文化因素，也是社会的榜样和强化作用。

（三）男女性格整体差异

由于男女两性高级神经活动类型及其外部表现气质类型不同，以及环境、教育条件和活动方式的差异，男女两性的性格发展不尽一致，其表现也不尽相同。性格差异主要表现在性格类型的偏向性上。

男性的性格偏向于意志型、独立型、外倾型。在性格的多种特征中，男性的意志特征较占优势。他们的目标较为明确，行动较为主动，能进行冷静的思考，喜欢憧憬未来；独立性程度也较高，比较善于独立地发现问题和解决问题，不易受次要因素的干扰，比较好强，遇事不甘落后，总想胜过别人，易于发挥自己的力量，甚至有时候还喜欢把自己的意志和意见强加于别人；心理活动比较倾向于外部，经常对外部事物表示关心，开朗，活泼，情感外露，比较喜欢和善于交际。因此，他们心理表现中的自尊心、自信心、粗率性、自觉性、独立性、坚定性、果断性、灵活性、冲动性、坚韧性、主动性、深刻性、广阔性和批判性等性格特征比较明显，一般不太拘泥于细枝末节，不是很计较点滴得失，好奇、好想、好问、好动。但是如果缺乏引导，他们就会表现出骄傲自满、盲目乐观、自我欣赏、狂热冲动和逞能好强。

女性的性格偏向于情绪型、顺从型、内倾型。在性格的多种特征中，女性的情绪特征较占优势。她们的情绪体验比较深刻，举止易受情绪左右，易凭感情办事，但有时也能用理智来控制感情，支配行动；独立性程度相对较差，易受暗示，容易不加分析地接受别人的意见，遇事较易退让，不太喜欢与别人竞争；心理活动比较倾向于内部，较为沉静，处事谨慎且能深思熟虑，但反应比较缓慢，适应性较差，顾虑较多，交际面窄。因此，她们心理表现中的踏实好学、真挚热情、认真负责、耐心细致、严于律己、情绪稳定、感情丰富以及纪律性、一贯性、谦虚性、亲切性等性格特征比较明显，但是她们的守旧性、依赖性、动摇性、脆弱性、孤僻性、隐蔽性、怯懦性和易受暗示性也比较突出，她们的意志力也相对比较薄弱，在遇到巨大困难和挫折时往往缺乏顽强的坚持精神，容易自暴自弃、优柔寡断、缺乏主见、盲目服从。

当然，男女两性性格发展上的差异并不是绝对的，也就是说，男性的性格结构中也具有许多女性的性格特征，如细致性、纪律性、一贯性、谦虚性、动摇性、隐蔽性、怯懦性等；女性的性格结构中也具有许多男性的性格特征，如自觉性、灵活性、深刻性、冲动性、草率性等。男女两性的性格类型只是从更多地偏向于某种类型的这个角度来分析的，丝毫不意味着性格的绝对两极性。

四、人格的双性化

"双性化"是希腊语"Androgyny"的词根 andro（男）和 gyny（女）的结合，是指男性化和女性化的混合和平衡，是一个有争议的词汇。"双性化"的概念产生于 20 世纪 60 年代。1964 年，心理学家罗西正式提出了"双性化"的概念，他认为人身上既可能有男性化特征，又可能有女性化特征，即"个体同时具有传统的男性和女性应该具有的人格"，并认为"双性化"是最合适的性别角色模式。1974 年，美国心理学家贝姆以这个概念为基础，制定了贝姆性别角色量表，证明了双性化人格的存在。他通过实证测验将社会上的人分为四种不同的性别特质——双性化、男性化、女性化和未分化类型，并于 1974 年设计了第一个测量双性化性别特质的心理量表——贝姆性别角色量表，证明了在现实生活中双性化性别特质的个体在男性和女性中都存在。贝姆对美国大学生的抽样调查中发现约有 1/3 的人具有双性化性别特质，其中，女大学生的双性化性别特质约占 27％。然后，许多国内外学者都在此基础上对双性化人格问题进行了进一步深入的研究。司本斯等在 1981 年的研究调查中同样表明了 27％的女性属于双性化性别特质。国内不少学者对此进行的测验也证明，具有双性化性别特质个体的存在。张李玺对 69 名女大学生的性别特质的调查结果显示，双性化性别特质占 20％。2001 年，马锦华对 186 名大学生的测验中表明女大学生的双性化性别特质占 5％。

拓展阅读

为验证人格特质的差异性，美国心理学家贝姆进行了两项试验：一项是压力与从众的试验，另一项是听取孤独者倾诉的研究。在压力与从众的研究中，一些男性化气质的被试表现出独立的、不随波逐流的特征，而另一些女性化气质的被试表现出从众行为，具有男女双性化特质的被试表现出独立性，与男性化气质被试的差距并不悬殊，这两组人都比具有女性化气质的被试具有更显著的独立性。在被试静听一个孤独者倾诉的试验中，女性化的被试比男性化的被试更有修养，表现得彬彬有礼、有同情心，而具有男女双性化气质的被试与女性化的被试一样，表现得很得体、很有修养。总之，这两项研究都证明，具有男女两性双性化气质的人在许多场合下要比具有性别定型气质的人表现出色。这是因为在他们的言谈举止中，同时具有男性和女性的气质特征，所以在适合男性气质的情境下，他们能够表现得男子气十足，而在女性气质的情境下，她们又能够善解人意，表现出很好的女性气质。

心理学家贝姆的实验研究证明，双性化个体没有严格性别角色概念的限制，能够更加灵活、有效地对各种情景做出反应，且独立性强，自信。结果表明，双性化人格既能胜任男性的工作，又能胜任女性的工作，他们有更好的可塑力和适应力。斯比尔等的研究也表明，与其他人相比，双性化的青少年和大学生自我评价高、自尊心强，更受同伴欢迎，适应能力更强。双性化的女性比性别类型化的女性更易把她们的成功归因于能力，很少把失败归因于能力不够，即使失败了也很少表现为无能为力。此外，国外相应的研究成果还有：双性化人格个体的心理社会发展水平高；双性化人格个体被他人视为适应良好；双性化人格个体的自我价值感较高；双性化人格个体被他人视为有能力。

第四节　女性的自我意识及培养

一、自我意识的含义

早在古希腊时期，苏格拉底就提出了"认识你自己"的口号，标志着自我意识的觉醒，人类开始关注现实人生。自我意识是个体意识发展的高级阶段，是意识的核心部分，是一个人在社会化过程中逐步形成和发展起来的，对自我及与周围环境关系的多方面、多层次的认识、体验和评价，是个体关于自我全部的思想、情感和态度的总和。其包括认识自己的生理状况（如身高、体重、相貌等）、心理特征（如兴趣、爱好、动机、情绪、性格等），以及自己与他人和周围的关系（自己和他人的关系、自己在群体中的地位和作用等）。自我意识是人格结构的核心，是人的心理区别于动物心理的重要标志。自我意识具有目的性、社会性、能动性等特点，对个性的形成、发展起到调节、监督的作用。

二、自我、自我意识与自我概念的区别

自我是指自己各种身心状况的总和。其一般包括物质的自我、精神的自我和社会的自我。

自我意识是指个人对自己各种身心状况的意识。自我意识是一个多维度、多层次的复杂心理系统，表现为自我认知、自我体验和自我调控。自我认知是自己对自己身心特征的认识，主要包括自我感觉、自我观念、自我观察等。自我认知解决的是"我是一个什么样的人"的问题。自我体验属于情绪层面，是伴随自我认知而产生的情感体验。自我体验主要解决"我这个怎么样""我对自己是否满意"等方面的问题。自我调控主要表现为人的意志行为，监督、调控人的行为活动，根据自我认知的不同，产生不同的情感体验后，调节自己对自己和他人的态度。

自我概念是自我意识的认知范畴。自我认知包括自我觉察、自我图式、自我评价等。自我概念是自我认知中比较重要的一部分，反映自我认识甚至自我意识发展水平的高低，对自我体验和自我调节产生深刻的影响。

三、女性的自我意识及培养

对"女性自我意识"的理解是女性理论研究中的一个重要问题。在对女性自我意识的理解中，有的较多通过生理阶段对女性进行自我的认识，着重表现为一种"生理性的自我意识"；有的是从传统文化的影响造成女性主体意识失落进行考察的，如女性的角色、地位等问题。南开大学教授乔以刚认为，女性意识可以从两个层面上理解：一是以女性的眼光洞悉自我，确定自身本质、生命意义及在社会中的地位；二是从女性的立场出发审视外部世界，并对其赋予女性生命特色的理解和把握。

因此，女性的自我意识应当是女性对自我的全面认识，它包括女性关于自身的思想、感情、角色、心理状态、自我价值、能力特征、自我体验、行为方式、自我调控、管理能力等方面的全部意识和思考。

如何确立女性的自我意识？找准人生的定位，在千年前就作为成就霸业的思想传承。现今，它更应成为引领时代的理念，指导我们在人生路上前行，升华我们的灵魂。特别是对于缺乏现代女性意识的女大学生，如何做好人生的心理定位，其意义是不可估量的。

1. 培养女性的主体意识

女性在经过对自我生理的认识阶段之后，会升华到精神性的认识阶段，如对于思想、情感的认识。女性的主体意识就包括独立意识、自主意识、竞争意识、进取意识、创新意识以及成就意识等。女性的主体意识既是女性的一种自我反思，又是女性对"父权制""男性霸权"的一种积极有效的否定。具体来说，女性既能自觉地意识并履行自己的历史使命、社会责任、人生义务，又能清醒地知道自身的特点，并以独特的方式参与对自然与社会的改造，肯定和实现自己的需要和价值的意识。

要想培养女性的主体意识，我们就要鼓励女性克服自身的依赖性和盲从性，提高独立思考和独立行动的能力。同时，我们要鼓励女性树立男女有别的意识，破除男强女弱的意识。男强女弱只是反映男女有别的一个方面，分别对男女进行一分为二的分析，男之长是女之短，而女之长又是男之短。如果以男之长比女之短，就是男强女弱。在目前仍然是以男性为中心的社会里，我们应该有意识地强化这种思维，克服将男性一点强视为一切皆强，将女性一点弱视为一切皆弱的晕轮效应影响。社会需要鼓励女性对自我价值的追求，这也是保证女性自我实现的重要条件。

2. 明确女性的社会角色定位

自我意识的一个重要方面是对自我价值的认识，女性的自我价值就是女性对社会起到的作用。因此，明确社会角色定位是女性在社会中担当重要角色的基本因素。女性要清楚自己是社会的一分子，积极地参与社会活动，不需要依附于男性，要寻求自己在社会中独立发挥角色的空间。女性要增强经济独立意识，提升个体职业层次。女性要走出家门寻找工作，自立自强，这是女性获得独立个体认同的前提条件。要想拥有成功的社会角色定位，女性必须克服性别卑微心理以及脆弱性、依赖性等性格缺陷，树立自尊、自信、自强、自爱的意识。社会由男人、女人组成，缺一不可，男人、女人都是社会的主体，都是社会的主人。由自我意识到主体意识之间有一个跨度，缺乏"我"的意识的人是不会想到自己是社会的主人的。

同时，女性需要增强对自身文化能力的认识，在社会实践中更有效地发挥女性智慧，有意识地培养和提高自身的文化能力，自觉完善女性的独有智慧，只有这样才能提高女性的社会地位和家庭地位。特别要注意到母亲的文化程度是影响下一代女性自我意识的重要因素，因此，我们应该在两性中平等地分配教育资源，确保女性的受教育权利，增加她们进入社会的资本，这对于女性自我意识的影响是至关重要的。

3. 发挥女性的品格特征

女性有自己不同于男性的品格特征，如具有同情心、令人感到亲切、对他人关心、忍耐等待、温润安抚等，这是女性先天具有的，女性要以它们为荣。女性在家庭、生活和工作中要保留自己的女性气质，发挥自身女性能力的特长。另外，女性在具有上述品质的同时需要有女性的个性特征，如个体意志、独立见解、坚持原则、积极进取、立场坚定和自信自尊等，将先天具有的特性与后天的个性相结合，既有个性又善于协调，既有原则性又有灵活性，这样才能做到温柔而不失威严。同时，随着社会发展的进步，女性只有努力培养自身的双性化人格，才能称得上是成功的女性。

当今社会是男女平等、共创伟业的社会。女性只有具备主体意识，发挥主体作用，才能获得与男性平等的社会地位。但女性只具备主体意识还不够，因为女性在主体作用发挥的过程中会受到许多阻力，既有自身的因素，又有外在的因素，女性只有清醒地认识到来自女性自身的这些阻力（自我意识），重新确立自身价值，才有可能为实现主体作用铺平道路。确立女性的自我意识，开拓女性的自我价值，是新时代的任务，也是女性文化建设的新里程。

思考与练习

1. 人格有哪些特征？
2. 谈一谈气质和性格的区别和联系。
3. 女性和男性的性格不同表现在哪些方面？
4. 什么是自我意识？自我、自我意识与自我概念的区别有哪些？
5. 谈一谈如何确立女性的自我意识。
6. 案例分析：

王阿姨活泼、热情、善于交际，在群体生活中精神愉快、相处自然，一旦遇到尴尬场面，常能机智地摆脱窘境。她在生活中能妥当地安排家务，遇事善于动脑筋、想办法、出主意。她不安于陈旧的生活方式，对新鲜事物有兴趣，了解快，掌握快。但她的情绪不够稳定，容易浮躁，有时会轻诺寡信、见异思迁。

请你判断王阿姨的气质类型，分析其行为表现，并结合自身分析你的气质类型及行为表现。

第五章　女性人际交往与心理健康

本章导读

　　心理学家认为，人类的心理适应最主要在于人际关系的适应。良好的人际关系使人获得安全感和归属感，给人精神上的愉悦和满足，促进人的身心健康；不良的人际关系使人感到压抑和紧张，承受孤独与寂寞，导致人的身心健康受到损害。为了健康、愉快，为了成长进步、事业成功，为了个性完善，为了提高女性的生活质量，当代女性要学会与他人相处，建立并发展良好的人际关系。本章对人际交往与人际关系的基本知识，女性在人际交往中应注意的问题和培养人际关系的方法进行介绍，帮助女性克服人际交往中的一些障碍，学习优化人际关系的技巧。

第一节　人际交往与人际关系的概述

一、人际交往与人际关系的概念

　　人际交往也称为人际沟通，是指个体通过一定的语言、文字或肢体动作、表情等表达手段将某种信息传递给其他个体的过程。人际关系是通过交往而形成的人与人之间的心理联系。然而，人是社会动物，人际关系对每个人的情绪、生活、工作产生很大的影响，甚至对组织气氛、组织沟通、组织运作、组织效率及个人与组织之间的关系均产生极大的影响。在社会学上，人际关系被定义为人们在生产或生活活动过程中所建立的一种社会关系，包括亲属关系、朋友关系、同学关系、师生关系、雇佣关系、战友关系等。

二、人际交往的重要性

当今社会是信息社会，随着信息量的扩大，人们对各种信息和信息利用的要求也在不断增加，而人际交往有利于人们互相传递、交流信息和成果，以达到丰富经验的目的。孔子曾说，"独学而无友，则孤陋而寡闻"。人际交往可以帮助我们提高对自己和他人的认识，不仅使我们对自己有更深刻的认识，而且有助于我们对他人有更完整的认识。同时，人际交往是人与人之间的一种互动，是协调一个集体关系、形成集体合力的纽带，是集体成长和社会发展的需要。

（一）有助于深化自我认识

在我们的交往活动中，别人是我们的一面镜子，可以反映我们的优缺好坏。通过观察别人的言行，我们也可以从中观照、了解自己。通过人际交往，我们能全面地认识自我，也能从对方对我们的评价中完善对自己的认识，有助于找到自己的社会位置，扮演好自己的社会角色。另外，在人际交往的过程中，我们还能从别人那里寻求对自己的鼓励和赞许，当他人对我们的认识与我们对自己的认识相一致时，我们能产生积极的自我概念。

（二）有助于推动社会化进程，实现人生价值

人际交往是社会发展的必然产物，也是社会发展的基本前提。如果没有人际交往过程中所形成的各种各样的网络关系，没有人们所担当的各种各样的社会角色，社会就不称为社会，发展也就无从谈起。良好的人际交往能力是个体社会化的起点，是个体将来在社会上立足的生存需要，也是个体为社会做贡献的本领。人际交往为我们提供更多社会的信息，为我们向社会奉献个人价值提供桥梁。

（三）有助于维护身心健康

马斯洛的需要层次理论中将人们的需要分成五个层次。马斯洛认为当人们满足生存需要和安全需要后，就有了人际交往的需要、尊重和爱的需要以及自我实现的需要。其实，人们即使为了生存和安全的需要也必须进行人际交往，或者说，人们在满足任何一个层面的需要时都会有人际交往的需要。如果一个人处在一种关系密切的人际关系里面，那么有利于满足需要，有利于身心健康。

和谐的人际关系可以代替亲情，让我们在有心理困惑时能通过良好的社会关系获得社会支持，在烦恼时有人倾吐，在欢乐时有人分享，以消除失落感与孤独感，从而保持一种平稳的心境和乐观的态度。

（四）有助于个体事业成功

美国学者卡耐基在研究影响人的事业成功因素时，认为在现代社会，一个人的成功仅 15% 是依赖自身素质，而 85% 取决于人际交往。这是因为人际交往能帮助个体完善品格，开拓思维和眼界，提供信息交流机会，获得事业上的支持与帮助，促进个体在事业上不断进取，从而获得成功。

拓展阅读

克里斯汀·福特的"陌生人和朋友的社会支持"实验（1997）

社会支持是指个体从他人那里感觉到的安慰、关心、尊重和帮助。它可以降低个体在应激过程中的应激反应，从而维护人的健康，并且来源多样，包括陌生人的支持。

实验目的：验证社会支持能降低个体对急性应激源的心血管反应，如朋友的社会支持的作用要大于陌生人。

实验任务：急性应激源为一个 6 分钟的演讲任务。

实验过程：被试拿到一份关于一个有争论的问题的辩论材料，准备 5 分钟。在准备阶段末期，被试需要测量心率、血压，并对感觉到的应激强度进行评价。然后，被试在观众面前发表 6 分钟的演讲，观众要根据分组做出相应的反应。

1 组——朋友支持组：被试自己带来的朋友。一直保持微笑，与被试有目光接触，对所讲内容有反应，并咕哝"讲得好""对"等。

2 组——研究者助手支持组：观众是陌生人，是研究者助手。一直保持微笑，与被试有目光接触，对所讲内容有反应，并咕哝"讲得好""对"等。

3 组——研究者助手中性组：陌生人。安静地坐着，与被试没有目光接触，没有反应。

在演讲结束后，被试先休息一会儿，再测量心率、血压并评价应激强度。

实验结果：1、2 组的被试在演讲时的心率、收缩压和舒张压增加量显著小于 3 组的被试，而且 1 组的被试在演讲时的心率、收缩压和舒张压增加量显著小于 2 组的被试。这说明社会支持能降低个体对急性应激源的心血管反应，朋友的社会支持作用大于陌生人。

这与朋友和我们之间已经建立稳定的亲密关系有关，所以来自朋友的安慰、关怀与鼓励更能支持我们克服困难。同时，我们可以推论，来自配偶、父母、兄弟姐妹、恋人等有亲密关系的人的社会支持对维护和促进我们的健康有更大的作用。

三、影响人际交往的因素

我们每个人都希望和他人建立和保持良好的人际关系，有较好的人际交往能力，但是每个人的人际交往现状有所不同，那么什么影响了我们的人际交往呢？影响人际交往的因素是多样的，主要包括社会、个体和情境因素三个大的方面。

（一）社会因素

社会因素是影响人际关系的客观外在因素。社会经济发展水平、人们的生活方式及价值观念、社会风气、道德风尚等都直接或间接地影响人际关系。一般来说，如果社会稳定、文化繁荣，人民生活富足，社会风气好，人际关系就密切；相反，如果社会动荡，人心不稳，金钱至上，道德沦丧，你争我夺，人际关系就恶化。

（二）个体因素

影响人际交往的个体因素中主要包括个人特质、相似性和互补性。

1．个人特质

（1）个性品质。个性品质常会影响人与人之间的交往。良好的个性品质是人际关系的基础。社会心理学家认为，在群体中，一个性格开朗、活泼，心胸开阔、坦荡，性情和善、宽厚，富有同情心，能体谅他人的人，易受到其他成员的欢迎，因此也易同他人建立良好的人际关系。相反，那些不尊重他人、以自我为中心、过分自卑的个性品质容易阻碍人与人之间的吸引，不利于人们的团结与协作。

（2）能力。能力高低也是人际吸引的重要因素，聪明能干的人可以给人以智慧和帮助，且态度温和、举止文雅。才华和能力欠缺的人，若时常表现出失误或能力不足，则会更容易让人感到他无能，因此会进一步削弱自身的人际吸引力。

（3）仪表。仪表也是影响人际交往的因素之一。从心理学的角度来看，外貌能产生晕轮效应。特别是对不熟悉的人，这种效应容易使人产生以点带面、以偏概全的不正确认知。例如，某人的长相漂亮，就容易使人以为其还具有其他一系列优点和美德，如心地善良、品德高尚、性格良好等。然而，事实上，相貌美与心灵美并不存在必然的联系。交往越深入，人们越会忽略相貌的因素，而更重视内在的美。当然，除了相貌外，仪表还包括穿着、体态、风度等因素，它们都对人际吸引力产生影响。

2. 相似性

社会心理学认为，相似性是人际交往的重要因素，它包括年龄与性别、社会地位、经济状况、教育水平、职业、籍贯、兴趣、信念、价值观、态度等的相似，其中以态度、信念和价值观最为主要。不同的社会心理学家根据不同的理论做出了不同的解释，主要有三点：（1）有相似的兴趣爱好，愿意参加类似的活动。在这些共同喜爱的活动中，双方交往的机会自然较多，从而增强相互间的人际吸引力。（2）彼此态度一致，在一起交往能正确反映自己的能力、感情和信仰，对双方都会产生相当高的社会强化作用，维护和提高双方的自尊心，增强相互间的人际吸引力。（3）相似的人相互沟通比较容易，误会和冲突比较少。即使本来不太熟悉，他们也会比较容易消除陌生感，从而形成较强的人际吸引力。

3. 互补性

当人意识到自己有某种不足时，他会发自内心地羡慕具有这种特点或能力的人，愿意与其接近，以便在彼此的交往中通过取长补短使双方的需要都得到满足。在日常生活中，我们也可以经常看到这样的现象：脾气暴躁的人和温和而有耐心的人能友好相处；活泼健谈的人和沉默寡言的人能成为要好的朋友，甚至发展成终生的伴侣。研究表明，互补性因素对人际交往起到的作用大都发生在友谊深厚的朋友之间。

（三）情境因素

人际交往还常常受到交往频率和物理距离的影响。

1. 交往频率

交往频率是人们在单位时间内相互接触的次数。一般来说，交往频率越高，越容易形成共同的经验，产生共同的语言和感受，即交往频率与人际关系的密切程度成正比例关系。反之，长久不交往，关系就逐渐疏远。当然，交往的内容也不能忽视，如交往只是互相应酬，即使频率再高，也难以收获真正的友谊。

2. 物理距离

物理距离也是一个影响因素。俗话说"远亲不如近邻""近水楼台先得月"，通常情况下，人与人之间在地理位置上越接近，交往机会越多，就越容易形成较密切的关系。当然，地理位置越接近，越容易发生人际关系。

四、人际交往的原则

人际交往的原则是指我们在建立、维持以及发展人际关系过程中所遵循的基本的行为规范。行为规范是社会群体或个人在参与社会活动中所遵循的规则、准则的总称，是被人们接受的具有一般约束力的行为标准。在人际交往中，我们正确地遵循这些行为规范，有效地掌握人际交往的基本原则，有助于我们构建健康的人际关系。

（一）平等原则

我们首先要坚持平等的原则，无论是公务还是私交，都没有高低贵贱之分，只有以朋友的身份进行交往，才能深交。我们在与人交往时应做到一视同仁，不要嫌贫爱富，不能因为家庭背景、地位职权等方面的原因而对人另眼相看。平等待人就不能盛气凌人。平等待人就是要学会将心比心，学会换位思考。一个人只有平等待人，才能得到别人的平等对待。

（二）尊重原则

尊重包括两个方面：自尊和尊重他人。自尊就是在各种场合都要尊重自己，维护自己的尊严，不要自暴自弃。尊重他人就是要尊重别人的生活习惯、兴趣爱好、人格和价值。一个人只有尊重别人，才能得到别人的尊重。

（三）宽容原则

在人际交往中，我们难免会发生一些不愉快的事情，甚至产生一些矛盾冲突。这时，我们要学会宽容别人，不斤斤计较，正所谓"退一步海阔天空""人不犯我，我不犯人，人先犯我，礼让三分"。我们不要因为一些小事而陷入人际纠纷中，这样不仅会浪费我们很多时间，而且会使我们变得自私自利、渺小。

（四）诚信原则

"人无信不立""言而无信非君子"。我们只有以诚待人，才能产生感情的共鸣，才能收获真正的友谊。我们不仅要信任别人，而且要争取赢得别人的信任。我们要取信于人，要做到守信、言行一致，要诚实，答应别人的事要尽量做到，做不到的要讲清楚，以赢得对方的理解。

（五）相互性原则

人际关系的基础是彼此间的相互重视与支持。相互性是指双方在满足对方需要的同时能得到对方的报答。在交往的过程中，双方应互相关心、互相爱护，既要考虑双方的共同利益，又要深化感情。人际交往永远是双向选择、双向互动，你来我往的交往才能长久。

■ 知识链接 ■----------------------------------

人际交往中的心理效应

1. 首因效应

在人际交往活动中，我们会很重视开始接触到的信息（包括容貌、语言、神态等），以至于后面的信息显得不是那么重要，这种心理被称为首因效应。首因效应启迪我们一方面要给他人留下良好的第一印象，另一方面要在以后的交往中纠正对他人第一印象的不全面的认识。

2. 近因效应

近因效应是指当人们识记一系列事物时对末尾部分项目的记忆效果优于中间部分项目的现象。也就是说，近一次交往留下的印象往往是最深刻的印象。一般而言，熟人之间的交往近因效应会发挥较大的作用。

3. 光环效应

光环效应又称为晕轮效应，是指在交往的过程中，我们往往会从对方的某个优点而泛化到其他有关的方面，由不全面的信息而形成完整的印象。光环效应往往对恋爱的双方起到更明显的作用，正所谓"情人眼里出西施"。

4. 投射效应

投射效应是指在交往的过程中，我们总是假想他人和自己有相同的倾向，即把自己的特性投射到他人身上，从而形成对他人的印象。有时候，我们对他人的猜测在无形中透露的正是自己。

5. 刻板效应

刻板效应是社会上对于某一类事物或人物的一种比较固定、概括而笼统的看法。在人际交往中，我们有时会把对某一类人物的整体看法强加于该类的每个个体上而忽视了个体特征。刻板效应有利于总体评价，但对个体评价会产生偏差。例如，农村的同学认为城市的同学见识广，而城市的同学认为农村的同学见识狭隘。

第二节　女性的人际交往

一、女性人际交往的性别特点

在人际交往中，性别的差异主要表现在感知能力、性格特征、情感特征、言语谈吐、活动内容等方面的差异。

在感知能力方面，女性更多地注意人，对人际关系的知觉更敏感；在性格特征方面，女性身上多表现为温柔、细腻、柔弱、善良、优柔寡断；在情感特征方面，女性比较细腻温和，富有同情心，敏感性高，情感体验更深刻，较不稳定，对情感的需求强烈；在言语谈吐方面，女性的交流委婉而优雅，有时言语会引起情绪上的巨大波动；在活动内容方面，女性更多地喜欢一些运动量比较小的活动，如舞蹈、书画、乐器等。

二、女性人际交往中的常见问题

在人际交往中，女性比男性更敏感、细致、善解人意，女性在处理人际关系中比男性有一定的优势，但是女性在交往心理上常常存在一些问题，如自卑、虚荣、争强好胜等。在交往行为上，女性也有一些需要注意的问题，如交往情绪化、传播负能量、人际交往技巧缺失等。这些心理和行为上的问题会给她们带来人际交往方面的困难。

（一）女性人际交往中的心理问题

1. 自卑

有些女性因为容貌、身材等方面的因素在与他人的交往中有自卑心理，不敢阐述自己的观点，做事犹豫，缺乏胆量，习惯随声附和，没有自己的主见。有些女性在交流中无法为别人提供值得借鉴的有价值的意见和建议，让人感到与之相处是浪费时间，自然会避而远之。她们有建立良好人际关系的意愿，但是往往很敏感，她们的自尊心更容易受到伤害。

2. 虚荣与嫉妒

女性虚荣心的表现之一就是攀比心理严重，尤其是在她们生活的朋友圈中去攀比。这主要表现在她们对优于自己的人易产生嫉妒心理；当自己的才能、名誉、地位或境遇被他人超越，或者彼此距离缩短时，她们会把他人的优势视为对自己的威胁，因此往往带有明显的敌意，有的甚至会产生诋毁行为。这样做不仅伤害自己，而且危害他人，给人际关系造成极大的障碍。同时，心怀嫉妒的女性较少在人际交往中付出真诚的行为，难以给予别人温暖和讨人喜欢。其实，女性的嫉妒也是对美好的追求，是对自己的不满意，对自己所处现状不满意的一种表现。

3. 敏感、多疑

敏感、多疑的女性往往过分警觉、谨小慎微、患得患失，极度关注他人的评价，容易无端怀疑别人，怀疑别人在说自己的坏话，没有理由地猜疑别人做了对自己不利的事情，捕风捉影，节外生枝，挑起事端，缺乏对他人的信任，损害正常的人际关系，也不利于个人的身心健康。一般来说，女性多疑主要有以下几个方面的原因：过于在乎对方，从而产生不安的心理；存在自卑心理，易导致不安全感产生；受过被信任或爱的人欺骗等类似伤害；受家庭关系或成长环境的影响；等等。

4. 以自我为中心、冷漠

在人际交往中，有的女性以自我为中心，在心理上有很强的优越感，做事过于主观，缺乏责任心、包容心，我行我素，很少顾及其他人的想法与感受，让别人不敢也不愿意接近，影响人际关系。这样的交往心理尤其表现在成长过程中比较顺利，没有遇到过大的挫折，而且在某一方面有突出的才华的女性身上。

（二）女性人际交往中的行为问题

1. 交往情绪化

在人际交往中，有些女性容易因为一些微不足道的原因发生较大、较明显的情绪波动，感情用事、发脾气、赌气等，甚至做出更冲动的事情，这不仅容易造成自己心理上的创伤，还会造成友谊的裂痕、交往的中断，从而影响工作、学习和人际关系。

2. 将不良情绪传染他人，散播负能量

在人际交往中，良好的情绪状态不仅能使自己充满自信，还会不知不觉地影响他人，使双方的交往在愉快的气氛中进行，有利于友谊的建立、社交关系的维系，是真正高情商的表现。然而，部分女性在情绪状态不好时，不能很好地调控自己的情绪，将情绪带入家庭、工作中，使得他人因此感觉压抑，空气沉闷，气氛不爽。有的女性逢人便诉苦，满腹牢骚抱怨，让他人避之不及，这样非常不利于良好人际关系的维护。

3. 打听他人秘密，传播他人隐私

有的女性在与他人的交往中不能保持恰当的距离，随便侵入他人"领地"，对别人的隐私产生浓厚的兴趣，如偶尔发现了一个好朋友的怪僻行为，然后添油加醋地告诉了他人，这样不仅会对朋友造成伤害，还会失去友谊。偶尔的过失也许可以通过解释来弥补，但是，如果这样的事件发生了几次，就会严重影响人际关系。

4. 人际交往技巧欠缺

女性虽然渴望交往，但是她们在人际交往中有认知偏差，缺乏语言艺术和技巧等，给人际交往带来很多的挫折，这也是女性在人际交往中出现的常见问题。例如，一些女大学生在毕业求职时的笔试成绩很好，而面试表现得很糟糕，致使自己与心目中理想的岗位失之交臂。究其原因在于一些语言的表达艺术、人际交往的技巧没有在面试的过程中得到很好的体现。再如，女性在与人沟通交流时不注意说话的方式和技巧，容易伤及他人的自尊。当出现问题和矛盾时，她们没有及时沟通。当他人有困难和需要帮助时，她们缺乏关心和关心方式不正确，这都是缺乏人际交往技巧的表现，容易造成和他人的疏远，形成互相不关心和冷漠的关系。

心理测试

人际交往能力测试

人际关系是我们生活中的一个重要组成部分。如果缺乏良好的人际关系，那么将对我们的工作、生活及心理健康产生不良的影响。你知道自己的人际交往能力怎么样吗？快来测一测吧！

本量表中共包括30道题，请按照自己的符合程度进行打分：完全符合者打5分，基本符合者打4分，难于判断者打3分，基本不符合者打2分，完全不符合者打1分，最后统计总得分。

	5分	4分	3分	2分	1分
1. 我上朋友家做客，首先要问有没有不熟悉的人出席，如果有，我的热情度就明显下降。					
2. 我看见陌生人常常觉得无话可说。					
3. 在陌生的异性面前，我常感到手足无措。					
4. 我不喜欢在大庭广众面前讲话。					
5. 我的文字表达能力远比口头表达能力强。					
6. 在公共场合讲话时，我不敢看观众的眼睛。					
7. 我不喜欢广交朋友。					
8. 我的要好朋友很少。					
9. 我只喜欢与我谈得来的人接近。					
10. 到一个新环境，我可以接连好几天不讲话。					
11. 如果没有熟人在场，我感觉很难找到彼此交谈的话题。					
12. 如果在"主持会议"与"做会议记录"这两项工作中挑选一项，我肯定挑选后者。					
13. 参加一次新的集会，我不会结识多少人。					

	5分	4分	3分	2分	1分
14. 别人请求我帮忙而我无法满足对方的要求时，我常常感到很难对人开口。					
15. 不是不得以，我绝不求助于人，这倒不是我个性好强，而是感到很难对人开口。					
16. 我很少主动到同学、朋友家串门。					
17. 我不习惯和别人聊天。					
18. 当领导、老师在场时，我显得特别紧张。					
19. 我不善于说服人，尽管有时我觉得很有道理。					
20. 当有人对我不友好时，我常常找不到适当的对策。					
21. 我不知道怎样和嫉妒我的人相处。					
22. 我同别人的友谊发展，多数是别人采取主动态度。					
23. 我最怕在社交场合中碰到尴尬的事。					
24. 我不善于赞美别人，感到很难把话说得亲切自然。					
25. 别人话中带刺揶揄我，除了生气外，我别无他法。					
26. 我最怕做接待工作，同陌生人打交道。					
27. 参加聚会，我总是坐在熟人旁边。					
28. 我的朋友都是与我年龄相仿的。					
29. 我几乎没有异性朋友。					
30. 我不喜欢与地位比我高的人交往，我感觉这种交往很拘束，很不自由。					

【结果解释】

总分＞120分：你的社交能力存在很大问题，你不太善于交往和不喜欢社交，社交对你来说是一件痛苦或害怕的事。你在社交场合中惯于退却、逃避，你对自己的社交能力没有信心，你还没学会如何与别人尤其是陌生人打交道。因此，你要走出自我封闭的圈子，尝试与人交往，不怕失败和尴尬，这样一来，人际交往能带给你许多乐趣和益处。

总分在91～120之间：你的社交能力还有待进一步提高，你对人际交往还有拘谨。但你是可以交往的，如果你更大胆一些，更多地注意培养自己的社交能力，那么你将会从社交活动中获得更大的快乐和成功。

总分在 70～90 之间：你的社交能力尚可。

总分＜70 分：你是一个善于社交的人，你喜欢交往，能从社交活动中获得快乐。你能与不同的人相处，能较快地适应环境。

第三节　女性健康人际关系的培养

健康的人际关系是女性在这个社会上立足的基础，学会人际交往、为人处世的方法，提高人际交往的能力对于培养健康的人际关系来说是十分重要的，那么女性应如何培养健康的人际关系呢？

一、建立正确的人际交往观念

意识对客观世界的改造具有指导作用，正确的人际交往观念作为一种意识，不仅有助于为女性的交往行为和交往方式提供正确的价值导向，还有利于女性更好地融入社会，实现个人价值。另外，正确的人际交往观念还有利于女性的身心健康与健全和谐人格的发展，有利于女性解决交往问题，提高人际交往能力，建立和谐的人际关系。关于建立正确的人际交往观念，我们要做到以下四个方面。

1. 我们不能以经验去评判他人，更不能人云亦云，避免陷入"窥一斑而见全豹"的认知误区，要全面地、实事求是地认知他人；避免先入为主，不要通过第一印象"盖棺定论"，要学会透过现象看本质；不能将交往对象归类或赋予一定的特征，这种定式效应会妨碍正常人际关系的形成。

2. 我们要认识到交往是双向的、平等的，只有尊重他人，才能使别人尊重自己，平等互利的交往才有可能良好持久，因此，树立平等交往的观念是正常交往产生和发展的出发点。

3. 我们要认识到交往过程中信任的重要性，从积极的角度理解他人的动机和言行。

4. 我们要对交往抱有合理的期望值，避免因感情投入过多而回报较少在心里产生失落感。

二、掌握人际交往原则

女性在人际交往中遵守最基本的交往原则，能够使人际关系得到较好的维护。

（一）谦虚谨慎，摆正位置

要做到这一点的关键是正确认识和评估自己的过去、现在和将来，认识到自己在交往中的优势和劣势，把过去的种种经历当作未来人生发展的基石，摆正自己的位置，谦虚地看待周围的人和事，保持一种平和而理智的社交心态。

（二）平等相待，真诚相处

在人际交往中，平等待人是建立良好的人际交往的前提。一个人如果没有平等待人的观念和态度，就不可能与人建立良好的人际关系。在人际交往中，人格一律平等，每个人都有自尊与被他人尊重的权利。在交往过程中，我们要说真话而不说假话，办实事，言而有信，遵守诺言；对朋友要以诚相待，热诚地赞许与诚恳地批评，使彼此间愿意了解、信任、倾诉、交心。人与人之间只有平等相待，真诚相处，才能建立和保持良好的人际关系。

（三）打开心窗，主动开放

每个人所隐藏的内心世界，正是别人希望发现的奥秘。一般来说，一个人只有真诚敞开自己的心扉，才能走进别人的心灵世界。当你对别人做出一个友好的行动来表示支持或接纳他时，他的心里就会产生一种压力，为保持自己的心理平衡，他就会对你报以相应的友好行为。善于与人交谈和一起娱乐、能恰当分配时间与人交往、主动参加集体活动等行为，往往有助于和他人思想上的沟通、感情上的融洽以及人际关系的稳固。

（四）心理互换与相容

心灵沟通在人际交往中十分重要。一方面，一个人在生活中常常会由于种种原因而不能很好地理解别人。但当一个人站在别人的位置看问题时，他就会了解别人的言行，获得许多从未有过的理解，就会觉得心理上的距离缩短了。另一方面，每个人都有保留自己意见和按照自己意愿生活的权利，因此，我们只能用自己的思想影响别人，而不可能强行改变别人。一个人如果时时处处尊重和理解别人的选择，不过高要求别人，就可以减少误解。

相容的基点是尊重差异，容纳他人的个性，努力使自己心胸豁达，相互谅解，从而达到心理相容。例如，当两个人在交往过程中出现矛盾、遇到冲突时，双方只有有耐心，能容忍对方的优点、缺点和个性，求同存异，相互容纳，才能正常交往与相处。

（五）合作协助，友好竞争

人不是一个孤立的个体。我们生活的环境使得彼此间的合作不可避免，"勿以善小而不为"，当我们设身处地地为别人着想时，彼此合作的契机便已来临。合作能够帮助我们完成更多、更难的任务，也有利于人际关系的发展。在与他人的竞争中，我们也应倡导公平、公正、公开的原则，既竞争又以诚相待，既竞争又相互合作。

三、消除人际交往中的不良心理

要想有良好的人际关系，我们必须克服人际交往中的不良心理，调适人际关系。

（一）战胜自卑

自卑常常使人不敢大方地与人平等交往。战胜自卑，尤其是社交恐惧症，重要的在于树立成功交往的信心。一个人只有充满自信才能坦然自若而不紧张。

我们应从以下四个方面克服自卑的不良心理。

1. 正确认识自己，充分发挥自己的特长与优势，清除消极的自我暗示，学会肯定自己，增强自己的信心。

2. 意识到自卑的积极作用。自卑带给我们的不仅仅是消极作用，它往往能激发我们的某些潜能，引发我们积极的补偿行为。

3. 在实践中证明自己的能力和价值。一个人的价值往往是由这个人的行动所决定的，当通过自己的努力将事情做成功时，我们就会感受到成功的喜悦和自信的力量。

4. 积极地弥补自己的弱点。所谓"金无足赤，人无完人"，每个人都会存在某些方面的不足。对于不足，我们可以扬长避短。

（二）克服嫉妒

女性中普遍地存在不同程度的嫉妒心理，这很有必要加以纠正。

女性要想克服嫉妒心理，就应注意以下六点。

1. 正确认识嫉妒。认为别人的成功是对自己的否定、对自己的威胁、损害自己的利益和"面子"，这只是一种主观臆想。一个人的成功既要靠自身的努力，更要靠大家的帮助。嫉妒只会损人损己。

2. 客观评价自己。当嫉妒心理萌发时，女性要想积极主动地调整自己的意识和行为，从而控制自己的动机，就要客观、冷静地分析自己，找出差距产生的根源。

3. 看到自己的长处。聪明人会扬长避短，寻找和开拓有利于充分发挥自身潜能的新领域。这样在一定程度上能补偿先前没能满足的欲望，缩小与嫉妒对象的差距，从而达到减弱乃至消除嫉妒心理的目标。

4. 见强思齐。一个人不可能在任何时候都比别人强,人有所长也有所短。人固然应该喜欢自己、接受自己,但还要客观地看待别人的长处,这样才能化嫉妒为竞争,才能提高自己。

5. 将心比心。嫉妒往往给被嫉妒者带来许多麻烦和苦恼,如果换位思考,女性就会收敛自己的嫉妒言行。

6. 学会自我宣泄。女性最好能找知心朋友、亲人痛痛快快地说个够,因为他们能帮助自己阻止嫉妒朝更深的程度发展。

(三)克服猜疑

猜疑心重的女性对别人总是抱有不信任的态度,总以一种怀疑的眼光看人,对他人心存戒心。要想消除疑心,最根本的是去掉私心,"心底无私天地宽"。一个人如果在与人交往时过于敏感、猜疑,那么可以采用以下两种方法加以克服。

1. 培养自信心。在生活中,我们应当看到自己的长处,培养自信心,相信自己会处理好人际关系,会给别人留下良好的印象。这样一来,我们在充满信心地进行工作和生活时,就不用担心自己的行为,也不会随便怀疑别人是否会挑剔、为难自己。

2. 及时沟通,解除疑惑。有句话常说:"耳见为虚,眼见为实。"然而,在生活中,我们常常也会有这样的感触,就是自己亲眼看见的东西也不见得就是真实的。这个世界上人与人之间的误会随时都在发生,这是不可避免的。关键在于,我们要有消除误会的能力与办法,如果误会得不到尽快的解除,就会发展为猜疑,如果猜疑不能及时解除,就可能导致不幸。因此,如果可能的话,我们最好同自己"怀疑"的对象开诚布公地谈一谈,以便弄清真相,消除误会。

(四)克服以自我为中心,主动热情

以自我中心,凡事只希望别人满足自己,却置别人的需求于不顾,这样下去,身边的人都会自动远离。因此,我们应克服以自我为中心,有意识地进行改变。首先,人际交往都讲求互惠的原则,希望别人对自己好,那么自己也应该有相应的付出。其次,正视社会现实,学会礼尚往来,在必要时做出让步,学会尊重、关心、帮助他人,这样才能获得别人的回报,从中体验人生的价值与幸福。最后,加强自我修养,学会控制自我的欲望与言行。

人际交往是双方积极互动的过程,我们不能只等着别人主动,或者什么都甩锅给"内向",否则羞涩、自卑、矜持、冷漠等心理原因只会带来交往障碍。女性应该自信、热情一点,因为自信的女人最美丽,热情的女人朋友多。要想

有一个好的人际关系，我们与人交往就要变得积极一点。

四、优化人际交往艺术

要想建立良好的人际关系，我们还应优化人际交往艺术，掌握人际交往的技巧。

（一）优化个人形象

女性能否被别人接受，关键在于其在别人心目中的形象。也可以说，一个人的形象直接影响其人际交往的质量。女性的形象，即仪容仪表大体上受两大因素左右：一是本人的先天条件，二是本人的修饰维护，而后者起到重要作用。

优化个人形象大体要注意以下四个方面。

1. 干净整洁，不给人以一种邋遢的感觉，这是仪容的基本要求。

2. 发型自然。发型是构成仪容美的重要内容。人的发型要根据不同人的气质、服装、身材、脸型等选择。一个人要做到发型自然，以美为准则，不以追求奇异怪发为时尚。

3. 化妆适度。化妆可以根据个人的需要，要适度，切记不可过于浓妆。

4. 注意服饰的运用。服饰的运用要做到三个注意，即注意协调、注意色彩、注意场合。

（二）注意在人际交往中的身体姿态

身体姿态包括站姿、坐姿及走姿。

站姿是每个人全部仪态的核心。女性如果站立姿态不够标准，其他姿态就根本谈不上优美而典雅。站姿的要领是：头正、颈直、肩平、挺胸、收腹、直腰、提臀、腿直、脚稳。女性要注意克服身躯歪斜、弯腰驼背、半坐半立、手位不当、脚位不当的不正站姿。

坐姿是一种静态的人体体现，也是最多的姿势之一，更是公关活动中最重要的人体姿态。标准坐姿通常有八种：（1）双腿垂直式，适用于最正规的场合；（2）垂直开膝式，适用于较正式的场合；（3）双腿叠放式，适用于穿短裙的女士；（4）双腿斜放式，适用于穿短裙的女士在较低处就坐时；（5）前伸后曲式，多为女士所用；（6）大腿叠放式，多为男士在非正式场合所用；（7）双腿交叉式，男女在各种场合均可使用；（8）双脚内收式。女性要注意纠正错误坐姿，如双腿过度叉开、不妥的架腿姿势、脚部抖动摇晃、腿部高跷蹬踩等。

走姿是以站姿为基础的，实际上是站姿的延续。正确的走姿是方向明确、目光平视、步幅适度、步速均匀、重心放稳、身体协调。同时，女性要掌握不同场合中的不同走姿。

（三）保持良好的自我状态

良好的自我状态就是身心健康、自信、愉快，能够控制自己的情感，保持心理平衡，心态积极。一个人只有心态积极，才会有魅力。一个人只有心态开放，才会不卑不亢。积极而开放的心态、自信而容纳的意识是培养良好的人际交往品格的根基，也是人际交往艺术的奥秘所在。

（四）学会赞美

赞美的实质是对他人的赏识、激励。赞扬别人，并不一定要概括得完整全面，分析得深刻入微，但一定要诚恳热情、真实自然，发现和赞扬对方的"闪光点"和"兴趣点"，激发对方的兴趣和共鸣。赞扬要求感受性的，不要评比性的。感受性的赞扬是指你感觉对方有什么优点和长处，你就赞扬他的优点和长处，不要拿他的优点和长处去和另外的人做比较。评比性的赞扬一方面影响激励人心的效果，另一方面会对人际关系产生新的消极影响。赞扬要公开赞扬，赞扬要真实、诚挚，不要虚情假意。人们喜欢得到赞扬，但只喜欢合乎事实的赞扬，反感不真实的赞扬。赞扬要具体、新颖。我们在发现别人优点的时候要及时地进行赞扬。真正的赞美是对别人的优点和长处的充分肯定，能满足人对于尊重和友爱、获得做一个重要人物的感觉的心理需要，会给人以精神上的激励和鼓舞。这是因为渴望被人赏识是人最基本的天性，是人们普遍的、突出的心理特点。

（五）学会有效地倾听

人际关系学者认为"倾听"是维持人际关系的有效法宝，几乎所有人都喜欢听他讲话的人，倾听技术成为改善人际交往的重要方式，因此，我们要学会有效地倾听。在与人沟通时，听者要少讲多听，不要打断对方的谈话，最好不要插话，要等别人讲完之后再发表自己的见解；要尽量表现出倾听的兴趣，听别人讲话时要正视对方，切忌小动作，以免使对方认为自己不耐烦；力求在对方的角色上设身处地地考虑问题，对对方表示关心、理解和同情；不要轻易地与对方争论或枉加评论。

（六）讲究交谈艺术，注意交谈礼仪

交谈艺术是人与人之间在接触交往的过程中，通过语言互相交流感情、传递信息，以增进彼此间的了解和友谊，从而达到和睦相处、合作共事的目标。除了做到谈吐高雅外，我们还要注意交谈礼仪，具体表现在以下六个方面。

1. 谈吐要文雅，注意禁忌。应禁说粗话、脏话。交谈看对象，不要问不

宜问的问题。

2. 心直不一定要口快，要看准想好了再说。说话时必须注意场合和对象。

3. 要会委婉、含蓄地表示拒绝。

4. 关心有度，热情切勿"越位"。

5. 不要争吵。争吵不是正常的人际交流，更不是有效交流，争吵容易导致两败俱伤。

6. 不要轻视闲谈。闲谈是一种非正式的随便交谈，是一种看似平常却又利于人与人之间心灵沟通的社交。

思考与练习

1. 内向的女性如何建立良好的人际关系？

2. 请评价自己的人际交往能力。

3. 如何提高自己的人际交往能力呢？

4. 如何处理婆媳关系呢？

5. 案例分析：

职场中的 A 女士平时傲气十足，对同事不屑一顾，总认为自己比别人聪明，与同事在一起时常常趾高气扬，喜欢指手划脚。例如，当同事不接受她的意见时，她就发脾气，甚至骂人，弄得同事们对她敬而远之，不想理她。这导致她在中作中很孤立，没有人愿意和她交朋友，她为此很苦恼。

请分析 A 女士在社交中存在的问题，并为她提出改善人际关系的建议。

第六章　女性婚姻、家庭与心理健康

本章导读

　　婚姻、家庭的幸福是人生幸福最重要、起决定作用的衡量指标，它体现了对幸福度最高的感受力。家庭是社会的细胞，每个家庭的祥和是社会稳定的决定性因素。对于女性而言的个人追求，先不说为社会做出多么伟大的贡献，应首先满足个人对家庭的建设，既包括了物质上的不断丰富与收获，又包括了作为家庭中每个人的心理建设，使生活在其中的每个家庭成员都有一种归属感、充实感和幸福感。

第一节　婚姻与家庭概述

一、婚姻和家庭的本质

（一）婚姻的本质

　　从表现形式上看，婚姻是男女两性的生理结合，是人的一种自然本能和生理性的行为。但并非所有两性结合都被认为是婚姻，只有符合一定规范的两性结合才会被认为是婚姻，所以婚姻关系既是一种自然关系，又是一种社会关系，每个社会都有婚姻制度来制约两性关系。

（二）家庭的本质

　　家庭是以婚姻关系为基础的社会生活组织，是人类社会的初级群体，它通过血缘关系建立起来，反映着人类最简单、最初步的社会关系，是社会组合的雏形。

　　伯吉斯和洛克在《家庭》一书中对家庭进行了界定：家庭是被婚姻、血缘或收养的纽带联合起来的人的群体。家庭在本质上是通过一定宗教和法律仪式被规范化的由两个以上个体组成的社会自然产物。家庭成员关系具有感情色彩。家庭有一定的群体规范。家庭具有持续稳定性。

二、家庭的结构类型和功能

(一)家庭的结构类型

1. 按照家庭规模，家庭可分为大家庭和小家庭。家庭规模的发展趋势是由大家庭向小家庭发展。从原始社会的氏族，到农业社会的家族，再到工业社会的核心家庭，家庭的规模不断缩小。现在社会最小的家庭是一个人的单身家庭。

2. 按照家庭成员配偶的人数和对数，家庭可分为多夫多妻制家庭，一夫多妻制家庭，一妻多夫制家庭，一夫一妻制家庭。

3. 按照家庭传袭规则，家庭可分为母系家庭、父系家庭、平系家庭、双系家庭。

4. 按照参与和决定家庭事务的权利，家庭可分为父权家庭、母权家庭、平权家庭、舅权家庭。

5. 按照家庭成员的居住地，家庭可分为从妻居家庭、从夫居家庭、单居制家庭。

6. 按照家庭的代际层次和亲属关系，家庭可分为核心家庭、主干家庭、联合家庭。

7. 其他家庭：单身家庭、同性恋家庭、同居家庭和单亲家庭。

(二)家庭的功能

家庭的功能是指家庭在人类生活和社会发展方面所起到的作用，即家庭对于人类的作用和效能。对于个人来说，家庭是稳定的私人生活中心，并起到提供生理和情感上的满足、生育、养老和个人安全等多方面的作用。对于社会来说，家庭的目标和具体贡献在于为社会进行人口再生产、完成文化传播和传递、调解和协调人际关系，在某些阶段还执行社会生产与分配的任务。

1. 生物功能：这表现在人们生理需要的满足、生存的需要和种族的繁衍等方面。性是婚姻关系中的生物学基础，因其与生育密切联系，所以社会通过伦理、道德、法律等手段限制性生活，以保障家庭目标的实现。生育功能和抚幼赡老也是家庭的重要生物功能。

2. 心理功能：这表现在情感的慰藉、安全的需要等方面。情感交流是家庭精神生活的重要组成部分。

3. 经济功能：这表现在物质生产、分配、交换和消费等方面。经济是家庭功能的物质基础。家庭既是生活单位，又是生产单位，家庭的经济功能满足人们基本的生存需要。

4. 政治功能：这表现在家庭作为一个"小型政府"和家长的权力等方面。家长对家庭成员的经济行为、生活选择的掌控和操纵使家庭成为一个"小型政府"。在封闭型的社会中，家庭又是政治权力的扩充和传递系统（如连坐等）。

5. 教育功能：这表现在儿童社会化和家庭成员的互相教导等方面。家庭是儿童社会化的第一场所，社会化是人通过各种教育途径，学习社会知识、技能和规范，从而形成自觉遵守与维护社会秩序、价值观念和行为方式的过程。

6. 娱乐功能：这表现在儿童游戏和家庭成员的闲暇生活等方面。家庭娱乐对儿童尤其重要，儿童在家庭游戏中获得知识。闲暇生活可以让人们享受生活，发展自我。

7. 文化功能：这表现在社会习俗和宗教信仰的学习、传授等方面。家庭是传承宗教信仰，进行宗教仪式的场所。家庭成员通常持同样的宗教信仰。

三、婚姻家庭制度中两性关系的演变

（一）人类最初的两性分工模式中的女性地位

"男主外，女主内"是人类最初的两性分工，并且沿袭至今。其目的是保护妇女儿童，使人种能够延续下去。

拓展阅读

"男主外，女主内"并不是导致男女不平等的根本原因。性别分工在关注性别差异时并没有赋予这种差异不同的价值，这种性别分工的前提是平等的，没有一性对另一性的控制。只是随着社会经济条件的深刻变化，男女两性的角色地位发生了相应的变化，渐渐导致了男性对女性的压迫。原始社会中的这种分工并没有导致男性对女性的压迫。

两性分工把男人、女人分为两大生产集团，男性提供肉类，女性提供植物。由于提供植物相对有保障，女性在人类最初的生产中占据重要的地位。女性发明了农业，男性发明了畜牧业，因为农业较畜牧业更为重要，所以原始社会中的女性更受人尊敬。

（二）原始社会中女性自然成为领袖

原始社会中的婚姻以群婚为主。在群婚时期，婚姻与家庭是分离的，家庭

不是根据婚姻建立的，而是根据母系血缘关系建立的，母亲成为家庭的核心。

原始社会中的家庭就是社会，女性的家务劳动具有公共服务的性质，"女主内"既是家庭又是社会。

（三）女性地位的失落

男性的体力优势使女性在最重要的生产领域逐渐失去主角地位。加之战争的需要，男性逐渐取代部落首领的位置。

（四）专偶制婚姻中男性对女性的控制

男子为确保自己在家庭中的统治地位，开始与女性进行独占性同居，严格控制女性的婚外性行为。社会对男女两性的婚外性行为持不同态度。

（五）专偶制下的两性分工模式的质变

当专偶制家庭建立后，婚姻与家庭合一，社会与家庭分离，社会成为公共领域，家庭成为私人领域。女性的生育功能变成为某个男人传宗接代，女性生育失去了社会价值。"男主外，女主内"使男性内外皆主。

第二节 家庭关系心理调适

一、恋爱关系心理调适

对于爱情，每个人都希望在经历甜蜜的恋爱之后有一个幸福的结果，但并不是所有的爱情都会有预期收获，能够走到天长地久。恋爱中也会有坎坷，有挫折。在恋爱中，青年人应该学会应对和调适恋爱中的挫折和坎坷，培养和提高自己爱的能力。恋爱挫折主要表现在以下两种形式。

（一）单恋

单恋是指一方对另一方的以一厢情愿的倾慕与热爱为特点的畸型爱情。单恋多是一场感情误会，是"爱情错觉"的产物。"爱情错觉"是指因受对方言谈举止的迷惑，或者自身的各种主观体验的影响而错误地主动坠入爱河，或者因自以为某个异性对自己有意而产生的爱意绵绵的主观感受。"爱情错觉"导致一厢情愿式的单恋，俗称单相思。单相思有两种情况：一种是毫无理由的"单相思"，对方毫无表示，甚至对方还不认识自己，而自己执着地爱对方，追求对方，这种恋爱是纯粹的"单向"；另一种是自认为有"理由"的单相思，错认为对方对自己有情，于是"落花无意"变成"落花有意"，这种恋爱是假

"双向"，真"单向"。

单恋较多地出现在性格内向、敏感、富有幻想、自卑感强者身上。这主要表现在一个人爱上了对方，希望得到对方的爱，在这种具有弥散心理的作用下，他就会把对方的亲切和蔼、热情大方当作爱的表示并坚信不已，从而陷入单恋的深渊不能自拔。单恋者固然能体验到一种深刻的快乐，但更多的是体验到情感的压抑，因为他们无法正常地向自己所钟爱的异性倾诉柔情，更不能感受到对方爱意的温馨。

要想避免"恋爱错觉"，我们首先要学会准确地观察和分析对方的表情，用心明辨；要视其反复性，因为某种信息的经常出现可能意义很深，而一两次就不足为凭；不要强化内心中形成的一见钟情式的浪漫爱情。一旦单恋发生，我们要鼓足勇气，克服羞怯的心理，大胆地表达自己的感情，如果被接纳，爱的快乐就取代了等待的痛苦；如果是"落花有意，流水无情"，那么我们应该面对现实，勇敢地抛弃幻想，用理智主宰感情，通过思想感情的转换和升华来获取心理平衡。当我们向对方表达遭到拒绝时，我们要用理智克制自己的情感，因为爱情一定是两情相悦的，强扭的瓜不甜，这种理性、客观、冷静的考虑也是我们未来幸福快乐的源泉。

（二）失恋

"哪个少女不怀春，哪个男子不钟情"，尤其是青年人，由于生理、心理的逐步成熟，他们都会萌动春心，坠入爱河。浪漫热情之恋是青年男女内心的美好憧憬，它似一杯甘醇芳馨的美酒，令人如痴如醉。然而，有恋爱就有失恋，这是一个辩证的自然法则。失恋是指恋爱受挫失败。失恋引起的主要情绪反应是痛苦和烦恼。大多数失恋者能正确地对待和处理好这种恋爱受挫现象，愉快地走向新生活。然而，也有一些失恋者不能及时排解这种强烈的情绪，导致心理推移，性格反常。具体到不同的个体，常常出现以下三种消极心态。

1. 失恋者羞愧难当，陷入自卑和迷惘中，心灰意冷，甚至绝望、轻生，成为爱情的殉葬品。因为失恋而自杀的人的推理是：连我最爱的人都抛弃了我，这个世界对我来说还有什么意义？事实上，如果反向思维，既然爱情不再，我们应该感谢爱情给予我们的成长。正是爱情给予我们人生的启发，恋爱是双方相互了解，为将来人生做准备的过程，如果我们在交往过程中发现彼此不合适，那么恋爱中止是最明智的人生选择。

2. 失恋者对抛弃自己的人一往情深，对爱情生活充满了美好的回忆和幻想，自欺欺人，否认失恋的存在，从而陷入单相思的泥潭。也有人会出现一个特殊的感情矛盾——既爱又恨，不能自拔。这类人首先从心理上拒绝、否认失恋，进而更加思念对方，认为失去的是人生最好的，陷入单相思中难以自拔。

3. 失恋者或因失恋而绝望暴怒，产生报复心理，造成毁坏性的结局；或从此嫉俗厌世，怀疑一切，看什么都不顺眼，爱发牢骚；或从此玩世不恭，得过且过，求刺激，发泄心中不满。这类人典型的心理反应是：我不幸福，你也别想幸福！这是一种扭曲的心理，因为个体在人生选择中都有一个相互了解与学习的过程。

失恋的种种不良心态会严重影响青年人的身心健康，甚至会导致一系列社会问题。因此，正为失恋而痛苦缠身的不幸者必须学会自我调整，自我拯救。提供方法如下。

1. 倾诉。失恋者可以用口头语言，把自己的烦恼和苦闷向知心朋友毫无保留地倾诉出来，并听一听他们的劝慰和评说，这样心理会平静一些。失恋者也可以用书面文字（如写日记或书信）把自己的苦闷记录下来，或给自己看，或寄给朋友看，这样就能释放自己的苦恼，并寻得心理安慰和寄托。

2. 移情。失恋者可以及时适当地把情感转移到失恋对象以外的他人、事或物上；发展密切的朋友关系，交流思想，倾吐苦闷，陶冶性情；投入大自然的博大胸怀中，从而得到抚慰。当然，失恋者密切地与其他异性的交往，也不失为一个合适的途径。

3. 疏通。疏通是指借助理智来获得解脱，即有理智的"我"来提醒、暗示和战胜感情的"我"。失恋者要知道爱情是以互爱为前提的，不可因一厢情愿而强求，应该尊重对方选择爱人的权利。失恋者也可以进行反向思维，多想对方的不足点，分析自己的优势，鼓足勇气，迎接新的生活。失恋者还可以这样设想，失恋固然是失去了一次机会，然而自己进入了另一个充满机会的世界。正如海伦·凯勒所言，一扇幸福之门对你关闭的同时，另一扇幸福之门却在你面前打开了。

4. 立志。失恋者积极的态度会使"自我"得到更新和升华，全身心地投入工作中去，许多失恋者因此创造出辉煌的成就。像歌德、贝多芬、罗曼罗兰、诺贝尔、居里夫人、牛顿等历史名人都曾饱受失恋的痛苦。他们是用奋斗的办法更新"自我"，积极转移失恋痛苦的楷模。

二、夫妻关系心理调适

（一）家庭生活中的压力事件

"家家都有本难念的经"，没有压力的家庭生活是不存在的。夫妻无法避免家庭生活带来的压力，逃离了压力也就逃离了生活本身。

1. 家庭压力事件

所谓压力事件，是指那些可以导致人们心理失衡的刺激性事件。家庭生活中的各种压力事件是使夫妻产生压力感的重要来源。压力源既与家庭发展周期紧密相关，又与家庭所处的特定的历史时期、社会文化发展的大背景有密切关联。以下介绍的常见压力事件涉及家庭生活的各个方面。

（1）建立婚姻关系。夫妻开始感受到婚姻是一个人生命中最复杂和困难的转变，体验到开销的压力，如怎样维持日常生活；体验到人际互动的压力，如怎样获得对方家人的接纳，并且安排好双方原生家庭之间的关系；等等。

（2）第一个孩子出生。夫妻感受到抚养子女的压力，特别是在作为新父母时；职业女性还会感受到怀孕过程带来的压力以及生育前后给工作造成的不连续的压力。

（3）子女教育。夫妻在教子理念、教养方式、教育方法等方面都可能有意见分歧，如孩子入学、升学的压力，子女感情、事业问题甚至离家出走，等等。

（4）家庭中的矛盾。夫妻之间的感情沟通和情感控制出现问题，争吵增多，闹矛盾，甚至出现心理问题、婚外情等；夫妻中的一方有严重不良嗜好，如酗酒、赌博；工作与家庭间的冲突；家庭中财务管理不善；等等。

（5）家庭成员的健康变化。家庭中出现长期需要照顾的病人；配偶受伤以及患较为严重的躯体疾病或心理疾病；等等。

（6）分居、离婚、失去配偶。婚姻即将结束或在结束的过程中，双方会经历各种痛苦。其中，失去配偶被认为是导致个体压力最高的生活压力事件，离婚次之，最后是因婚姻问题而分居。

（7）家庭暴力和虐待。配偶一方故意强加于另一方身体上和情感上的痛苦和伤害，受害者多为女性。

（8）经济压力。家庭主要劳动力失去工作，维持日常生活有困难，家庭成员的某些开销大大超过家庭供给能力。研究显示，经济结构调整和社会保障转型导致的职业流动和社会分化，使经济压力成为不同生命周期女性最一致认同的外在压力源。

总之，造成现代家庭压力的来源有一定的可预期性，同时具有外在性和非预期性的特点。当家庭压力与家庭某一生命周期成员的特殊生活经历和资源匮乏结合在一起时，家庭压力具有连锁性、累积性和难解性特征。与此相联系的应对家庭压力的方式也将是多元化的和长期性的。

2. 压力事件的应对

应对压力是现代家庭共同面对的课题。家庭不能避免压力事件的产生，但正常的家庭能够很好地应对压力。家庭如何经历和处理压力事件，与事件本身有关，更与家庭成员的处理技巧及对事件的认知相关。同样的危机事件，不同家庭处理的结果可能大不相同。经研究发现，具备以下特点的家庭成员具有更强的危机事件处理能力：有共同的事业或目标，相互的情感或社会支持，良好的问题解决技巧，延迟满足，灵活处事，利用剩余资源的能力，相互沟通和承诺。

（1）自我调适，调整观念与心态

① 采取弹性看待问题的观念，把压力的出现看作激发潜能的机会。一个人对压力的认知和想法，对人们应对压力的效果会产生很大的影响。人们也许不能改变真实存在的压力情境，但能改变自己对情境的看法。夫妻不妨对家庭压力事件做积极的认知，设想没有了压力也失去了挑战自我、让自我成长的空间，体验从潜能的发展中获得的满足感。例如，和姻亲相处是新婚夫妻常见的棘手问题，夫妻都要积极面对"结婚不是两个人的事，而是两家人的事"这样一个命题，学习融入彼此的家庭，努力与对方家人互信、互爱和尊重，由原来只会与原生家庭互动，发展到与对方家人建立亲情关系。

② 降低标准和期待，给自己留出回旋的余地。家庭角色是开放角色，没有绝对的衡量标准，夫妻可以根据家庭生活的变化进行适宜的弹性处置，灵活应对压力局面。特别是平日工作表现优秀、自我评价较高的夫妻，要认识到不要强迫自己和配偶做超过自身极限的事情。例如，新手妈妈即使拼命努力地学习育儿知识依然会感到手忙脚乱，此时，一方面，新手妈妈要告诫自己不必做完美的母亲，为婴儿出现的种种状况而过于自责；另一方面，新手妈妈要体谅丈夫可能同样具有因紧张忙碌而喘不过气来的压迫感，不再抱怨丈夫只顾忙工作，不像以前那样在乎自己且没有尽心尽力帮忙照顾孩子。又如，当工作和家庭压力重重时，夫妻宜尽量避免做其他的重大决定或担负过重的工作任务，并采取简化家务事的做法，达到快速减压的目的。

（2）夫妻共同抗压

① 共同应对和适应新的家庭生活模式。当压力来临时，夫妻应首先共同分析压力事件的性质，确认自己对它的处理能力，拟订一个可行的解决计划。在执行计划时，夫妻应相互支持，同心努力，一起维护家庭生活的平衡。例如，当配偶与自己一方的家人发生冲突时，自己不应消极躲避，而要明确双方都是自己的亲人，成为配偶与自己家人的沟通桥梁，协调出双方都能接受的立

场和做法。

② 加强彼此的沟通。许多压力事件是不可预期的，在面对压力时，家庭成员提供的感情支持与精神安慰是最有效的资源之一。一个人隐藏自己的真实感受、否认或刻意避免问题并不能减轻压力。无论有多忙碌，夫妻都要找出独处的时间，交流彼此对压力的真实感受、看法，表达自己对对方应对压力的期望，以建设性的方式处理压力感和危机事件。

③ 做好情绪管理，给彼此时间和空间。对于夫妻冲突，多数妻子用压抑、自责、冷战、唠叨或抱怨等方式来处理；而多数丈夫认为只要控制住自己的情绪、不对妻子发火，就是一种对妻子表达情感的方式。在处理夫妻之间的冲突时，夫妻之间宜适时暂停交谈，给彼此舒缓激动情绪的时间和理智思考的空间，待双方冷静后再一起沟通。只有建立在和谐、理性层面的交流才有助于解决问题。情绪管理好的人，往往可以调适好生命中的重大压力。一个人单纯发泄消极情绪，指责他人，使用暴力伤害他人身心，愤怒之下离家出走，不仅不能有效应对问题，反而会加重压力和制造新的压力事件。

（3）建立家庭支持系统

资源不足是造成家庭易损性的最主要因素。为了维持家庭的基本功能、应对家庭压力事件或危机状态，除了家庭内部成员进行自我调适外，家庭还需要运用来自环境与社会中的既有资源，建立一个支持系统，以取得必需的物质和精神上的支持。

① 寻求社会资源支持。家庭以外的社会群体如朋友、同事、邻居等都可以为家庭成员提供精神支持，包括抗压的经验和解决方案；政府的相关部门和社会福利机构可以提供物质、设备、资金帮助。研究显示，在中国当代社会转型期的城市生活空间中，目前的社会公共服务只能满足部分家庭的初级物质需求，对解决或减轻压力的作用有限。另外，亲缘网络还在发挥主要的社会支持功能。

② 寻求文化资源支持。家庭成员可以通过参与家人喜爱的、丰富多彩的文化活动充实家庭生活，以缓解情绪和压力。

③ 寻求教育资源支持。很多家庭压力事件是伴随着家庭发展出现的，具有可预期性。家庭成员可以参加与家庭相关的各种教育和培训活动，也可以自己学习有关知识，提高应对各种生活压力的能力。

（二）夫妻沟通

夫妻沟通是夫妻之间信息交流、感情沟通的过程。由于夫妻所建立的关系是一种特殊的人际关系，本质上是属于私人性的、长久性的、进展性的、契约性的关系，因此，夫妻沟通既有一般人际沟通共有的特点，又有其特殊性。在生活中，由于男性和女性看待问题的角度不同，夫妻之间的沟通不能顺畅进行。几乎每个破裂的婚姻中都存在沟通上的失败。因此，夫妻应给予对方沟通优先地位，采用适当的方法与对方进行有效的沟通，具体表现在以下五个方面。

1. 重视沟通的效果。夫妻之间的谈话沟通非常重要。夫妻之间虽然熟悉，但也不能做到事事默契。夫妻之间的沟通要注意以下四个方面：一是要注意说话内容的清晰度。无论是对物质问题还是对情感问题，夫妻双方都必须直接而明确地指出自己希望讨论的话题，而且说话内容要清楚明白。二是要注意切入话题的方式。夫妻双方切忌对谈话主题躲躲闪闪、遮遮掩掩，使听者难以捉摸，或者谈话内容模糊不清，让听者不知所云，或者夫妻一方经常用打岔的方式沟通，影响他人表达的思路。三是说话时要真诚，尊重对方。夫妻一方要避免长篇大论地说教或强势地责备对方，使人无法接受。四是要避免一味地迎合对方。有的人在谈话时总是想讨好对方，隐藏自己的真实想法，这样的后果往往是误己误人。总之，夫妻之间要保持诚实、确实的沟通，要避免"对方爱我，就一定了解我"的主观认定。试想：如果表达不清晰、不适当，对方怎么能准确知晓自己内心的需求和想法，使沟通产生实际的作用呢？

2. 注重自我表露。自我表露是把自己的个人信息和感受展示给夫妻中的另一方。在良好的夫妻沟通中，夫妻均愿意向对方透露自己的感觉、欲望和想法，这样做不仅能避免误会，而且能提升亲密感。相互了解是夫妻关系的基础，无论是优点还是缺点，双方相互了解得越多、越准确，就越有利于婚姻关系的稳定。分享信息和信赖是建立并发展亲密关系的重要途径之一。一个人将内心深处暴露给对方是亲密关系的核心，其可作为婚姻满意度的一个重要指标。具有亲密关系的一方向对方表露自己早年的成长过程、之前的情感关系、高兴和悲伤的体验等，会使彼此的情感关系变得更稳定。

3. 关注非言语沟通。夫妻如果对互动中的面部表情、身体语言等非言语信息不敏感，就很可能影响关系的满意度。例如，夫妻一方在谈话时与对方没有眼神交流，甚至不看着对方，很可能被解释为缺乏兴趣，更不能解读对方的"弦外之音"。能一直保持活力与浪漫的夫妻，会用各种方式大量地交流心里的感受。调查表明，当对方能准确解码自己的非言语信息时，伴侣对婚姻的抱怨也较少。

4. 善用情感性表达。情感性表达是影响夫妻关系最重要的交流方式。即使是感情亲密的夫妻也会因言语不善而伤害到对方，指责、批评等负面性表达对婚姻中的爱情和冲突产生强烈的影响，而且会降低夫妻分享情感和信息的能力。因此，夫妻要多谈论对方的积极方面。幸福的伴侣在表达时更温情，会表达更多的赞赏、关心、感谢和感情等。

5. 耐心倾听，慢慢诉说。当夫妻间有意见分歧或涉及敏感话题时，他们常有觉得对方不可理喻的感受，导致出现情绪化且带有攻击色彩的非理性沟通。不耐心倾听，或打断对方，或急于下结论、给对方所谓的建议，或自顾自地把话题岔开，或有意不回应对方，都会听不到对方的心声；心急口快，不顾及对方的心情、不选择合适的时间或场合就一吐为快，不仅不能达到沟通的预期结果，甚至有可能出现副作用。一个好的聆听者会不断使用鼓励性的回馈语言确认对方的想法和感觉，让讲话者感受到自己的话正在被倾听、被理解而不是被忽视。沟通的目的不仅仅在于听与说，如果说了等于没说，听了等于没听，就是失败的沟通。

总之，夫妻交流时的情绪或态度共同构成了沟通时的心理背景。如果双方悦纳，那么沟通积极，效果好；反之，如果双方状态消极，那么沟通困难，效果差。"婚姻就是一段长时间的对话，充满着不同的争论。两个人会越来越多地使自己的观念适应对方的观念。随着时间的流逝，他们会不知不觉地把彼此领进一个全新的思维世界"。

三、亲子关系心理调适

在婴儿期，父母尤其是母亲，是个体最经常、最主要的接触者。婴儿期是社会性和人格发展的敏感时期，良好的母婴关系对儿童社会化的顺利进行以及人格的健全发展都具有重要的奠基作用。

母亲是婴儿的主要抚养者，是关乎婴儿生存发展品质的第一重要他人。母亲给予孩子日常生活照顾和心理上的安慰。母亲还是婴儿快乐游戏的主要伙伴和社会生活常规的教育者。母婴关系是婴儿未来诸多社会关系的基础。

（一）母婴交往的作用

母婴交往是婴儿知识、认知能力发展的首要基础。母亲不仅教导婴儿习得了大量的生活常识，还给予了婴儿大量、丰富的刺激，是婴儿注意、感知的指导者与调控者，也是婴儿思考、操作活动的促进者。母亲对婴儿语言发展的影响极大，婴儿与母亲在一起时的交流、表达机会最多。婴儿与母亲的情感交流最丰富，母亲最有助于培养和激发婴儿的积极情绪情感。在与母亲的相互作用中，婴儿习得了最初的社交技能，积累了初步的交往经验，母婴关系在极大程度上影响了婴儿以后人际关系的形成。

（二）母婴关系的协调

1. 建立良好的亲子依恋

婴儿与母亲形成的依恋关系分为安全型依恋和不安全型依恋。母婴依恋关系是安全的还是不安全的，是由母亲和婴儿之间相互作用的性质决定的，与母婴双方的特点均有关。

从母亲的角度而言，母亲本身的个性、对婴儿的观念、教养水平等都会影响母亲的行为。安全型依恋关系中的母亲是敏感、充满爱心和负责任的，她们对婴儿的哭、叫、微笑、语言要求等各种信号非常敏感并迅速给予回应，喜欢与婴儿进行充满爱抚感情的密切接触，经常对婴儿微笑、轻柔地说话和抚摸等，而且她们会主动调节自己的情绪来适应婴儿。不安全型依恋关系中的母亲缺少这些积极的情感和行为，甚至表现相反。可见，母亲的敏感性是影响母婴依恋质量的重要因素。如果母亲能非常关心婴儿所处的状态，注意听取婴儿的信号，并能正确理解以及做出及时、恰当、关爱的反应，婴儿就能对母亲产生信任感和亲近感，从而形成母子关系良好的安全型依恋。

从婴儿的角度而言，婴儿从一出生就表现出不同的情绪、行为模式，婴儿的特点会强烈影响母亲，如一些母亲倾向于消极对待孩子，对婴儿的不断哭闹手足无措、无可奈何，或者对孩子充满厌烦，甚至责罚孩子。

2. 形成健康的共生与分离关系

处在婴儿期的儿童会经历从完全依赖父母（尤其是母亲）的共生到形成内心自主性的分离过程。这个过程对于婴儿未来的人格发展以及心理状态、情绪和行为模式的形成有重要的作用，是婴儿未来人际关系发展的基础。

在母亲与婴儿的共生关系中，婴儿从心理上把自己与母亲视为一体，而母亲也应对婴儿的需求感同身受，这种共生的体验将母亲和婴儿间的情感紧密联系在一起。良好的共生关系中的母亲能让婴儿感受到爱和关注，感受到情感上的满足，而婴儿在得到妈妈的悉心呵护后会觉得自己是可爱的，从对母亲的依赖和信任中增强对自己的自信。如果母亲看问题和处理问题总是正面积极的，那么婴儿往往也能成为遇事不慌、从容待人接物的人，遇到不满意的事也能控制住负面情绪。一位对婴儿充满爱并能关心婴儿周围的人的母亲，往往也能培养出关心他人、有良知的人。

总之，母亲要为婴儿提供一个稳定良好的心理、行为、情绪的参照系统，为婴儿今后成功地把握情绪并能够处理各种复杂的人际关系打下基础，使婴儿的心理在母子关系的相互作用下得到良性发展，诞生出一个具有健康人格的人。

第三节　家庭心理辅导

一、家庭心理辅导的过程和方法

（一）家庭心理辅导的过程
结合家庭心理辅导的实际，我们将家庭心理辅导过程分为四个步骤。

1. 营造气氛

所谓营造气氛，是指家长以同感、真诚、关爱的态度关注孩子，让孩子觉得被了解、被重视、被关心，因此信任家长，敞开心扉，与家长一起面对自己的问题。

对孩子进行简单的训诫可能不需要什么气氛，但对他们进行心理辅导一定需要气氛。因为无论家长有多大能耐，如果孩子不愿意，家长就根本无法进入孩子的内心世界，又谈何引导和帮助。如果家长摆出权威的架势指手划脚，甚至在孩子不愿意讲的时候贸然刺探孩子的痛处，就必然会引起孩子的防卫，结果自然是徒劳无功。因此，辅导的第一件事是不提问题，先建立良好的辅导气氛。良好辅导关系的建立需要好的亲子关系作为基础，没有良好的亲子关系作为基础，就难以产生长久的辅导效果。

2. 澄清事实

有了良好的辅导气氛，家长就可以通过孩子的陈述，了解其存在的问题。一般情况下，家长要从孩子表面的问题着手，再深入了解孩子的心理问题。辅导速度的快慢必须由孩子的实际状况决定，家长切勿一厢情愿、揠苗助长。具体操作步骤如下。

（1）弄清事实

对于一件事情的来龙去脉，有的孩子可以清楚地道明，有的孩子却无法一下说清，更有些孩子存有畏惧或其他心理而不敢说出来。对于这些情况，家长要注意观察与引导，帮助孩子讲清事实。

（2）确定问题

既然是和孩子一起探讨问题，家长就不要简单地告诉孩子做错了什么，而要让孩子了解影响他们的问题是什么。

（3）找到关键

在确定问题后，家长必须杜绝先入为主的心态，全神贯注地聆听孩子对事情经过的描述，从中找到问题的关键。

3. 探索问题

根据了解到的情况，家长需要引导孩子自行深入分析问题的性质，追溯问题的根源，并一起商讨对策。

因此，家长要避免单凭主观印象给孩子下结论，应和孩子在分析问题的过程中共同找出问题的原因。在这个过程中，家长需要探索与孩子问题根源有关的各个方面，包括孩子的人格、不适应行为的经历、解决问题的模式、认知上的错误、不良的习惯、环境的压力等。

在诸多因素中，家长要帮助孩子厘清头绪，在找到问题的根源后立即拟订计划，采取行动，解决问题。对于解决问题的方案，家长要与孩子一起讨论，让孩子不受任何限制地想象各种解决方案，然后和孩子分析、讨论其优缺点和可行性，让孩子自行选择最适合的一种。

4. 指导实施

在执行方案的过程中，家长应自始至终地指导孩子直至问题解决，要多注意观察，及时督促鼓励，切不能稍有进展就放松跟进。心理问题的解决是一个长期复杂的过程，如果孩子稍有松懈就有可能退回原处。

如果过程中的具体情况有变化，那么家长还需要对目标和措施做出相应的调整，并对下一步的辅导做出安排。

当然，家长只有逐步培养孩子独立面对、解决问题的能力，才能从根本上帮助孩子，使孩子在心理上逐步发展、成熟。

一般完整的家庭心理辅导过程包括以上四个步骤，但需要说明的是，在具体的辅导过程中，家长不能一味地死套硬搬，更多时候，家长的辅导需要根据实际情况，与孩子的日常生活和学习活动融合在一起。例如，有些时候因为某些因素，如果家长无法继续处理孩子的问题，就必须中断辅导或求助于专业工作者，这时，辅导关系的结束就可能发生在任何一个步骤中。

（二）家庭心理辅导的常用方法

与简单意义上的家庭教育不同，家庭心理辅导有常用的一些科学方法。

1. 接受宣泄

接受宣泄即耐心倾听孩子的陈述。在实际生活中，许多孩子需要将心中的苦闷、不满、矛盾、愤怒尽可能多地倾诉出来，以减轻或消除自身的心理压力，保持心理平衡。宣泄本身是一种很好的辅导和治疗的方法。在宣泄后，一些孩子甚至不需要做进一步的辅导就恢复了正常心理。在接受宣泄的过程中，耐心地、有技巧地倾听显得非常重要。例如，家长可以多用下面这样的语言表达："嗯，我了解""那是你的感觉""对了，你确实很怕他""我想你看它像什么就是什么，没错"……有时，家长甚至可以沉默不语，但是必须使孩子感觉到自己是关注着他的、陪伴着他的，如不时点头或发出"哦""嗯"等声音。

2. 解释

解释即从孩子的具体情况出发，对其所述情况给予令其信服的解释，以提高孩子对问题的认识水平，减少其焦虑和恐惧心理。"不识庐山真面目，只缘身在此山中"，孩子往往对自己存在的一些问题难以察觉。然而，家长因为与孩子有一些共同生活和学习的经验，能掌握某些事件的具体细节，了解孩子以及周围人的想法，从而更容易站在旁观者的角度对孩子出现的问题给予比较客观、公正、令人信服的解释。

3. 鼓励

这是为提高孩子的自信心和敦促孩子行动所采取的一种激励方法。家长对孩子的鼓励应该是多种多样的，可以用自己的经验或孩子过去成功的实例进行鼓励，可以结合生活中的实际问题和处境给予鼓励，也可以用言语表达来鼓励，如"这件事由你决定""你是最好的判断者""重要的是你要做你能做的事"等，这一类话都具有增强孩子自信心的作用。需要注意的是，家长要鼓励孩子敢于向同学和朋友特别是知心朋友求助。

4. 指导与监督

指导与监督即家长根据自己的经验和知识，针对孩子的具体情况，告诉其一些解决具体问题的方法，如帮助孩子调节好人际关系，正确对待身体疾病，改变学习方法，提高学习效率，等等。另外，当涉及行为习惯的改变时，孩子要在家长的帮助、带动和督促下进行，这时，家长的监督作用尤其重要。

5. 改善环境

改善环境即家长帮助孩子消除周围的不利因素，为其恢复心理平衡创造有利条件。家长由于与孩子朝夕相处，能针对所发现的问题直接帮助孩子改善环境。这里所说的改善环境，更多的是强调为孩子提供一个良好的情感环境，如家长对孩子的爱，家庭成员间和睦、平等的关系，等等。当然，家长也可以在专业心理辅导员的指导下，配合使用心理测验、行为契约等方法和技巧来协助孩子校正不良的行为习惯。

6. 认识限制

认识限制即家长必须认识到自己的知识和能力以及所提供的帮助有限，在遇到自己无法处理的心理问题时，要主动向他人求教或劝导孩子向心理辅导中心、医院等机构求助。此外，家庭心理辅导还有提供信息、知识和技能的传授、个性培养、暗示、行为示范、习惯形成等方法。

（三）辅导过程中家长的态度

心理学家罗杰斯曾指出，治疗的成功并非主要依赖于治疗者技巧的高低，而是依赖于治疗者是否具有某种态度。家庭心理辅导中同样强调家长的态度，尤其是尊重、真诚和同感，它们是所有心理辅导过程中辅导者应持态度的共同准则，自然也适用于家庭心理辅导。

1. 尊重

尊重即维护孩子的价值和尊严。孩子只有受到尊重，才会体验到自己的感觉已经被家长接受，才会感受到父母是可以信赖的人。家长尊重孩子，实际上是为孩子创造一个安全、温暖的氛围，使孩子可以最大限度地表达自己；家长尊重孩子，可以使孩子获得一种自我价值感，特别是对那些急需获得尊重、接纳和信任的孩子来说，尊重具有明显的治疗效果，是辅导成功的基础。

具体操作起来要注意以下四个方面。

（1）尊重意味着既要接纳孩子的优点，又要接纳孩子的缺点。

当孩子的某些见解很片面、滑稽、甚至无理时，有些家长就难以接受，会不由自主地产生不满、反感甚至厌恶，这样不仅会使孩子有所觉察而心生抵触，而且自身会受这种情绪干扰，很难继续相信孩子会有能力面对危机、克服困难，更加注意不到孩子身上的光明面、潜力，从而忽视调动孩子的积极性。

当然，这里所说的接纳是指认可孩子抒发感情的权利，并不是家长不能有不同意见。家长该说就说，适度地表达对孩子言行的看法，无损于辅导的进程，反过来会起到积极的促进作用。

（2）尊重意味着彼此平等

家长与孩子在人格上是平等的，家长应当以平等商量的口吻和孩子交谈，而不要仅仅依靠家长的权威，也不可以把自己的想法、观念和行为模式强加于孩子，更不能板起面孔教训孩子。

（3）尊重意味着要和气地对待孩子

家长的言语、行动都要有礼貌，要克制，不嘲笑、不贬抑孩子，不对孩子发脾气。即使孩子的言语有些失礼，家长也应始终宽容相待。

（4）尊重意味着要信任孩子

信任是尊重的心理基础之一，没有信任也就很难有尊重。有时，由于辅导气氛还未完全建立，孩子在涉及某些敏感问题时会有所顾虑、有所掩饰或犹豫，这时，家长应体谅孩子的这种心理，并借助于理解、温暖的言行来消除孩子的顾虑，而不要动不动就怀疑孩子故意在隐瞒什么，甚至劈头揭穿。有时，孩子的言语可能会出现矛盾，因此，家长可以协助其予以澄清，不可简单地认为是孩子故意不诚实。只有信任，家长才能换来孩子的诚实。

2. 真诚

真诚即家长要诚实可靠，在孩子面前表里如一，把自己的本来面目真实地表现出来。真诚是内心的自然流露，不是靠技巧所能获得的，它建立在家长接纳自己、自信谦和的基础之上。家长的真诚可信，可以为孩子提供一种安全自由的氛围，能让孩子知道自己，坦白表露自己的软弱、失败、过错、隐私等。另外，家长本身的真诚坦白也为孩子提供了一个良好的榜样，孩子可以因此学会以真实的自我和家长交往，坦然地表露自己的喜怒哀乐，得到情感上的宣泄。

然而，作为心理辅导者，家长在表露真诚的时候存在如何恰如其分的问题。虽说表达贵在真诚，不应有掩饰、虚假，但实际上问题并不那么简单，家长如果运用不当，有时就会起反作用。因此，家长在表达真诚时应注意以下三个方面。

（1）真诚不等于言无不尽

有些家长以为真诚就是有什么说什么，想到什么说什么，否则就是不够真诚。其实，这是一种教条的、绝对化的理解。家长的真诚应符合一个基本原则，那就是对孩子负责，有助于孩子的成长。家长所说的应该是真实的，而不宜说那些有害于孩子或有损于辅导关系和气氛的话，如"瞧你这种德性，难怪大家都不喜欢你"这样的话。从有利于辅导的角度来看，家长可以将这句话改为："你的有些言行容易引起一些人的误解，引起矛盾。不知道我的这种感觉对不对？"家长这样的叙述不仅表达了自己的感觉，而且容易被孩子接受，避免了给人贴标签和过分概括化、绝对化等不足。

（2）真诚不是自我发泄

一位曾因失恋受伤害的家长在辅导孩子时，由于孩子的叙述勾起了其伤心的往事，她花了半小时，滔滔不绝、非常激动地向孩子叙述自己的失恋经过及其痛苦。虽然，家长是有感而发，真诚流露，是真诚的分享，但她忘记了辅导孩子的目的是帮助孩子，而不是为了宣泄自己的感情。另外，家长的这种表达似乎是强迫孩子在听，可能会产生负面效果，使孩子对自己的评价发生动摇。

（3）真诚应该实事求是

有些家长为了表明自己知识渊博，或者掩饰自己在某方面知识与技能的薄弱、欠缺，可能会不懂装懂。如果被孩子识破，他们马上就会失去孩子的信赖。同时，家长不懂装懂会误导孩子，带来不良的后果。有些家长要求自己的形象在孩子面前是权威的和完美的，而过分表现自己甚至装腔作势，却失去了真诚，拉大了与孩子之间的距离，给沟通增加了困难。因此，家长应了解自己，勇于承认并接受自己的不足、不完美，不可以虚假。其实，孩子更愿意接受诚实的家长。

3. 同感

同感并不是完全认同和赞成当事人的行为和看法，它是指家长在对孩子的观察、聆听过程中，推断出孩子的感受、信念和态度，并及时、有效地将这些感受清晰地传达给孩子，使孩子感受到家长很理解他、明白他，从而产生一种温暖、被接纳以及舒畅的满足感。这就创造出一种充满理解、体谅、关心、温暖和爱护的气氛。在这种良好的气氛中，孩子才能有效地探索自己，获得改变。

家长在具体的辅导过程中应注意以下五点。

（1）设身处地

家长应走出自己的参照框架而进入孩子的参照框架中，把自己放在孩子的地位和处境上来尝试和感受他的喜怒哀乐。家长对此感受得越准确、越深入，同感的层次就越高。有些家长习惯于以自己为参照标准，这样就无法设身处地，也就无同感可言。因此，初学者可以多提醒自己："我是否主观性很强？""我是否对孩子抱种开放接纳、理解的态度？""我是否做到了设身处地地进入孩子的内心世界中去？"这有助于提高同感。

（2）尝试探索

当家长不太肯定自己的理解是否准确、是否达到同感时，他们可以使用尝试性、探索性的语气来表达，请孩子检验并做出修正。如下例。

家长：听你的话，你好像对你的班主任很反感，但又敢怒不敢言，是不是这样？

孩子：啊？不是这样的，我对他的印象并不那样坏。

家长：哦，对不起，我可能听错了，不过因为这个问题挺重要的，我希望你能举些例子，好让我更清楚你对班主任的感受。

（孩子列举了几个与班主任相处的典型例子，于是，家长对他的感同身受

更准确）

（3）因人而异，适时适度

表达同感时很重要的一点是因人而异，适时适度，否则会适得其反。例如，有的孩子想倾诉自己内心的苦衷，有的孩子想寻求探讨解决问题的某种方法，那么，前者才更需要感同身受、给予理解。一般来说，情绪强烈的与情绪稳定的，表达杂乱的与表达清楚的，寻求理解愿望强的与寻求理解愿望弱的，前者均应给予更多的同感。此外，家长的感同身受应适时适度，不宜在谈话中间随便插入，否则容易破坏情绪。家长同感反应的程度应与孩子的问题程度、感受程度成正比。过度会让孩子感到家长小题大做、画蛇添足。

（4）非言语表达

同感的表达除了言语表达外，更要注意非言语行为，如目光、面部表情、身体姿势、动作变化等。这是因为很多如目光、面部表情等非言语行为不仅更有效，而且简便，家长在辅导中应重视把两者结合起来。

（5）角色把握

角色把握在同感中显得特别有意义。家长既要能进，又要能出，出入自如，恰到好处，才能达到最佳境界。有些家长确实做到了设身处地，以致同喜同悲，而完全忘记家长的角色，这样就可能失去客观性。家长的同感是指体验孩子的内心"如同"体验自己的内心，但永远不要变成"就是"。这就是心理辅导中同感的真谛。

同感是一种态度，也是一种技巧。为使家长更好地理解和把握同感，下面提供三种练习方法作为参考。

★ 实景练习：与其他人，如与工作和生活中的朋友、亲戚、家人在一起时，练习对对方谈话内容的反应，试着把他们说过的话的意思讲明白，检查一下自己是否准确理解了其中的含义。

★ 想象练习：试着想象，把自己所要帮助的那些人对自己讲述的事情以及他们的经历，用准确的图像在脑海中显示出来，也可以用自己所能想到的所有的词汇来描述别人对自己所讲述的各种情景。

★ 词汇积累：努力使自己有关情绪方面的词汇变得更为丰富，可以应用字典、小说等材料，以便能很准确、生动地表达任何一种感情。

二、家庭心理辅导的谈话基本技巧

家长几乎每天都会跟孩子说话，但在没有受过训练之前，大多数的说话只是一般性的谈话，或说笑，或训斥。要想这些谈话具有辅导意义，家长必须掌握下面四项心理辅导常用的谈话技巧。

（一）倾听

倾听是指家长全神贯注地听取孩子对问题的讲述，不仅要听懂孩子所说的事实内容、情绪表现及所持态度，还要听出孩子在交谈中有意无意省略的部分。

1. 倾听时的要求

有人说，上帝给我们两只耳朵，却只给一张嘴巴，意思就是要我们多用耳朵听，少用嘴巴说。在心理辅导的过程中，倾听是辅导的基本功，它不仅是家长了解孩子的手段，而且是促使孩子的情绪得到释放的有效方法，具有助人的效果。因此，家长在倾听时要专注，不要轻易打断孩子的叙述，可以在适当的时候做出回应，对孩子的感受表示理解并加以引导。同时，家长要留意谈话时孩子表露出来的非言语信息。

这里的专注包括身体的专注和心理的专注。身体的专注是指在辅导过程中，家长的全身姿势都要尽量传递出对孩子的关切，愿意陪伴孩子。身体的专注具体包括：面对孩子，身体放松，姿势开放，身体稍微倾向孩子，与孩子有良好的目光接触、关切诚恳的表情，必要时配以"啊""嗯"等语气助词，以反映出家长的关注。

心理的专注是指家长不仅要倾听孩子的语言内容，而且要注意孩子语言叙述中语调的变化、声音的高低强弱，以及伴随孩子语言行为出现的非言语行为。这就要求家长以机警和同感的态度深入孩子的烦恼中去，细心地注意孩子的所言所行，注意孩子如何表达自己的问题，如何谈论自己及自己与他人的关系，以及如何对所遇问题做出反应。另外，家长还要注意孩子在叙述时的犹豫停顿、语调变化以及伴随言语出现的各种表情、姿势、动作等，从而对言语做出更完整的判断。

2. 倾听时易犯的错误

（1）急于下结论

争于下结论是指家长在真正了解孩子所叙述的事情真相之前，就急于下结论，提供指导意见。这样做有许多弊端：首先，孩子感受到家长没耐心听自己的述说，会因为讲话被打断而扫兴，容易影响辅导关系的建立。其次，家长对孩子问题的了解会因此不够全面、准确，对孩子的个性、思维方式、情感特点等可能把握不准，从而影响辅导的针对性和有效性。

（2）轻视孩子的问题

家长如果缺乏同感，认为孩子的问题是小题大做、无事生非，自寻烦恼，在辅导中就易流露出轻视、不耐烦的态度。其实，有些孩子的问题虽然在他人看来并没什么大不了的，但对于孩子而言的确是一个困扰他的难题，因为他的思维方式、认知模式影响了他对事物做出客观评价。这就需要家长有同感的态度，充分理解孩子心理问题的实质，然后帮助孩子转变思维和观念。

（3）做道德或正确性的评判

有些家长容易把辅导变成批斗会，如"你讲话怎么会有这么多的口头禅""你这种想法是不符合社会道德的""这件事上明明是你错了，你还说别人的不对"等等。我们不是说家长不能做这样的评判，只是这样的评判不要轻易下，更不要在孩子还在叙述问题时就讲，要尽量少做这种评判而改用别的方式进行。孩子是来求助的，而非来听批评、指责的。家长最好引导孩子自己说出正确的评判，让孩子自己评价，而不是把自己的价值观念、是非标准简单地、直接地强加于孩子。

（二）探问

探问技术是指家长为了帮助孩子思考、认识问题和更具体地表达，在必要的情况下，结合孩子的话题与辅导目标提出相关问题来询问孩子。在家庭心理辅导的过程中，家长使用适当的探问技术，可以协助孩子一吐胸中的郁闷，并且有利于孩子觉察自己的感觉与想法。

1. 探问的分类

探问技术的问题分为开放式问题和封闭式问题两类：开放式问题没有固定的答案，孩子可以自由表达，如"你这次考试的情况怎么样？""你跟同学的关系怎么样？"这一类问题没有明确的答案，完全由孩子自由发挥。封闭式问题有明确、固定的答案，孩子只能就事实状况加以回答，如"你考完试了吗""你有几个朋友？"等等。

2. 探问的方式和内容

在辅导的不同阶段、根据辅导的不同要求，探问的方式和内容会有所区别。

（1）初始阶段

在初始阶段，家长在提问时要引出问题，摸清情况，设置的问题要有助于孩子放松自己。

孩子：爸，我再也不想上学了！我就待在家里自学吧，我自己肯定能学好。

家长：我相信你，但你能不能先告诉爸爸你上学的情况呢？

　　孩子：今天，老师在课堂上当着全班同学的面说我是"笨蛋"，我觉得自己再也没脸见人了，以后同学们都看不起我，我到学校还有什么意思！

　　在实际辅导中，开放式问题的提出能够打开一些孩子压抑已久的心事，让孩子相关的想法与情绪一泄而出，使紧绷的身心得到松弛。这段话就是由于使用了开放式问题，没有限制孩子的表达方向，孩子才能自由表达，尽情吐露。

　　（2）探讨问题阶段

　　到了探讨问题阶段，为了协助孩子具体、明确地表达，家长的提问要引领孩子具体化。例如下面这个案例中，因为老师无理的要求，这名16岁的高二男生不知如何是好，而他的家长就是这样进行探问的。

　　孩子：我们已是大人了，但老师还是将我们当小孩看待，我们只能服从，不能有意见。现在已经是民主的时代，还有老师这么霸权，亏他还是教高中生的老师，一点都不清楚现在是什么时代。

　　家长：听起来，你对老师有许多怨气，能告诉我老师是怎么做的吗？

　　孩子：我们这学期换了语文老师，上课前，高年级的同学就跟我们说，这位老师非常难搞，常常对学生有过分的要求，全凭心情给学生成绩。结果一上课真是这样，每次他都是坐着听同学们读作文，只在下课前几分钟批评两句。我不知道这学期他到底讲了些什么东西。从头到尾，我不仅没学到任何东西，而且花了一大堆时间做了一些不知所谓的事。

　　家长：一路听下来，你似乎碰到一位不负责任的老师，他不仅没负起教学责任，而且要求你们做一些没有意义的事情。告诉我，你上这门课时的表现如何？

　　孩子：表现？能有什么好的表现。我就坐在那儿做白日梦，然后将自己当成死人，反正他要的就是这种不会反抗的学生。有时候，他在骂人，我就自动将耳朵封住，头低下，让他以为我觉得惭愧，然后我自己爱想什么想什么。

　　家长：你觉得好无奈，不得不使用这种方法来逃避自己的感觉与想法。那你觉得我能帮你吗？

　　孩子：没错，我想从你这儿学到一些方法，来对付这位老师。

　　家长的探问比较有技巧，能让孩子对问题有更具体、更深入的描述，从而更清楚地表达自己的问题。

　　（3）设置问题的关键点

　　为了把握孩子的真实态度和情感，家长设置的问题要有助于孩子进行体验及自我了解。

　　孩子：我不知道怎么搞的，只要听到考试，就紧张得不得了。就说这次奥数竞赛，我平时数学学得很好，同学们有问题都来找我。许多同学都鼓励我报名，可我就是没勇气报名。结果报名的三名同学都获了奖。

家长：你是因为害怕考试失去了参加奥数竞赛的机会。那么你回忆一下，这种害怕考试的心理，你是不是以前就有？

孩子：以前也没这样啊，每次考试都发挥得不错。我记得好像是年初摸底考试以后就有这种心理了。那次老想考好，结果思想压力特别大，考试前就紧张得无法看书。

家长在此采用的探问方式，既能使孩子在回答其提出的问题时敞开心胸、积极答复，又有机会回顾自己的经验，看到不同信息间的关联，从而进一步了解自己。

3. 探问时的注意事项

（1）家长不要只问自己想知道而非孩子想谈的信息，这样容易岔开孩子的思路。家长探问的问题如果不属于关键性主题，就可能将孩子导向旁枝末节的方向。这样一来，家长不仅无法引导孩子深入问题的核心，而且会让孩子有心事憋着，感觉不快。

（2）如果家长使用过多的探问技术，那么将使辅导僵化，导致谈话内容只是不停地在不同的主题上转换，不仅无法深入探讨任何主题，而且为孩子制造了逃避问题的机会。

（三）面质

面质技术是指家长在发现孩子有语言与非语言行为不一致、叙述上前后矛盾、逃避自己的感觉或想法等行为时，指出孩子不一致的地方，让孩子意识到自身存在的矛盾，进而对造成问题的原因有所思考和领悟。

1. 运用面质技术的目的

（1）协助孩子认识自己不一致的地方。这些不一致的地方，常常是孩子逃避或不愿意面对的地方。家长的面质能促使孩子对其进行反思，产生感悟。例如：

孩子（一脸痛苦）：这次期末考试，我的数学、语文成绩都不及格，我一点都不在乎，反正我也不想考大学。

家长：孩子，你说你一点也不在乎，但事实上你的情绪很低落，爸爸替你担心呢，能不能把你的苦处说出来，我们也好想办法一起解决。

（2）协助孩子面对矛盾，进一步了解自己。例如：

孩子：我不想去学校了，同学对我一点也不好。

家长：说给爸爸听听，这是怎么回事？

孩子：今天，我不小心伸出腿，施明刚好走过来就摔了一跤，我哈哈一笑就走了，结果他追到教室骂我，还用腿踢我。

家长：既然你说是碰巧伸出腿绊了施明一跤，不是故意的，那你为什么不给人家道歉呢？

此例中的这个孩子脾气暴躁，令人难忍，但自己并没有觉察到这些问题，他所记得的，只是别人对他的报复。虽然他记得自己有失控的时候，但是将责任推卸给别人。这种不一致的情况，往往造成孩子知与行之间、知与如之间、行与行之间的矛盾，并且引发一些问题。家长通过面质技术可以协助孩子觉察自己的矛盾，看到信息与信息间的关联，从而对问题有进一步的了解。

（3）协助孩子了解自己的优点、缺点、资源与限制。例如：

孩子：爸，我不喜欢妈妈一天到晚要我好好念书。我知道她比我更紧张，因为她怕我考不上重点中学害她没有面子。其实，我一点都不着急。虽然我每天花很多时间看电视，但是我的心中早就有一套完美的读书计划。中考离现在还有两个月，我打算在最后一个月开始看书，每天看 16 个小时，每天读完 3 本书。到高考的前一天，我就可以将所有的书复习两遍。

家长：中考快到了，你的妈妈比你还紧张，让你觉得很厌烦。其实，你早就有一套读书计划，所以对中考充满信心。但是，你说在最后一个月每天看 16 个小时的书，读完 3 本书。我不知道你的耐力如何，是否一天能够拼 16 个小时，而且连续拼一个月，16 个小时是否能够背完 3 本书？如果你都没有复习过这些书，那么你的计划恐怕不容易实现。

此例是家长面质孩子想法的不切实际。

需要注意的是，面质在辅导中必须要谨慎使用，要和心理支持结合起来。正如心理学家伊根所说，没有面质的支持是贫血的，没有支持的面质会发生灾害。例如，家长的面质虽然不是批评、责备，但是仍然容易引起孩子的反感，因此，家长在使用面质技术时，必须先配合使用同感技术。又如，家长面质的重点，除了必须针对孩子不一致的地方外，还要强调孩子的优点、缺点、资源与限制，让孩子看到解决问题的可能性。

2．面质时的注意事项

家长过分小心、害怕使用面质技术，对孩子的成长并不有利，而家长过分使用面质技术，有可能伤害孩子的感情，影响辅导关系，甚至导致辅导失败。具体来讲，家长要注意以下两点。

（1）避免个人发泄

面质的目的是澄清问题，促进孩子成长，因此，家长应以孩子的利益为重，不可以将面质变成自己发泄情绪乃至攻击对方的工具。有些家长不是在诚恳、理解、关怀的基础上应用面质技术，而是把面质当作表现自己智慧与能力的机会，所以不考虑孩子的感情，一味地、无情地使用面质技术，常使孩子无法招架，陷入尴尬、痛苦状态。

（2）面质应建立在良好的辅导关系基础上

面质所涉及的问题对孩子来说有可能具有应激性，具有一定程度的威胁，有可能导致危机出现。因此，家长的通情达理、尊重、温暖、真诚等是非常重要的，这种良好的辅导关系可以有效减弱面质中的有害、危险成分。

3. 可用尝试性面质技术

一般来说，当辅导关系和气氛没建立好时，家长应尽量避免采用面质技术。若不得不用，则家长应用一些尝试性的面质技术。例如，"我不知道我是否误会了你的意思，你上次似乎说你学习挺轻松，成绩也好，可刚才你的意思是学得很累，总是担心学习成绩，不知道哪种情况更确切？"家长在此运用了"似乎"这一不肯定的用词，为孩子留有了余地。若孩子不愿面对面质中所提出的问题，则有机会避开。若孩子故意避开，则家长不必追问下去，以免使他难堪、恐慌，可以在适当的时候再做尝试。

（四）自我表露

自我表露是指在适当的情况下，家长把自己对孩子的体验感受或自己的类似经验跟孩子分享，协助孩子对自己的感觉、想法与行为后果有进一步的了解，并且从中得到积极的启示。

1. 自我表露的形式

自我表露一般有两种形式。

（1）家长把自己对孩子的体验感受告诉孩子。积极、正面、赞扬性的，为正信息，如"对于你刚才的态度，我非常高兴"。正信息能使孩子得到正强化，感觉到愉悦和受到鼓励，但家长传达的正信息必须是实际的、适度的、真诚的，不然会适得其反。若家长表达的是消极的、反面的、批评性的信息，则为负信息，如"你做事老是拖拉，我觉得有些不愉快。也许你有什么原因吧，你能告诉我吗"。家长不能只顾自己表达情绪而忽视体谅孩子的心情。

（2）家长暴露与孩子所谈内容有关的个人经验，如"提到考试前紧张，我以前也有类似经验，每次考试前，我常常无法看书、做作业，晚上睡不好……但不知这时你的看书效率怎么样？"。家长的自我表露，除了提高孩子对自己的信任、拉近两人的关系外，更能让孩子看到自己像他一样，有平凡人的喜怒哀乐，有平凡人的问题与烦恼。孩子因为受到家长类似经验的鼓励，能够比较客观地看待自己，往往愿意卸下防卫，开放自己，探讨问题。无论使用哪种方式都好，家长一定要记住：辅导的目的在于协助孩子面对、解决问题。孩子问题的解决主要还是靠孩子自己，家长只是一个引导者、催化者。孩子才是主角，是需要为问题负责的人。要想孩子愿意为自己的问题负责，家长就必须去除孩子对家长的依赖、崇拜，让辅导关系是平等的关系。只有在平等的关系上，孩子才会看重自己，增加克服困难的勇气，才不会高估家长，低估自己。否则，孩子会将责任推给家长，希望家长替自己负责。

案例分享

　　案例中这名17岁的高三学生曾中途退学。回到学校上课后，他受到老师和同学的排斥而想再度休学。家长在辅导他时是这样进行自我表露的。

　　孩子：虽然我已经不再像以前那样痛恨他们了，不过，要我继续在原班上课实在痛苦，我不能整天一个人默默无语，没有人可以说话。

　　家长：虽然你已经原谅他们，但是如果继续在原班上课，你还是会有点难受。

　　孩子：或许我可以忍受他们的冷嘲热讽，但是我不能没有朋友。

　　家长：没错，人不能没有朋友。

　　孩子：是啊，所以我可能会不断地到别的班级找其他朋友，不会待在原班。但是，我总不能每一节下课都往别的班级跑，那不是很奇怪吗？

　　家长：自己的班容不下你，你不得不往别的班级逃，让你觉得好委屈。

　　孩子：没错，我觉得很委屈。

　　家长：我以前曾有一个经验，虽然跟你的情况不完全一样，却有点类似。在高二分班时，我一个人被分到另一个班级去。刚开始时，我因为不认识班上的任何一名同学，过得非常孤立，很痛苦，所以每一节下课，我都跑到以前的班级找以前的同学。有近两个月的时间，我觉得自己好像陌生客人一样。

　　孩子：没错！没错！就像个陌生客人一样，好孤立，找不到一个可以亲近的人……

　　【分析与提示】

　　案例中家长的自我表露，鼓励了孩子进一步吐露心声。同时，家长类似的经验给了孩子解决问题的参考，能够引导孩子注意某些重要的信息，并且顺着此信息的方向做更深入的探讨，使孩子得到启示，对问题产生不同的看法，找出解决问题的可能方法。

2. 自我表露的注意事项

（1）避免自己成为辅导中的主角

家长的自我表露不是目的而是手段，家长应始终把重点放在孩子身上。一般来说，家长的言语应比较简洁，因为目的不在于谈论自己，而在于借自我表露来表明自己理解并愿意分担孩子的情绪，促进孩子更多地自我开放。

（2）有把握、有控制地使用

自我表露技术适用于家长与孩子已有良好辅导关系以及家长确信表露自己的类似经验有助于孩子问题的解决这两种情况。在未深入探讨孩子的问题之前，家长要避免进行自我表露，以防孩子简单地模仿自己的解决方式。家长不可以运用自我表露的机会，批评孩子对问题的感觉、想法与行为反应。

三、家庭心理辅导中的认知干预技术

认知干预就是家长通过改变孩子不合理的认知，进而消除其情绪问题。认知干预技术有多种，这里主要介绍合理情绪疗法。

（一）什么是合理情绪疗法

合理情绪疗法认为导致孩子情绪不良的根本因素，是孩子自身对外界所发生事件不合理的解释和看法，也可以说，使他们感到不快乐的是他们自身的因素，外界事件只是诱因。为了让家长更好地理解这一点，我们举一个生活中的实例：

甲、乙两人一起走在路上，迎面碰到一个认识他俩的人，但对方没与他们打招呼就走了过去。因此，甲想："他可能正想事情，没有注意到我们，就算是看见我们而没理我们，也可能有什么特殊原因。"乙可能会对同样的事产生另一种看法："他可能是故意这么做的，就是不想理我！就是看不起我！他凭什么这么对待我？"

这样一来，他们两个人的情绪及行为反应就会不同，前者可能觉得无所谓，该干什么继续干什么；后者可能怒气冲冲，以至于无法平静下来做自己该做的事情。由此可见，要想消除不良情绪，家长需要对孩子的认知进行干预，以合理信念取代不合理信念。

（二）不合理信念的类型

1. 过度绝对化

过度绝对化是指孩子从自己的意愿出发，认为某一事物必须这样或那样的信念。它通常与"必须""一定要"和"应当"等强制性字眼联系在一起，如"我必须取得好成绩""我对别人好，别人也必须对我好"等等。

2. 过分概括化

这是一种以偏概全的不合理思维方式，是指把对个别事件的意见上升为一般性的结论；把对某人做的一件事情的看法作为对这个人总体的评价；把"有时"演变为"经常"。例如，有的孩子因一次考试失败，就说自己"我真没用，做什么都不行"。

3. 过度悲观

这是一种把一件不好的事情的发生看得非常可怕、非常糟糕，当作一场灾难，甚至是灭顶之灾的想法，如"我演讲失败太丢人了，以后还怎么见人呢?"

（三）合理情绪疗法的具体操作

合理情绪疗法是一种可以由孩子自己完成的辅导方法，可按如下 A、B、C、D、E 五个步骤来完成，重点在 D 上。

A——是指诱发性事件即引起情绪变化的事情。

B——是指在遇到诱发性事件之后，相应而生的信念，即孩子对这一事件的看法、解释和评价。

C——是指在该诱发性事件面前，孩子所表现出来的情绪及行为反应。

D——是指与不合理信念的自我辩论。

E——是指通过辅导达到的新的情绪及行为反应，即效果。

下面举例说明具体操作的方法。

问题：高二女生小珊平时的成绩很好，但由于期中考试成绩不理想而非常痛苦，并担心自己考不上大学。学习时，她常感到焦虑，有压力，非常苦恼。

诱因（A）：期中考试成绩不理想。

信念（B）：这是一件非常糟糕的事情，我可能考不上大学。

结果（C）：每日紧张、焦虑，非常苦恼。

辩论（D）：首先，家长应告知孩子考试焦虑在极大程度上来源于她对考试产生的种种担忧，而这种担忧又是由于她对考试的重要性、考试的难度以及她对自己考试能力的大小等的认识和评估所引起的。也就是说，对自己不合理的认识和评估是导致考试焦虑的原因。通过改变这种不合理的认知，孩子就能减轻或控制考试焦虑。其次，家长应与孩子分析其所持观念是否真实客观、符合逻辑，请孩子自己作答。

小珊的自我辩论如下。

1. "我可能考不上大学"有无事实根据？

2. ……

（四）合理情绪疗法的注意事项

合理情绪疗法的操作性强。在辅导中，家长只要把具体方法教给孩子，就可以由孩子自己完成，有很强的实用性。在使用过程中，家长要注意以下四个方面的问题。

1. 合理情绪疗法属于"教育式"辅导，因此，家长的价值体系对孩子产生较大的影响。

2. 家长可以让孩子用笔把自我对话写下来，不要只停留在脑子里。

3. 家长要引导孩子对自我分析不要贪多，不要企图一晚上把所有的担忧分析、解决完，而可以分成两三次来做，保证分析的可靠性。

4. 在刚开始的一两周，家长应要求孩子每天至少将自我分析读一遍或默想一遍。此后，家长应要求孩子一旦当担忧在脑海里重新出现时，就对它说："我已经看清楚问题了，你没法再来困扰我。"如果担忧持续出现，则孩子重复阅读或默想对该担忧的分析。

四、家庭心理辅导中的行为矫正技术

行为矫正技术是心理辅导中比较常用的方法，是采用正负强化的奖惩等手段来改变或塑造人的特定行为。它强调重视现在的各种症状，而不把过去的行为作为决定因素；主张对孩子的问题采取就事论事的处理方法，而不纠缠在潜意识和本能欲望对人行为的影响上；在进行时要求明确辅导目标，找准关键问题，并集中力量予以解决。下面介绍七种常用的行为矫正的技术和方法。

（一）系统脱敏疗法

系统脱敏疗法，又叫作交互抑制疗法，这种方法主要是诱导孩子缓慢暴露出导致恐惧或焦虑的情境，并通过心理的放松状态来对抗孩子恐惧、焦虑的情绪，从而达到消除恐惧、焦虑的目的。下面运用实例介绍系统脱敏疗法的实施程序。

1. 想象系统脱敏疗法

问题：孩子考试焦虑。

第一步：放松技术训练。

在进行系统脱敏治疗之前，孩子至少要熟练掌握一种身体放松的方法。常见的方法有肌肉放松和意念放松，一般采用三线放松法。三线放松法是把人体分为前侧、后侧和两侧三个侧面、从上到下逐侧面进行放松的过程。它不需要事先绷紧肌肉，而着眼于宏观控制，不要求各部分的肌肉分别进行放松。此种方法可以使全身调整得自然、舒适、轻松，解除一切紧张状态，使注意力集中，排除杂念，平定情绪，安定心神，协调腑脏，疏通经络。

第二步：建立焦虑等级层次。

首先，给孩子一个衡量自己焦虑轻重程度的量尺，叫作主观感觉尺度。其次，找出使孩子感到焦虑、恐惧的事件，然后将这些事件按等级程度由小到大的顺序排列。一般所建立的等级层次最好是6～10个。下面是某个孩子从弱到强焦虑体验的7个等级层次：①一周之后要考试；②考试前一个晚上；③走在去考场的路上；④在考场外等候；⑤正在进入考场；⑥第一遍看考试卷子；⑦和其他人一起坐在考场中等待着不得不进行的考试。

第三步：分四个环节实施系统脱敏。

（1）身体放松。

（2）通过想象进入引起焦虑的情境。家长做口头描述，让孩子想象，从等级层次中最低的一级"一周之后要考试"开始。家长告诉孩子在他能清楚地想象"一周之后要考试"之后，伸出一根手指示意，此后保持这一想象中的场景30秒左右。

（3）停止想象。家长让孩子报告此时感觉到的主观焦虑等级分数，可能由20分下降至10分。家长记下此时的等级分数。

（4）重复上述三个步骤。想象的时间每次可比上一次略有延长，如第二次可以由保持30秒增加到保持1分钟，直至孩子在这一焦虑情景中不再感到焦虑为止。然后对下一个事件进行同样的脱敏训练。

在辅导过程中，一般一次矫正时间以完成1～2个事件的脱敏训练为宜。当孩子对原先让自己感到最为焦虑、恐惧的事件都不再感到焦虑、恐惧时，辅导就达到了目的，辅导也就结束了。

2. 现实系统脱敏疗法

这是一个实地适应训练，也是从最低级到最高级的逐级训练，以达到心理适应的目的。例如，一名高二男生害怕"下水"游泳。其父亲运用现实系统脱敏疗法，让他在真实生活情景中逐渐适应：首先，他的父亲带他到游泳馆看孩子们游泳，当他慢慢地没有恐惧后，他的父亲又带他到河边沙滩上去玩耍，让他在沙滩上行走。几次后，他的父亲带他进入水没脚的深处。后来，他的父亲直接带他到游泳馆的浅水区，进入水能淹没膝盖的深度。一段时间后，他的父亲带他逐步进入水至腰部、胸口的深度，直到最后全身飘浮在水面上。这名高二男生终于不再恐惧，训练至此宣告结束。

这种方法省去了肌肉放松训练、想象等步骤，直接采取在实际环境中逐级暴露的方法，比起想象脱敏疗法，其操作更加简单，具有很强的实用性。

想象系统脱敏疗法是通过想象恐惧情境让来访者进入恐惧状态。现实系统脱敏疗法是让来访者在实际引起恐惧的情境中进入恐惧状态。关于采用哪种方法，治疗者应根据治疗条件和患者的具体情况和要求而定，也可以将两种方法结合使用。

（二）厌恶疗法

厌恶疗法，顾名思义，就是用厌恶体验，也就是通过负强化来消除孩子的不良行为。这是将某种不愉快的或惩罚性的刺激与想要戒除的目标行为或症状结合起来，通过厌恶性条件反射的作用，达到使孩子最终因感到厌恶而戒除或减少目标行为的目的。

在实施的过程中，厌恶疗法不仅仅限于使用消极强化（也就是惩罚），而可以采用消极强化和积极强化（也就是奖励）相结合的手段来达到治疗目的。

临床中常用的有电击厌恶法和药物厌恶法。然而，在家庭中，我们可以使用的主要是想象厌恶法（用想象的方法）。这种方法也叫作内在敏感训练，就是将某些厌恶情境与孩子偏好的不良行为联系在一起，如有吸毒恶习的孩子，当其产生吸毒冲动时，家长可以引导他们想象吸毒之后个人身心状态的恶化，以及倾家荡产的情形。

注意事项：

1. 厌恶疗法会给孩子带来很不愉快的、甚至是痛苦的体验，因此，其应当是家庭心理辅导中不得已而采取的最后一种选择，不宜多用。

2. 在使用厌恶疗法之前，家长要向孩子解释清楚，并且征得孩子的同意，以取得孩子的密切配合。

3. 在进行厌恶治疗时，家长要注意帮助孩子建立辨别性条件反应，也就是要对不良行为进行负强化，对良性行为进行正强化，必要时配合进行正性强化刺激。

例如，对孩子抽烟给予惩罚，对孩子认真主动地戒烟给予奖励，这样可以教育孩子用良好的行为习惯来代替不良的行为习惯，使得孩子易形成新的行为。也就是说，在采用厌恶疗法消除不良行为的同时，家长要注意建立起良好的适应性行为，这对治疗效果本身也是一种强化。

（三）满罐疗法

满罐疗法是强制性地要求孩子直接接触所害怕的对象或情景，并要求他尽可能地坚持一段时间。此时，孩子会伴有强烈的情绪反应，当情绪走向极端就会向反面转化，最后达到恐怖减弱和消退的目的。

满罐疗法的理论依据：由于孩子的回避和逃避造成了他们对恐惧对象的焦虑和紧张，他们一旦能勇于直面原来恐惧的对象，不回避，不退缩，焦虑和紧张就会下降。

例如，有一个男孩对大海有些恐惧，一直躲避乘船。为了让他克服这种恐惧，他的爸爸专门带他到码头，然后连哄带拉将他领上船，让他一直待在船上。刚开始，孩子的反应较大，双腿有些发软，脸色也不好，但看着船上这么多乘客都很平静自若地谈笑着，他紧张的情绪稍微缓和了一些。随着轮船的启动，他的恐惧慢慢减少了，在爸爸和其他人的鼓励下，孩子完全适应了乘船。

注意事项：

1. 在使用满罐法前，家长要征得孩子的认可和同意，因为在使用初期，孩子可能会出现相当激烈的焦虑反应，因此，家长要设法鼓励孩子，尽可能地让孩子坚持。

（四）宣泄疗法

宣泄疗法是指让孩子把过去在某个情景或某个时候受到的心理创伤、不幸遭遇和所感受到的情绪发泄出来，以达到缓解和消除孩子消极情绪的目的。例如，亲人的去世，或者受到委屈，有些孩子会闷闷不乐、抑郁不振，并且企图回避这些事情。这时，家长可以主动引导孩子回忆过去所经历的那些场面，体验当时的情绪反应，通过这种途径使孩子把内心的消极情绪都宣泄出来，发泄得干干净净，恢复正常的心理状态。常用的宣泄方法有以下两种。

1. 空椅子技术

孩子在受到心理创伤之后，会沉溺于悲哀、后悔、自责、内疚或愤怒之中，这将严重影响孩子的学习和正常生活。空椅子技术可以终止以往创伤与经历对孩子产生的消极影响。家长采用空椅子技术让孩子倾诉，不仅能使他们宣泄压抑的情绪，还可以使他们通过角色变换认识和领悟自己的问题，达到促进自我认识、自我成长的目的。

具体做法：准备两把椅子，孩子坐在其中一把椅子上，另一把椅子上坐的是孩子想象中的人。家长引导孩子体验自己和对方各自的情境，让孩子通过前后变换角色而在两者之间展开一场对话，使孩子把自己受到心理创伤的心情和愤怒全部投向这个空椅子上，实现情绪的宣泄（如让孩子分别扮演胜利者和失败者，并让所扮演的双方持续对话，由此帮助孩子了解他们内心深处的情感，促使他们将情感表述出来）。

2．倾述

让孩子述说事件及其内心感受，以达到宣泄的目的，这在辅导中使用得非常普遍。孩子在说出自己经历的事情及其内心感受之后，常常就有"心里好受多了"的感觉。

具体做法：当发现孩子因某些事件而造成心理过分压抑时，家长有目的地诱导他述说事件以及他的内心感受，使其宣泄。家长引导孩子述说事件及其内心感受，往往可以达到自己了解情况和孩子情感宣泄的双重目的。当孩子的情绪缓解之后，家长再切入实质问题，展开分析，做更进一步的辅导。

（五）自信训练法

自信训练法是行为疗法的实际应用。行为疗法认为，缺乏自信、恐惧是由逃避行为引起的恐惧情绪。如果一个人能直接面对引起自己恐惧的对象并参与进去，就会发现并没有什么可怕之处，原来的恐惧心理完全是自己吓唬自己。同样，一个人之所以没有信心和不善于表达自己，主要是没有过这类行为，如果他有过表达自己情感的行为，就不会怕表达自己。根据这种观点，自信训练法要达到的目的就是让孩子学会适当地表达自己，并消除焦虑，适应社会交往。

下面介绍两种自信训练的方法。

1．自我寻优训练

有的人心理自卑，是因为感到自己很平庸，一无所长。自我寻优训练就是帮助孩子发现自身的优势和潜能，增强生活的自信心，克服自卑心理。

具体做法：家长让孩子列出自己的 30 条优点，必要时可以帮助孩子完成。在孩子找出自己的优点后，家长可以鼓励孩子在某些适合的场合介绍给大家。对于严重的自卑者，家长可以鼓励他们每天朗读自身的优势，并注意进入优势角色。通过一段时间的训练，孩子就能从严重的自卑感中解脱出来，形成自信心。

2．角色扮演法

角色扮演这种方法应用于很多场合，对自信训练尤为适合。其目的是让孩子在轮流扮演不同角色的过程中，体会作为不同角色的感觉，树立自信心。

具体做法：孩子先扮演一种自己正在形成的不恰当行为的角色，如一位害羞胆小的学生，家长扮演另外一个人，或者是校长，或者是脾气暴躁的老师。

在指出孩子行为中的缺陷后，两种角色互换，孩子就可以按照刚刚学习的行为表达自己的意愿，从而塑造出一种较为自信的反应模式。

（六）行为契约法

行为契约法是为达到矫正某个不良行为的目的，由家长与孩子通过协商达成一个协议，最好是书面的协议，作为矫正的计划，彼此遵守。契约明确规定一个阶段的目标、方法和步骤。协议一旦达成，家长应承担监督和评价的任务。

建立契约时要注意的是，行为问题要一点点矫正，逐步进行。对于违反契约的情况要有有效的制约措施，并且双方都要有彼此监督的权利和义务。

例如，一位家长与孩子签订一个改变孩子睡懒觉习惯的契约。协议明确家长和孩子在半年中必须执行的详细方案，规定孩子必须做到的事项和相应的鼓励措施：如要求孩子除星期日可以推迟起床 1 小时之外，其余每日早晨必须按时起床。完成契约后，家长要按规定满足孩子去北京旅游的愿望。

在矫正过程中，家长应严格执行规定的合同。如果孩子在活动期间没有做到的话，家长就应及时提醒，鼓励孩子坚持完成。半年后，孩子的睡懒觉习惯得到改正。此时，关于规定项目，孩子做到了，家长也兑现了诺言。

（七）行为塑造法

这是塑造新行为的一种过程和方法，它的原理是操作条件反射。家长通过这种方法来塑造孩子新的行为，取代不良行为。

例如，对待孩子 1500 米跑步的达标目标，家长就可以采用这一方法配合学校。刚开始，家长可以给孩子制定一个易实现的目标，如只要他早晨起来参加运动就行；一段时间后，家长应提出让孩子完成 400 米的运动量，当孩子做到后给予其适当的奖励，以后逐步增加到 800 米、1000 米直至 1500 米。

在使用行为塑造法操作时，一方面，家长要有明确的目标行为，使孩子知道自己的努力方向；另一方面，家长要循序渐进，这样才有利于减轻孩子的压力。家长要把一个大目标分成一个系列的近似行为，使每一步之间发生的变化不宜太大，以免孩子不易实现而受挫。另外，家长还要选择合适的强化刺激物，当孩子做出近似目标的行为时立即给予其强化。这里需要家长随时注意观察孩子的反应，以便根据孩子的进展做出适当的调整。最后，孩子的行为塑造要有一个适度的巩固过程，家长不能急于求成。

要想用行为塑造法塑造孩子良好的行为，家长首先要找到一个激发点，或叫作强化点，或叫作成长点（如孩子的潜在爱好、竞争心理，都可以成为一个激发点），以此引导孩子不断成长，达到塑造目标。这是矫正孩子的不良行为，培养孩子的自信心，训练孩子的某种能力的常用方法。

思考与练习

1. 家庭有哪些功能？

2. 女性失恋后如何进行心理调适？

3. 家庭心理辅导中常用的方法有哪些？

4. 什么是合理情绪疗法？举例说明具体操作的方法。

5. 家庭心理辅导中常用的行为矫正技术有哪些？

6. 下面是两则练习，请使用面质技术，回应孩子的叙述。

练习一：暑假只剩下一个星期，而孩子的暑假作业都没写，包括 60 天的日记。

孩子：那些作业有什么困难呢？如果我想写，很快就可以完成。还有时间，干嘛那么早写完，那太没有个性了。我计划最后两天，把握一分一秒，把作业赶完。我不是没有计划，其实我早就计划好了。

练习二：孩子不遵守校纪，随意旷课，受到老师的批评。

孩子：我才不管别人怎么想，只要我喜欢有什么不可以！我的前途我自己负责，我又没有要我的老师负责，他有什么权利管我？能不能毕业是我的事，他操什么心。说到学校的老师，我就一肚子气，我喜欢什么时候来上课，就什么时候来上课。反正学费是我缴的，他有什么资格管我。这所学校不让我念，我就换别所学校，只要我愿意缴学费，就不怕没有学校可以念。

第七章 女性压力管理与挫折应对

本章导读

　　作为新时代女性，每个人都想拥有健康的心理，做一个阳光灿烂、幸福的人。随着经济的快速发展、社会的进步，大多数女性步入社会，担任多重角色。然而，调查发现女性在日常生活、工作、家庭中都面临着压力和挫折，女性的心理健康受到外界多重的冲击和威胁。通过对本章内容的学习，更多的女性能正确地理解压力和挫折的含义，了解女性常见压力和挫折产生的原因，知道现代女性所面临的主要压力以及压力对女性身心产生的影响，理解女性产生压力和挫折的现状，熟悉职场女性所面临的压力，掌握女性在快速发展的新时代如何学会压力管理，懂得挫折应对，掌握心理调试方法，让自己的心理状态始终保持健康、快乐。

第一节 压力和挫折概述

一、压力概述

（一）压力的含义

　　压力也叫作应激。压力最早是在 1936 年由加拿大著名生理学家汉斯·塞利博士提出的，他认为压力是生活环境不能满足个人需要、个人学习和经验无法与现实生活的要求相互配合所导致的生理或心理失去平衡的一种紧张状态。

　　在心理学上，压力是压力源和压力反应共同构成的一种认知和行为体验过程。换言之，压力是现实生活中要求人们适应的事件被主体察觉后产生了心理、生理和行为反应的一种主观体验过程。

我国学者黄希庭对压力的界定是，心理学上所说的压力通常有三种含义：一是指现实存在的具有威胁性的刺激，即压力源；二是指人对压力事件的反应，即压力反应；三是指威胁性刺激带来的一种被压迫的主观感受，即压力感。国内普遍认为压力是由刺激引起的、伴有躯体机能以及心理活动改变的一种身心紧张状态，也就是人在环境中受到种种刺激因素的影响而产生的紧张情绪。

（二）压力反应

例如，当我们感受到压力时，我们常常会出现如咬手指、失眠、来回走动且不知道干什么、焦虑、抑郁、愤怒、消化功能紊乱、头疼等一些身体和行为上的反应。

这些反应在一定程度上是机体主动适应环境变化的需要，它能唤起和发挥机体的潜能，增强机体抗病的能力。然而，如果压力引起的身心反应过于强烈和持久，就可能引发机体生理、心理功能上的紊乱。

压力下的反应主要有三种。

1. 压力下的生理反应。个体在压力状态下会出现一系列生理反应，主要表现在自主神经系统、内分泌功能和免疫功能等方面。例如，个体在压力状态下会出现心率加快、血压升高、呼吸急促、消化功能不良和出汗等反应。

2. 压力下的心理反应。在面对压力时，人们最容易表现出来的就是心理上情绪的变化。压力引起的适应的心理反应有警觉、注意力集中、精神振奋，这些反应有助于个体应对环境。例如，职业女性升职加薪，表明人们在适度的竞争压力下更容易出成绩。然而，过度的压力会带来负面反应，如忧虑、焦躁、愤怒、沮丧、悲观、失望、注意力分散、记忆力下降，导致人出现消极的情绪，表现被动。个体在压力状态下的心理反应存在很大差异，这取决于个体对压力的知觉和解释以及处理压力的能力。当个体面临压力时，其会有各种行为变化，这些变化取决于压力的程度以及个体所处的环境。

3. 压力下的行为反应。其分为直接反应和间接反应，直接反应是指直接面对引起紧张的刺激时，为了消除刺激源而做出的反应。例如，路遇歹徒，与其搏斗或逃避的过程。间接反应是指借助某些物质，暂时减轻与压力体验有关的苦恼，如借酒消愁，吃美食，等等。一般来说，轻度的压力会促发或增强一些正向的行为反应，如学习压力技巧、求助好友帮助。但压力过大过久，会引发不良适应的行为反应，如说话结巴、脸红、出汗、动作刻板、失眠等。

（三）压力的来源

压力的来源也叫作压力源，就是指那些对个体的适应能力进行挑战、使个体产生压力反应的因素，它是一种客观存在。生活中遇到的压力源可能存在于自身，也可能存在于环境中。自身的压力源也称为内因性压力源，包括痛苦、疾病、罪恶感、不良自我概念等；环境的压力源也称为外因性压力源，包括冷、热、噪声、灾害等刺激情境。但是，人类最主要的压力源是人，现在多数人的压力较大，尤其是女性，来自各方面的压力更多。心理学上将造成各种压力的生活事件进行总结、分析，提出常见的压力来源分为生物性压力源、精神性压力源和社会性压力源。

1. 生物性压力源。这是一组直接阻碍和破坏个体生存与种族延续的事件，包括躯体创伤或疾病、饥饿、性剥夺、睡眠剥夺、噪声、气温变化等。

2. 精神性压力源。这是一组直接阻碍和破坏个体正常精神需求的内在事件和外在事件，包括错误的认识结构、个体不良经验、道德冲突及长期生活经历造成的不良个性心理特点等。

3. 社会性压力源。这是一组直接阻碍和破坏个体社会需求的事件，包括纯社会性的（如重大社会变革、重要人际关系破裂等）和由自身状况造成的人际适应问题（如社会交往不良）。

（四）压力预警信号

我们要想及时有效地应对压力，首先要及时准确地识别出我们正处在压力状态中，也就是要对压力有所觉察。由于个体应对压力的反应是一种习得性反应，因此我们有一定的规律可寻，具体表现为面对压力会有类似的想法、情绪及行为等，我们称之为"压力预警信号"。这些信号作为线索会告诉我们压力反应系统已经被激活。

在心理学上，压力预警信号主要分为五个基本类别：生理预警信号、情绪预警信号、想法预警信号、行为预警信号和关系预警信号。另外，对压力的反应可以包含心灵层面的内容，我们称之为心灵预警信号。心灵预警信号常常可以与其他五个类别的预警信号相交叉。

1. 生理预警信号。躯体对于压力的反应是指我们在体会压力时身体可能产生的感觉和状态。对于很多人来说，这是表现得最显著却最容易被误解的一种压力预警信号。例如，由压力引起的头痛、背痛、胃肠反应、肌肉紧张、食欲改变、睡眠不好等问题。通常情况下，女性出现这些症状后的第一反应是患有躯体疾病，然后会去医院做一系列检查，结果并没有查出什么问题，或者自己服用一些缓解症状的药物。人们应对压力的反应不仅包括心理反应，而且包括生理反应，它是一种身心共同作用的结果。

2. 情绪预警信号。这应该是人们生活中最常见的、反应最多的一种压力信号，多表现为情绪消极，比较被动。心理学家们在对情绪进行分类时采用了多种分类方法，但无论哪一种都将喜悦、悲伤、愤怒、恐惧列为基本情绪或原始情绪。中医中的"七情"——喜、怒、忧、思、悲、恐、惊也是如此。除此之外，更多的是一些复杂情绪，如失望、悔恨、沮丧等。面对这些复杂情绪，我们需要准确地加以识别。不同的情绪对应着人们对压力的不同想法。

3. 想法预警信号。这是指我们关于自己、他人及世界的观点。这些观点可以集中在过去、现在或将来。想法预警信号有两层意思：一是想法本身的性质，多为负性的，对应着负性的思维模式；二是想法出现的形式，如思绪如潮、思维不清晰等。如果长时间这样，这种特定的负性思维模式就会变为自动思维模式。事实上，大多数情况下，这些想法可能不是真实情况的反应。一般来说，这类信号最难被识别，即使识别出来，由于长期固化的思维模式（即思维定式），人们也很难在短期内进行改变，因此，人们需要通过一定的思维训练来纠正。尽管如此，但我们一定要有这方面的意识，即我们的观念想法、对某事某人的认知不一定都是真实客观的，我们的观念想法等也可能欺骗我们。

4. 行为预警信号。这是指在应激反应中，我们可能会投入于很多不健康的行为表现中。这些行为让我们暂时感到舒服，帮助我们避免直接应对压力源。尽管这些行为会让我们在短期内感觉舒服，但从长远来看实际上会增加更多的压力。例如，当出现压力的时候，虽然我们在短期内吃高脂肪的食物能够感到满足和舒服，但长此以往就会养成一种不健康的饮食习惯。

5. 关系预警信号。这是指我们对自己与他人联系的感觉。在应激反应中，我们倾向于孤立自己，会感觉到自己与他人隔离开来。一个人有一个稳定的朋友和家人的社会支持网络可以依靠是对压力的重要缓冲。

6. 心灵预警信号。尽管不属于常规分类，但应激反应包含一部分心灵层面的内容。这些内容可能会与上述五种信号的任意一种相重叠。这里的心灵层面的内容是指生命是有意义的，人生是有目标的坚定信念，或者自己感觉到为社会创造价值的坚定信念，也可以是一种深层次的与世界的联系以及与周围人的联系等。心灵预警信号可能包括愤世嫉俗的想法或抑郁情绪，如失去从工作或事业中获得的满足感。

每个个体对压力都有自己独特的预警信号，个体通过有意识的训练可以帮助自己认识到自己身上所表现出来的这些信号，及时应对与处理，防止压力积累，造成严重后果，如表 7 - 1 所示。

表 7 - 1　常见的压力预警信号

生理信号	情绪信号	精神信号	行为信号
头痛的频率和程度不断增加	容易烦躁和喜怒无常	缺乏注意力	睡眠容易被打扰
肌肉紧张，尤其是发生在头部、颈部、肩部和背部的紧张	消沉和经常性的忧愁	优柔寡断，对什么事情态度都一样，没有主见	比平时更爱饮酒、抽烟
皮肤干燥，有斑点，有刺痛的感觉	丧失信心或自负自大	经常忘记数字、朋友的名字、家人的生日及很多事情等	性欲降低
消化系统出现问题，如胃痛、胃炎、消化不良、胃溃疡等	感觉精力枯竭，缺乏积极性	判断力下降，导致做事容易出错	无法应对人际交往
心悸、胸闷、胸痛	疏远感是无法应对的结果	对自己、身边的事和环境持消极态度	很难放松，经常坐立不安和烦躁

二、挫折概述

（一）挫折的含义

挫折就是日常生活中所说的"碰钉子"，是指挫败、阻扰、障碍。挫折最开始常用于兵家失利。

在心理学上，挫折是指个体为实现某种目标或满足某种需要，由于受到无法克服或自认为无法克服的阻碍和干扰，其未能达到预定目标产生的心理紧张状态和情绪反应。随着社会的发展，人们对生活、工作等各方面的需求越来越多，而鱼和熊掌不可兼得，时常有一些需求是不可能被满足的，这就使得人们在生活中体会到一些挫折所带来的难过和痛苦的情绪。因此，我们应从三个方面认识挫折。

1. 挫折情境

挫折情境即人们在有目的的活动中使其需要不能得到满足的内外障碍或干

扰等情境状态或情境条件，如女性人际交往出现问题、婚姻感情失败、工作失败等。

2. 挫折认知

挫折认知即人们对挫折情境的认知、态度和评价。挫折情境能否构成挫折，在极大程度上决定于个体对挫折情境的认知、态度和评价。对于同一挫折情境，由于个体的挫折认识不同，其感受挫折的程度也是有区别的。例如，同样是女性，有的人在职场中已经是中层领导，有的人很满足现有职位，但有的人对现有职位不满意，感到伤心和难过。

3. 挫折反应

挫折反应即伴随挫折认知而产生的情绪和行为反应。常见的如焦虑、紧张、愤怒、躲避或攻击等。当挫折情境、挫折认知和挫折行为三者同时存在时就构成了心理挫折。然而，有时只有挫折认知和挫折反应这两个因素也可能构成心理挫折。例如，有的女性怀疑周围的同事议论、看不起自己而产生紧张、烦躁、躲避等情绪反应。

（二）挫折心理产生的原因

在心理学上，人的需要、动机同客观现实之间存在这样或那样的矛盾，它是一种主观愿望。这种主观愿望与客观现实之间的矛盾构成了挫折心理产生的根本原因。因此，挫折心理产生的原因有很多，但简单来说可分为客观原因与主观原因。

1. 挫折心理产生的客观原因

挫折心理产生的客观原因是指不以人的主观愿望为转移的自然条件和社会条件。人容易产生挫折的多数原因是自然环境或社会环境等外界纷杂现实造成人们的自身困难与限制，使个体的动机不能满足，目标不能实现。例如，地震、洪灾、火灾、交通闭塞、气候恶劣、工作变动、人际关系紧张等。

2. 挫折心理产生的主观原因

挫折心理产生的主观原因包括个体躯体因素与心理因素，其中，个体躯体因素是指因个人具有的容貌、身材、健康状况和生理上的缺陷所带来的限制，致使婚姻、工作及生活等方面失败。心理因素是指个人能力、智力、知识经验的不足等。由于具有不同的认知方式和认知意图，不同的个体在面对同样的挫折情境时感受不同。例如，因年龄增长、身体各项功能下降、记忆力减退，有的老人不能悦纳自己，出现精神异常，而有的老人则调整自己的心态，保持乐观、豁达的心情，积极面对生活。

这些客观和主观因素都可能影响个体动机性行为的实现。

三、压力和挫折的种类

(一)压力的种类

1. 根据压力来源的性质，压力可分为预期的压力、情境的压力、慢性的压力、残留的压力

(1)预期的压力。预期的压力是由人们对未来的忧虑所引起的。例如，未来我的职位还能不能保住；万一生完孩子我的工作保不住怎么办；等等。诸如这些因素对未来不确定性的担忧而产生的压力，都叫作预期的压力。

(2)情境的压力。情境的压力是现在的压力，是由于情境环境而导致的压力，是一种立即的威胁、挑战，需要马上留意。例如，面对很多人上台发言，她就会感觉到有一种莫名的压力。这是一种个体对现实的反应，这就是由于情境环境而导致的压力。

(3)慢性的压力。慢性的压力是长时间积累的压力，它源自一些我们无法控制，只能忍受和接受的经验，或者是从我们平时可能感受不到的一些细微的事件中沉积下来的。例如，有的人从工作开始一直忍耐，直到退休，其心理仍有一种非常大的压力，怕犯错。这是慢性的压力，这种压力在每个人身上的表现不一样，但是在职场里工作时间越长，这种慢性的压力就会积累越深。

(4)残留的压力。残留的压力是过去的压力，表现为经历过挫折失败后不能将过去的伤痛或不好的记忆抹去，这种难以抹去的阴影称为残留的压力，这种压力会在特定的场合爆发。例如，有的人在台上将台词说错，事后自己认为已忘掉此事，但在特定的场景下，他的潜意识又会马上被激发出来，会莫名其妙地发怵，将会读的也读错。

2. 根据人对压力程度的不同反应，压力可分为轻度压力、高度压力和适度压力

(1)轻度压力。一般情况下，轻度压力会让人觉得放松、平静。但是长时间如此，人会变得懒散，没有斗志。

(2)高度压力。高度压力下的我们会非常兴奋，但压力过大会使人们产生挫折感，会影响平常应有的水平发挥，而且长时间处于高压力下人们会衰老得更快。

(3)适度压力。适度的压力会让人感到舒适。在适当的压力下，人们能更有活力、更积极地参与工作、生活。当然，对于不同的生活事件，其压力程度也不一样。

3. 根据压力对人体的好坏，压力可分为正性压力、中性压力和负性压力

（1）正性压力。正性压力是良好的压力，产生于个体被激发和鼓舞的情境中。一般来说，属于正性压力的情境能使人舒服、愉快，因为它们不被视为威胁。例如，情侣坠入爱河、邂逅相爱的人等都属于正性压力。

（2）中性压力。其是一些不会引发后续效应的感官刺激，它们无所谓好坏。例如，听到一则远方偏避的地方发生了泥石流的新闻。

（3）负性压力。负性压力是需要管理的压力。其可以使个体产生一种不愉快、消极痛苦的体验。

（二）挫折的种类

人们常说"人生不如意十之八九"，指的是挫折广泛地存在于每个人的生活中，关乎人的一生。根据人们在从事目的行为的过程中受到阻碍和干扰的对象不同，挫折可分为需求挫折、行动挫折、目标挫折和损失挫折四种。

1. 需求挫折

需求挫折是指人们的心理需要不能被满足时所引起的挫折。当人们的正常需要被剥夺时，他们就会产生需求挫折。例如，女性由于家庭原因不能正常参加工作，在家做全职妈妈；人们由于缺乏基本的生活费用而为衣食发愁；人们由于缺乏知心朋友而感到孤独无助；人们由于色盲而不能从事自己喜欢的工作或不能正常开车。

2. 行动挫折

行动挫折是指个体为实现目标所要采取的行动不能进行时而引起的挫折。由于自燃物障碍、人为的障碍、客观的障碍、想象的障碍而不能采取行动实现目标的挫折就属于行动挫折。例如，男女青年相爱，但因家人反对而未能结合；父母想念孩子，但因路途遥远或工作需要而不能相见。

3. 目标挫折

目标挫折是指个体虽已采取行动，但仍未达到预期目标时所产生的挫折。很多人在追求自己的愿望或梦想的时候会因为失败而产生目标挫折。例如，想读研究生，但因分数不够而没被录取；想当学生干部，怀疑某人从中作梗而没能如愿。

4. 损失挫折

损失挫折是指个体失去自己所拥有的东西时所引起的挫折。由于名誉的丧失、地位的丧失、财产的丧失、家庭解体、亲人亡故、夫妻离婚等引起的挫折都属于损失挫折。例如，很多女性在结婚前是职场中的白领、高管，是职场中的"女强人"和中心人物，但是，进入婚姻后，她们因怀孕影响晋升机会，失去了工作上的优势，受关注度相对下降，从原来职场里的"女强人"变成现在职场里的"一般人"，由大家关注的中心人物变成普通一员，内心非常失落，这种挫折就是损失挫折。

在现实生活中，挫折是不可避免的，挫折的结果具有两面性，有利也有弊。从利的方面来说，人们只要正确地对待挫折并实事求是，具备解决各种问题的能力，就能化解挫折。从弊的方面来说，如果人们遇到的挫折太大，就可能产生一系列的问题，甚至导致各种疾病的发生。

四、压力和挫折的关系

（一）两者的区别

简单来说，压力是人在活动前或活动后产生的情绪或身体上的异常反应，它与人对压力源的评估、分析有关。

挫折是发生在活动过程中或活动后的，它与人的需求和动机有关。

（二）两者的共同点

压力和挫折所引起的情感、情绪上的变化对人的身体和心理均会产生消极的影响，适当的挫折和压力对女性的成长具有积极的促进作用。

▌ 小贴士 ▐

一瓶水的重量

你敢挑战一下吗？平举一瓶水，你能举多久？1分钟，10分钟，还是1个小时呢？

当你举着一瓶水感到累的时候，你会很自然地选择放下。但如果是你的心灵背负着压力，你将如何应对呢？

第二节　女性压力和挫折产生的现状及影响

一、女性常见的压力和挫折

（一）女性常见的压力

在我们的日常工作和生活中，压力无处不在，女性的生存压力和男性所面临的压力有很大的不同。女性的压力主要由社会、生理和心理三个方面构成。据有关调查统计，女性的社会压力占总体压力的 48％，女性的心理压力占总体压力的 23％，女性的生理压力占总体压力的 29％。我们知道女性在孕育新生命时期是无法正常参与工作的，而女性的最佳孕育期正是从业者的"黄金期"，因此，女性生理上的原因也应作为一个因素计入职业女性的生存压力。结合女性的压力构成，女性的压力可分为工作压力、就业压力、竞争压力、家庭压力、婚育压力等。其中，就业压力、竞争压力来自社会，可归为外部压力；而家庭压力、婚育压力来自生活，可归为内部压力。女性在工作上的压力源于工作量大、工作标准高、时间要求紧、团队氛围差等方面。女性在生活上的压力源于婚姻变故、怀孕、购房、子女抚养升学、赡养父母等方面。女性心理上的压力源于不自信或过于自信、追求完美等方面。也可以说，工作上的压力是完全不可控的、必须承受的压力，生活上的压力是部分可控的压力，心理上的压力是完全可控的压力。

（二）女性常见的挫折

女性常见的挫折来自社会、职场和个人三个层面。从社会层面来看，科技在让女性的生活变得更加便利的同时使女性面临着一系列的危机。从职场层面来看，女性的压力越来越大。这些压力无疑会对女性产生深远的影响。从个人层面来看，女性中流行的一个词叫作内卷，也就是这些压力的体现。女性的挫折主要表现在生活挫折、工作挫折、人际交往挫折、情感挫折和亲子教育挫折五个方面。

二、女性压力和挫折产生的现状分析

随着经济的快速发展以及新时代女性社会地位的确定与上升，女性从家庭走向社会，和男人共同承担起家庭和社会的双重责任，共同创造财富。然而，新时代职业女性在获得更大自由和自我价值的同时面临着更多的压力。

（一）职业女性压力来源的特点

从职业女性就业周期的有效性来看，20～30 周岁的职业女性在工作、生活等方面都更具有不稳定性，这一阶段的压力主要来源于就业压力和竞争压力，她们既希望在工作中实现自我价值，但又面临很多现实问题，如男女情感问题。30～40 周岁的职业女性在生活、工作等方面相对稳定，但这一阶段的女性在工作上更容易受到家庭、婚姻、生育和社会的影响，也会感到工作、家庭等方面带来的压力，增加压力。40～50 周岁的职业女性逐渐进入职业生涯的终结时间，这一阶段的女性更多关注的是在家庭和社会中自我价值的实现，她们会受到年轻人带来的职场竞争压力和来自家庭方面的压力。

根据女性不同年龄段生存压力的构成分析来看，有以下特点：女性的就业压力随着女性年龄的增长、社会阅历的增加以及工作经验的积累而逐渐减少；职场竞争压力始终贯穿于职业女性的职业生涯，并且占据重要地位；婚育压力会成为女性职场生涯黄金时期的一个压力因素；家庭压力是影响女性的一个重要因素，并且会随着女性对工作成就欲的减弱而加重。

（二）职业女性的压力分析

1. 工作方面——职场竞争及生存压力。工作方面主要有工作本身来源压力和工作场所环境压力。职场竞争是每一个职场人所面临的共同问题，但是作为女性职业者，她们面临的竞争更大，方面更多。例如，职业女性在求职竞争、晋升竞争的同时面临性别不平等待遇问题、家庭工作兼顾问题、职场人际关系处理问题，而这些问题往往会影响或阻碍女性在职场中的发展。女性从步入职场到取得经济独立，必将会引来相应的职场竞争所带来的职业生存压力。生存压力不仅指职业女性需要通过工作来获得维持生存的物质资料方面的压力，还包括职业女性日常工作环境场所的性骚扰和在日常工作、生活中为实现自身的价值而面临的压力。女性工作场所的性骚扰表现多种多样，而以权力型性骚扰居多，并且关系复杂，较难处理，给女性造成的压力较大。性骚扰会影响和限制女性职业者的生活，损害她们的尊严和自信，会使她们生活在恐惧、压抑中，会增加她们在工作中的恐惧和厌恶情绪。

2. 家庭方面——家庭、角色冲突。家庭、婚姻给职业女性带来很大的压力。职业女性不仅要承担工作中所带来的压力，还需要抽出更多的时间、精力来照顾家庭和孩子。职业女性的角色冲突是她们在生活、工作中的能力、行为等方面不同步、不一致、不协调，导致各种角色之间存在矛盾，进而产生冲突。随着社会的进步和经济的快速发展，社会对女性的期望越来越高，对女性的要求越来越高。女性深受家庭角色定型化教育等传统文化的影响，如将相夫教子、收拾家务等职责深深烙在心灵中，无论在工作中取得多大的成就，如果没有在家庭中尽到贤妻良母的责任，她们就会产生内疚感甚至会受到外界舆论的指责。我们都知道家庭是满足女性爱和归属感的重要载体，没有幸福的家庭，即使事业再成功的女性也觉得人生不完美。

3. 自身方面——生理、性格与期望

女性的生理带来的压力也制约和阻碍了她们在职场中的发展和与男性的竞

争条件。例如，在生育期、哺乳期和更年期的女性更容易出现抑郁、焦虑等精神症状。

女性的压力来源于自身的性格。女性性格的不同会导致她们在面对压力时所做出的反应不同，如性格好的女性在面对压力时能较好地控制自己的情绪，从而化解压力；性格差的女性在面对压力时不能较好地控制自己的情绪，反而使得压力增大。

此外，女性的压力还来源于与自己不切实际的自我期望，事业心较强的职业女性往往对自己的期望比较高。然而，工作中的很多职业女性会受到主观和客观原因的影响，在遇到困难和挫折后，她们的期望难以实现，这使她们难以接受现实，从而出现心理方面的问题。没有理想抱负、事业心不强的女性不可能有大的进步。因此，在日常工作中，女性要学会正确评价自己，使自身的能力与目标及环境相符合。不切实际的自我期望容易给女性造成压力。

三、压力和挫折对女性身心健康产生的影响

压力就像一根琴弦，没有压力，就不会产生音乐。但是，如果弦绷得太紧，就会断掉。压力对身体健康、心理状态、社会适应和家庭关系产生重大影响。积极的压力能够推动我们完成任务，提升我们的自信心，提高我们对环境的适应性。消极的压力会损害我们的健康，降低我们对环境的适应性。

也可以说，新时代女性个个都是"女战士"：在家要照顾孩子、老公，要孝顺双方父母；在外要努力打拼，还要时刻保持姣好的容颜、优雅的姿态来迎接周围所有人的目光。然而，快节奏、高压力、无暇顾及饮食营养，往往导致女性出现衰老快、易疲惫、爱肥胖等健康问题。心理学家汉斯·塞利将压力分为有害的不良压力和有益的良性压力。

（一）压力对女性身体健康产生的影响

1. 压力对女性生理产生的影响

随着社会的进步，以及社会对现代女性的要求越来越高，女性的压力越来越大，很多女性出现了心理疾病，甚至出现了由心理疾病而诱发的身体疾病。压力会使女性血流中的胆固醇水平升高，会削弱女性的免疫系统功能，也会影响女性的中枢神经系统功能、生物节律。压力的大小影响女性生理结构和体内激素水平的变化。例如，女性在一生中要经历月经期、妊娠期、更年期等几个特殊时期，女性体内雌性激素水平的变化可能导致她们在这几个特殊时期的情绪容易波动，产生紧张、焦虑、抑郁的情绪，严重时可导致出汗、心悸、胸闷

等躯体不适，甚至产生自伤倾向。

最新研究显示，女性因压力患心脏病的概率更高，那些原本有心脏病的女性在承受压力时更易出现心脏病的严重并发症。

越觉得有压力的女性，在接触呼吸道的病毒时越容易受到感染而感冒。女性在面对压力时需要消耗大量的注意力和体力，尤其面对重大压力或处于长期精神压力下，她们生病的概率会增加3～5倍，身体自然也会出现许多症状，如肠胃不适、头痛、食欲不振、感冒、睡眠异常等，严重的还可能形成癌症或导致"过劳死"。

2. 压力对女性心理产生的影响

众所周知，每个女性的免疫力不同，她们在同样情况下心理承受的能力也不同。女性长期处在过度压力下会引发心理与行为反应。

女性在长期压力下会变得警觉性增强、敏感度增高、注意力高度集中，会引发反应过敏、注意范围狭窄、反应迟钝、错误增加、记忆力降低、组织规划能力和错觉等认知改变。

女性在压力下还容易引发焦虑、紧张、急躁、悲观、恐惧、抑郁、愤怒、沮丧与无助等情绪反应。

女性长期处在压力下会对家庭的兴趣和关心减少，缺乏耐心，态度冷淡，工作效率下降，迟到或矿工，睡眠困难，饮食紊乱，出现自杀倾向，等等。

过度压力下的女性更易于将压力和不满错误地归因于她们的配偶。她们会变得对周遭环境不注意，对别人的困难与痛苦不在乎，不关心人和逃避人，形成自我保护和防御机制，产生敌对和攻击行为，从而使自身的社会交往减少、人际关系受损。

（二）挫折对女性心理健康产生的影响

1. 挫折对女性心理健康产生的积极影响

在日常生活中，挫折是我们每个女性生命成长中的一部分。得意时，挫折会使我们更清醒，避免盲目乐观、精神懈怠；失意时，挫折会使我们获得更加丰富的生活经验。我们需要及时调整自己，正确看待挫折。从女性的认识和实践中来看，挫折对女性心理健康产生的积极影响具有以下三个方面。

（1）挫折能提高女性的认识水平。强者面对挫折和失败，不是手足无措、被动等待，而是积极地总结经验，反思自己的认识过程，找出不足并及时采取补救措施。知不足而后学，学好后再去用。如此反复，挫折有助于个体知识结构的不断合理调整。同时，女性吸收经验教训、改变策略能提高自身解决问题的能力。

（2）挫折能增强女性的承受力。遭遇挫折仍能正常地进行社会活动的女性的承受力强。如果一个人历经艰辛，遇到的挫折比较多，那么她对挫折的承受力也随之提高，这一次次挫折及其应对措施奠定了以后她面对挫折的策略及心理准备。

（3）挫折能激发女性的活力。女性为了摆脱挫折，常常为实现目标而做出更大的努力。挫折是一种内驱力，生活中的强者往往会因为挫折而激发出自己强大的身心力量。他们虽身处逆境，却百折不挠，投入更大的时间和精力，发奋努力，终于实现了自己的愿望。

面对挫折，每个人应对的行为是不同的：消极的应对行为是攻击行为、固执行为、倒退行为和厌世行为；积极的应对行为表现为升华行为、增强努力行为和改变策略再做尝试等。生活中的强者往往采取后一种行为。

2. 挫折对女性心理健康产生的消极影响

女性在面对挫折时可能会感到失落、焦虑、难过、愤怒、不满等。女性产生这些负面的情绪感受是很正常的，但如果一直沉浸在负面情绪中走不出来，就很容易消沉，甚至做出不恰当的行为。这是因为在持续的消极情绪作用下，个体的神经系统、血液循环系统、消化系统和内分泌系统都会引起一系列反应。这些反应的实质，就是精神状态的紊乱导致生理状态的紊乱。生理状态失调是配合精神状态失调的需要。这是机体内在的维持生存状态的自我调节机制。然而，以不平衡适应不平衡，将直接危及女性的身心健康。

■ 知识链接 ■-----------------------------------

抑郁 ≠ 抑郁症

当人遇到挫折或失败时，如任务没有完成、愿望没有实现、财务遭受损失等，他们就会不快乐，感到很沮丧。这是人之常情，但顶多可以称作抑郁，而不能贴上"抑郁症"的标签。根据美国精神医学学会出版的《精神障碍诊断与统计手册》，抑郁症是许多症状的复合体。一个人是不是得了抑郁症，可以根据以下标准来判断。

第一，心情郁闷不乐，或者对绝大多数日常活动与娱乐失去兴趣。

第二，这些情绪障碍必须是显著的、相对持久的，而且只有当下列八种症状中至少有四种在至少两周内几乎天天出现时，才能算是患有抑郁症。

1. 食欲不振或在没有节食的情况下体重显著减轻或食欲和体重显著增加。

2. 失眠或睡眠过多。

3. 心理活动很激烈或迟钝缓慢。

4. 对日常活动失去兴趣，情感淡漠，或者性欲降低。

5. 精力衰退，疲劳。

6. 感到为无价值感、自责所困扰，或者产生极度的本不该有的罪恶感。

7. 自己觉得有或确实出现了思维能力或注意力衰退的现象，如思维迟钝、优柔寡断等。

8. 经常出现死亡、自杀的意念，想死，或者有自杀企图。

由此可见，抑郁症的门槛并不低，并非谁都可以声称自己有抑郁症。

第三节　女性压力管理与挫折应对

一、压力管理的根本

（一）压力管理的含义

压力管理是指人们针对可预见的压力源进行必要的干预，维护身心健康，提高问题处理的效率，保证学习、生活目标顺利实现的管理活动。

压力管理就是将人的压力程度调到最佳点，以达到最佳效果，同时避免受到与过度压力有关的心理与身体伤害的过程。

经研究显示，抗逆力和茁壮成长与创伤后的成长有关系，良好的心理品质、身体及行为上对压力症状的调控、工作满意感、就业安全等心理因素都会对人产生良好的影响。其实，压力管理就是在寻找一种平衡。在这种平衡状态下，女性可以健康、快乐、高效地生活和工作。

（二）压力管理的原则

从心理学的角度来讲，压力就是一个人觉得自己无法应对环境要求时产生的负面感受和消极信念。压力现象虽无法消除，但我们却可以有效管理它。压力管理主要有以下四个原则。

1. 觉察识别原则

有效压力管理的首要原则是一个人能够觉察到过度的压力，及时判断自己的压力反应及强弱。觉察压力主要有三个层次：一是稍微过多的压力引发纷乱的情绪；二是较大的压力带来躯体各种不适反应；三是过大的压力出现意识缩窄，对环境反应迟钝，身心处在崩溃边缘。

2. 平衡原则

躯体与精神两种压力有点儿像跷跷板。躯体压力大时，精神压力也会慢慢增大；反之，精神压力大时，躯体压力也会慢慢增大。人们通过放松来释放躯体压力，精神压力也在释放。当我们集中心智工作太久，或者长期处在竞争的状态下，我们可以通过放松肌体来释放内在的压力。当我们懈怠太久，无所事事的时候，我们可以通过肌体的运动来保持精神的活力。

3. 处置原则

处置原则也就是处理压力的技术，如写压力日志、生物反馈、肌肉放松训练、冥想与想象、倒数放松、自我催眠、一分钟放松技巧等，并按照各种生活场景给予人们恰当的提示与指导。人们可以把它当作一个压力管理的手册，在遇到问题时翻开看看，快速查找，以获取对策。

4. 正性原则

正性原则即保持正向的应对观念和积极的心态。良好的心态能增强人们应对压力的能力，不良的心态本身就像一团乱麻，干扰人的内心。当然，更主要的是，人们要对压力有正确的观念，压力并不可怕，可怕的是我们对压力有不恰当的观念与反应。事实上，压力事件是中性的，并无所谓的好与坏。如果我们把压力视为消极负向的，它就会阻碍我们的发展，会压得我们喘不过气来，这让害怕压力的我们每天都生活在压力的恐惧中。如果我们把压力视为积极正向的，它就成为我们生命过程中的历练，促进我们成长，这让喜欢压力的我们在任何压力面前都会游刃有余。

要想直面压力、有效管理，我们就应该从改变信念和态度做起，换个角度来看待自己和周遭的人、事、物。事件虽仍旧存在，但我们的心态改变了，它就不再构成压力，这正是压力管理的精髓。

二、女性的压力管理策略

通过了解，我们发现当代女性面临的压力主要来自家庭、工作、情感等各方面。相对于男性，女性的内心更加敏感和脆弱。自尊心缺乏、疲劳和时间压力、婚姻生活中的寂寞和孤独、浪漫爱情的消逝、财务困难、婚姻中的性问题、月经与生理问题、孩子问题、姻亲问题、年龄问题、衰老问题等是造成女性抑郁情绪的主要原因。压力并不可怕，可怕的是面对许多压力而没有办法。女性的压力管理并非消除压力，也没有必要消除，而是通过缓解压力来避免身心健康受到伤害。因此，面对压力，女性及时采取科学有效的自我调节措施进行减压处理显得尤为重要。

（一）觉察压力，树立正确的压力观

女性要想及时有效地应对压力，就要及时有效地识别出自己正处在压力状态中，要对压力有所觉察。压力觉察是指发觉压力是如何影响我们的思维、情绪、身体、行为和社会关系的，是对自身全方位的觉察和了解，是压力管理中很重要的一部分。当女性的觉察能力提高后，那些困惑她们很久的问题也就自然解决了。根据不同的压力预警信号，女性可以通过日常生活找出自己在这段时间是否出现变化，为及时有效地应对压力提供依据。例如，女性进行呼吸式RR训练、身体觉察式RR训练和渐进放松式RR训练。

（二）利用理性思维，引导认知改变

在日常生活中，我们的大脑把事物加工成什么样会影响我们的情绪和心理状态，这也是认知对我们的影响。因此，认知调整在压力管理中是非常重要的内容。

女性在日常生活中能及时意识并识别出自己的负性思维是一种胜利，因为认知偏差会使女性进入一个负性情绪和负性躯体反应的恶性循环中。当遇到压力时，女性可以通过提出正确的问题来控制自己看事情的角度，从而决定是积极的压力还是消极的压力。

当女性把压力源视为问题看待时，她们一定会将注意力集中在负面影响上，从而不可避免地引发负面压力的干扰。当女性把压力源视为挑战时，她们将会很自然地把注意力从可能引起的负面冲击上移开，从而转移到如何解决问题上来。这样就会让事情从破坏性转变到建设性上，从而带来的积极态度将会帮助女性跳出压力圈，使她们从中发现事情中蕴含的机会，使消极压力变成积极压力。

（三）有效管理时间，提升执行力

时间管理不合适、工作时间不够是职业女性在工作中感觉压力的症状之一，从而导致她们无法高质量地完成必须完成的工作。女性如果有效管理时间，制订合理的计划，及时分解任务，并按计划完成，就能缓解这种不好的感觉。在工作中，女性可以按照四象限法分清主次安排工作，根据工作的紧急性和重要性安排好工作次序，重点做好重要又紧急的事情，重视重要不紧急的事情。在遇到困难的工作和任务时，女性往往会出现焦虑、拖延和痛苦的情况，从而影响工作执行力。因此，我们要鼓励女性在面对困难、挫折时不要盲目行动，要善于行动，这样才能解除压力。

（四）疏解情绪，有效处理冲突

情绪是由大脑产生的躯体和心理状态，既可以驱使人们采取行动，又可以强化人们的行为。情绪可以是有意识的，也可以是无意识的。生活中，女性经常会在情绪的驱使下注意不到它们并被它们影响。女性负性情绪的应对方法是释放、转移和升华。女性如果觉得自己的心理压力过大，那么就可以找心理咨询师帮助寻找解脱的良策，不要让压力积少成多，因为如果超过承受的极限，就容易被压力击垮。女性在工作、生活中要学会拿出一定的时间享受生活的美好。同时，女性可以在自己的形象和气质上积极改善，从精神上获得愉悦。当遇到压力、心情低落时，女性可以采用听音乐、逛街、看电影、找好友倾诉、哭泣等方法来调节。

女性承载着多重角色的压力，角色之间必然会产生一些冲突，那么在实际工作中要根据工作环境及时进行角色再定义，包括家庭角色再定义、个人角色再定义。家庭角色再定义对于缓解家庭冲突和生活压力之间的关系起到的作用十分明显，如使夫妻双方互相体谅与理解，根据家庭情况进行分工合作。个人角色再定义就是改变对自己角色的期望，如对自己在单位、在家里所扮演的角色不同，按照重要性程度进行排序，优先满足重要的角色需求；明确角色定位并及时进行分离，尽量避免受到工作和家庭的双重影响；快速转换角色，专心履行角色的职责和义务。总之，只要及时应对与化解冲突，及时平衡家庭与工作之间的关系，保持健康的心理状态，用积极的生活态度应对社会的挑战，就能很好地工作、生活。

（五）调整生理状况，满足个人需要

人的抗压能力有限，超过一定的度往往会给身体健康带来伤害。女性压力过大会带来生理异常，如偏头痛、肩酸痛、食欲不振、便秘、失眠，严重的还会引起生理失调。因此，女性要学会自我调整，自我解压。

女性在日常生理经期前不要吃冷饮，不要冲冷水澡，不要用凉水洗脚，要注意营养均衡，多休息。

拓展阅读

呼吸放松训练法

虽然人人都在不停地呼吸，都知道呼吸对于维持生命的必要性，却不一定知道某些特定的呼吸方法还有消除精神紧张、压抑、焦虑、急躁和疲劳的功效。通过一段时间的练习，掌握一些基本方法，人们就可以运用呼吸进行自我心理调节。我们可以利用下面这些练习先做尝试，再从中选择几种对自己最有

益的方法经常练习。

1. 深呼吸练习

这个练习可以采用站式、坐式或卧式。最好用卧式：平躺在地毯或床垫上，两肘弯曲，两脚分开20～30厘米，脚趾稍向外，背躺着。对全身紧张区逐一扫描。将一手置于腹部，一手置于胸上，用鼻子慢慢地吸气，进入腹部，置于腹部的手随之舒适地升起。现在微笑地用鼻子吸气，用嘴呼气，呼气时轻轻地、松弛地发"呵"声，好像轻轻地将风吹出去，使嘴、舌、腭感到松弛。做深长缓慢的呼吸时，体会腹部的上下起伏，注意呼吸时的声音愈来愈松弛的感觉。

这个练习每天须做1～2次，每次5～10分钟，1～2周后可以将练习时间延长至20分钟。每次练习结束，用一些时间检查身体上是否还有紧张点，如果有，那么比较这种紧张感与练习开始时的紧张感有没有区别。

2. 叹气练习

大多数女性经常会在白天叹气或打哈欠，这是氧气不足的征兆。叹气、打呵欠是机体补充氧气的方式，也能减少紧张，因此可以作为松弛的手段来练习。

站立或坐着常常地叹一口气，让空气从肺部跑出去。不要想到吸气，让空气自然地进入。重复8～12次，体验一下松弛感。

3. 充分自然式呼吸练习

健康婴儿或原始人采用充分的、自然式的呼吸，而现代女性比较喜欢紧身服装，过着紧张的生活，已经没有这种呼吸习惯。下面的练习可以帮助女性恢复充分而自然的呼吸：坐好或站好，用鼻子呼吸。吸气时，先将空气吸到肺的下部，此时横隔膜将腹部推起，为空气留出空间；当下肋和胸腔渐渐向上升起时，使空气充满肺的中部；最后慢慢地使空气进入肺的上部。全部吸气过程需要2秒，要有连续性。屏住气，约几秒种。慢慢地呼气，使腹部向内缩一下，并慢慢地向上提。气完全呼出后，放松胸部和腹部。吸气之后可以抬一下双肩或锁骨，使肺顶部充满新鲜空气。

4. 拍打练习

这个练习可以使人清醒，变紧张为松弛。

直立，两手侧垂，慢慢吸气时，用手指尖轻轻拍打胸部各个部位。吸足并屏住气后改用手掌对胸部各部位依次拍打。吸气时嘴唇如含麦秆，用适中的力一点一点间歇地吐气。重复练习，直到感到舒服。同时可将拍打部位移到手所能及的身体其他部位。

三、女性的挫折应对策略

著名的成功学家威廉·A. 沃德曾经说过这样一句话："失败应当成为我们的老师，而不是掘墓人；失败是暂时的耽误，而不是一败涂地；失败只是暂时走了弯路，而不是走进了死胡同。"当女性能够这样面对挫折时，她们就能努力调整好自己的心态，轻装上阵。那么面对挫折时，如何调整好自己的心态呢？挫折对每位女性来说，都不是一件令人愉快的事情，挫折对人造成的不适感、挫败感、危机感，以及心境上的持续灰暗低迷状态是大量存在的。尽快走出挫折的阴影，缓解或消除遭遇挫折后的不良心理反应，掌握一定的心理调适的策略，方法和技巧是必要的，也是必须的。下面介绍一些合理的策略。

（一）学会宣泄内心的挫败感

女性将自己的挫折感憋在内心里，时间越久，挫败感就越强烈，达到一定阈值，就会无法承受，这就要求女性要善于寻找途径宣泄。

1. 写日志、微博或日记，促使自己反思、反醒。

2. 听音乐。听一曲与自己目前情绪相似的音乐，然后调整自己的情绪状态。

3. 读一些诙谐的书，如遇到感情问题，可以通过看诙谐的电影进行自我调适。

（二）提高挫折承受力

女性的挫折感越低，对轻微的挫折就越敏感。影响挫折阈最重要的一个因素与挫折经验有关。经历坎坷、挫折较多的女性比一帆风顺女性的挫折阈要高，承受力也较强。女性在应对挫折能力方面是可以学习和锻炼的，如有意识地容忍、接收日常生活中的一些挫折情境或有意识地创设一定的挫折情境。

（三）调节抱负水平

心理学家勒温及其弟子通过实验证明，抱负水平是由于在活动中的成功或失败的影响形成的。为了减少挫败感，女性应正确认识自己，分析主观条件和客观条件，审时度势，确定适合自己的抱负水平，从而确定实际的目标。

（四）合理认知，树立正确的挫折观

女性在遭受挫折后，是否会产生强烈的挫折感和情绪反应，能否经得住挫折的打击和压力，这不仅在于挫折本身的性质和程度，更重要的是在于人们对挫折的认知和评价。要想树立正确的挫折观，女性首先要看到它并不可怕，知道生活中的磨难和挫折并不都是坏事。挫折虽给女性带来打击、损失和痛苦，

但它们也能促使人奋起、成熟，变得坚强。女性要通过此认识和纠正，以理性治疗非理性，以合理思维代替不合理思维。

（五）有效运用心理防御机制

心理防御机制是弗洛伊德精神分析学说的基本概念之一。一般来说，心理防御机制是一种心理适应性反应。个体在受挫时采用以习惯性、无意识为主要特征的应付方式的目的是消除或减轻焦虑感、罪恶感以及维护失去的自尊心。在现实社会中，女性都在自觉或不自觉地使用各种心理防御机制，以减轻挫折带来的心理压力，维持心理平衡。它是一种正常健康的心理状态，但超出其使用范围或限度，就会变成病态。因此，女性必须学会适度、有效地运用它。常见的心理防御机制有压抑、宣泄、投射、合理化、认同、反向、升华、补偿、退化、幻想、攻击、幽默、解脱等。心理防御机制的积极作用在于能够发挥个体的主观能动性，减轻或免除个体的心理压力，使其恢复心理平衡，给其一种缓冲的机会，使其能积累一定的能量再做成功的尝试，最终实现追求的目标。如果能适度、有效地运用心理防御机制，女性就能不断增强承受挫折的能力。

心理测试

压力知觉测评

以下问题是询问你在过去一个月的一些感受和想法。对于每一个问题，请你选出符合自己情况的选项。注意：这些问题没有对错之分。在选择完成以后，请把你勾选的数值相加得出总分，并填写在后面的"总分"一栏。其中，0＝从无，1＝几乎没有，2＝偶尔，3＝经常，4＝非常多。请勿漏题。

	0	1	2	3	4
1. 有多少时间你因为发生意外的事情而感到心烦意乱？					
2. 有多少时间你感到无法掌控生活中重要的事情？					
3. 有多少时间你感到神经紧张或快被压垮了？					
4. 有多少时间你对自己处理个人问题的能力感到有信心？					
5. 有多少时间你感到事情的发展和自己预料的一样？					
6. 有多少时间你发现自己无法应付那些必须去做的事情？					
7. 有多少时间你能够控制自己的愤怒情绪？					

续　表

	0	1	2	3	4
8. 有多少时间你感到处理事情得心应手（事情都在你的控制之中)?					
9. 有多少时间你因为一些超出自己控制能力的事情而感到愤怒?					
10. 有多少时间你感到问题堆积如山，已经无法逾越?					

计分方法及含义：条目 4、5、7、8 为反向计分。总分越高，表示压力越大。

思考与练习

1. 压力和挫折的含义分别是什么？

2. 压力和挫折对女性身心产生的影响有哪些？

3. 职业女性的压力来源有哪些？

4. 女性如何进行压力管理？

5. 女性应对挫折的策略有哪些？

第八章　心理健康与
女性成才

本章导读

　　女性是创造和推动人类社会文明进步的重要力量。女性的发展水平，是社会发展、国家发展的一个重要指标，妇女参与社会发展的程度是衡量社会进步的重要尺度。心理健康与女性成才有着必然联系。本章从分析女性自身的生理、心理优势与劣势，女性成才的心理障碍及调适与克服，女性成才所具备的健康心理品格等入手，阐明女性发展与成才的历史原因与心理因素。女性的文化、思想、情感既影响当代社会，又影响未来社会。聪明智慧的女性才可能使下一代人显示出聪明才智，只有这样的优质积累的民族，才是充满活力和希望的民族。女性必须不断地提高自身的能力和素质，才能更好地发展自己，走向成功。

第一节　女性成才的生理、心理优势与劣势

　　从女性个人来说，自身智力潜能的发挥对于改善自身的社会地位、经济地位以及改善家庭生活有重要意义。女性如果没有实际的本领，没有较高的文化素质，就不能胜任所担负的社会角色，所谓自尊、自信、自重、自爱、自强就无从说起，更谈不到社会的尊重，男女就不可能有真正的平等。因此，女性必须从提高自身的能力和素质方面来发展自己。

　　当今的女性肩负着时代赋予的重任，理应有成千上万的巾帼英雄活跃在现代化建设的各条战线上，才不会辜负时代的重托。强调指出，社会上存在一种偏见，认为女性比男性智力差，男子聪明女子笨，这是没有科学依据的。在实际生活中，男性成才率高于女性成才率是社会历史原因与心理原因造成的。

一、女性成才的生理优势与劣势

人体的生理是人心理形成和发展的基础，也是人们成才及发展的物质基础。健康的生理素质是人成才成功之母。相对于男性来说，女性生理具有明显的特点。这对于女性人才成长和发展来说，既有弱点又有优势。

（一）女性成才的生理优势

1. 女性机体免疫功能较强，免疫系统衰退较慢

现代免疫学的概念认为，免疫是生物体能够"识别异己"和"排斥异己物质"的免疫功能。目前，人的免疫功能主要有防御、自身稳定和免疫监督三个方面。这对机体来说是有利的，它能消除病原体及病毒性产物，起到抗感染的防御作用。因此，女性的免疫力比男性强。多数科学家认为，这是由于男女染色体成分有所区别导致的。人体细胞核中含有 46 条染色体，配成 23 对，其中，22 对男女完全相同，我们称之为常染色体，还有一对决定性别的，我们称之为性染色体。男女两性的性染色体是不同的。女性性染色体为 XX 型配对，即有两条 X 染色体，而男性性染色体为 XY 型配对，即有一条大的 X 染色体，一条小的 Y 染色体。有的学者认为，因为产生免疫物质的基因主要存在于 X 染色体上，所以女性体内的免疫物质比男性多近一倍，女性体内的免疫球蛋白比男性高得多，这就使得女性对病毒和传染病具有较强的免疫力，免疫系统衰退也较慢。换句话说，女性对疾病包括癌症在内的抵抗力较强。

由此可见，女性的某些生理调节机能优于男性。这种优越性造成了女性较低的发病率与病死率，使女性比男性衰老得更为缓慢，从而更加长寿。例如，在多数发达国家，如英、法、日等国，女性的平均寿命为 75 岁左右，而男性仅为 70 岁左右。我国情况也大致如此，如安徽省的百岁老人有 122 人，女性就有 100 人，约占总数的 82%。

不仅如此，由于女性的免疫功能强，其调节机能较男性优越，这也给女性带来了其他的长处。例如，女性抵御精神压力强于男性；女性做出决定的速度比男性快；女性在危急时刻比男性更易于保持冷静。

2. 女性能量代谢少

经研究发现，女性的新陈代谢率较男性低，消耗的热量更少。同时，女性血液中较高的雌性激素含量可能对血液循环具有促进作用，从而使女性具有更强的耐受性。女性要比男性的总能量代谢少 30%～40%。对于基础代谢，女性也比男性少 5%～7%。女性在利用自身能量方面比男子节省得多，而高能量代谢会促使寿命减弱。女性比男性平均矮 10 cm 左右，男子身材高，身体表面积大，因此消耗的能量自然多。

3. 伴 X 隐形遗传病， 女性显著少于男性

对于伴 X 隐形遗传病，女性显著少于男性，如血友病，男子万分之一，女子亿分之一；色盲，男子 4.91％，女子 0.18％。色盲基因存在于 X 染色体中，即隐形基因。当男子的 X 染色体上携带色盲基因时，由于 Y 染色体没有被它的等位基因来掩盖，男子就表现出色盲症状。而女子只有在两个染色体的等位基因上都有一个相同的色盲隐性基因时，其色盲症状才能表现出来。

4. 脑结构及脑功能的差异

现代医学研究表明，人的大脑的两个半球有它不同的分工。左半球是处理言语，进行抽象逻辑思维、分析思维、集中思维的中枢，它主管人们的书写、计算、排列说话、阅读、分类、言语回忆和时间感觉，具有连贯性、有序性、分析性等机能；右半球是处理表象，进行具体形象思维、知觉思维、发散思维的中枢。它主管人们的视觉、知觉、几何图形识别、态度、情感等，具有不连续性、整体性等机能。左脑主要负责处理抽象信息，是理性的脑，而右脑主要负责处理形象信息，是感性的脑。科学研究证明，大脑功能可以简单归纳为信息加工。现代科学家对信息传递及其他行为的神经基础进行了大量研究，包括脑发展的研究，发现男女在信息加工方面是不同的。女性左半球的优势化较男性早，因此，女儿童能比男儿童更早、更准确地用语言进行表述。男性大脑的单侧化程度较女性高，即男性表现为更倾向于依赖右半球，而女性的大脑活动具有双联的特征。有的科学家通过解剖人脑发现，负责传递两半球之间视觉信息的胼胝体，男女有所不同，女性胼胝体比男性胼胝体更宽大，因此，女性比男性更善于用语言表达对事物的认识、感受等。

（二）女性成才的生理劣势

女性成才和发展有其独特的生理优势，我们在充分认识到女性生理优势的同时也要注意到女性的生理劣势：体魄不如男性强壮，肌肉不如男性发达，月经要丢失一部分血液；女性易患独有的妇科疾病；怀孕、哺乳、生育、喂养等对女性身体的损耗很大；女性工作的"持续性"和"连贯性"不如男性。此外，女性的更年期反应较男性强烈，这就在不同程度上影响她们的工作和学习。总之，从生理上看，男女两性在成长和发展上互有长短，各有千秋。

二、女性成才的心理优势与劣势

（一）女性成才的心理优势

女性可以挖掘自身优势，充分发挥自身的特点，从而获得更为成功的职业发展或成才。女性成才的心理优势有以下四个方面。

1. 语言能力的优势

女性运用语言词汇的能力强于男性，在造句、语法、阅读能力等方面更为出色。一般来说，女性在从事文字整理、翻译、编辑、播音员以及教育、接待洽谈工作等时更能发挥其特长。

2. 思维能力的优势

女性在形象思维能力及思考问题的细致、周全上具有优势，因此适合从事形象设计方面的工作，如服装设计，其作品往往能让人感到典雅、和谐、优美。另外，女性在文学创作、文艺表演方面也颇具优势。

3. 交往能力的优势

女性普遍具有和蔼、温顺、容易与人相处、感情丰富且善于体谅别人的特点，在社交场合或工作协作中表现出较强的人际交往能力。因此，女性适合从事行政管理、推销、公关等工作。

4. 忍耐能力的优势

女性的忍耐能力比男性强。受过高等教育的女大学生，她们的个人修养好，能广泛听取各方面的意见，善于与他人合作共事。因此，女性适合从事机关和企事业单位的管理工作。在相对单调乏味的条件下，女性仍能孜孜不倦地长期工作，这是女性的一大特点。大多数女性的工作态度认真，耐心持久，有较强的工作责任心。因此，女性在进行财务工作、勘测设计的内务、计算机操作、资料整理、图书情报、档案管理及办公室等工作中能很好地发挥自己的优势。

一般来说，公关、金融银行业、传播媒介、人力资源、化妆品等职业特别适合女性。女性特有的温柔、耐心、细致、良好的沟通能力、亲和力，也能满足这些行业和职业的要求，从而做出成绩。大量的女性聚集于此，因为晋升高级管理者的机会将比在其他行业和职业方面大得多。

令人欣慰的是，教育机会的平等和性别角色限制的减少已促进性别差异的缩小。我国近年来出现了女生"优势现象"，即在理科专业方面，女生表现出优良的课程成绩，并进入了男性集聚的工科行业就业，甚至取得了一定的成绩。随着社会的发展、性别的不断公平化，女性的智力开发将有更广阔的前景。总之，只有给自己一个恰当的定位，女性才能更全面地认识自身的优势与劣势，扬长避短，经营出精彩的职业人生。

（二）女性成才的心理劣势

男女在智力发展上各有优势和劣势。然而，在图形知觉、抽象逻辑思维、符号、空间推理等领域，女性明显不如男性。此外，女性在工作能力、社会经验、适应能力、判断能力、意志坚强性和工作魄力等方面与男性存在一定的差距，特别是女性在职业成就动机水平方面比男性低。相对而言，男性更理性。以上这些因素都造成了男女两性客观上的差异。

拓展阅读

有学者曾对男女差异做了趣味比较。

1. 甲、乙两人在街上行走，甲最先听到有人喊他们，乙最先看到喊他们的人。问：甲和乙谁更像女性？

答案：甲更像女性。女性的听力较男性强，视力却不如男性。由于女性的听力较强，她们对音调、音色的感受性也较强。没有乐感的男性与女性的比例约为：4.3∶1。

2. 甲总是称赞乙的鼻子尖（嗅觉好），别人睡过乙的枕头，乙也能闻出来。问：甲和乙谁更像女性？

答案：乙更像女性。女性的嗅觉较男性强，而且随着年龄的增长，女性嗅觉的丧失程度也较男性弱。

3. 在辨别方向上，甲总是比乙强。别人问路，甲的回答往往使人满意，乙的回答却往往使人不得要领。问：甲和乙谁更像女性？

答案：乙更像女性。在空间知觉方面，女性不如男性，男性比女性更喜欢结构性的事物。这也是女性人才在机械、建筑方面较少的重要原因。

4. 在快捷、准确地读数字方面，甲总是比乙强得多。问：甲和乙谁更像女性？

答案：甲更像女性。心理学家的研究表明，女性在数字方面的知觉速度明显比男性快。在一次测验中，男性和女性被要求划掉每一组数字中不同的地方，结果发现，女性操作的速度一般都比男性快。

5. 甲、乙均是全班同学公认的高才生，但甲花在学习方面的时间总是比乙多，在涉及历史、地理等科目时，甲的考试成绩总是超过乙。问：甲和乙谁更像女性？

答案：甲更像女性。记忆是学习之母，记忆方式的不同是影响学习效果的重要因素。一般来说，女性倾向于机械识记，而男性倾向于意义识记。

6. 甲、乙两人同行几十里山路，甲总在途中喊累，乙却无所谓。到目的地后，甲兴致勃勃地逛街去了，乙却坐着不想动。问：甲和乙谁更像女性？

答案：甲更像女性。女性的生理耐受力较男性强，女性的心理耐受力较男性稳固，女性的心理恢复能力较男性强。一般来说，女性喜欢同一节奏且持久，而男性倾向于重逢式的节奏活动，间歇休息。

7. 作为夫妻，甲总是讥笑，乙总是优柔寡断。在面临决策时，乙总是反复考虑，甲总是直截了当地提出见解，尽管说不出什么道理，但事实证明，甲经常是对的。问：甲和乙谁更像女性？

答案：甲更像女性。女性的逻辑思维能力较男性差，但直觉能力明显优于男性。由于女性的思维总是从经验、印象出发，她们做出分析与判断的速度较快，在涉及对人物的分析与判断方面的准确度也较高。近年来，国外心理学的研究发现，女性的直觉能力优于男性。

第二节　女性成才的心理障碍调适与克服

一、女性成才的心理障碍

（一）自卑感

一般来说，女性比男性的自卑感强，多数女性在成才的道路上存在不同程度的自卑感。她们认为女子的智力不如男子，难以成才，因此自暴自弃。女性的自卑感在极大程度上抑制了女性的发展，成为束缚女性成才的桎梏。

1. 女性在成才道路上的自卑感使她们对成才失去信心。信心对人的创造性思维与创造性想象的发挥有重要作用。创造性思维与创造性想象是成才的重要心理基础。一个人的创造性思维与创造性想象水平越高，其成才的可能性就越大，对社会的影响就越大。女性的自卑感抑制了女性创造性思维与创造性想象的充分发挥，阻碍了女性成才，降低了女性对社会创造性的贡献。女性成才道路上的自卑感易使女性的荣誉感薄弱。荣誉感是一种积极的情绪体验。荣誉感是社会对人们贡献的赞扬与评价，荣誉感是对这种赞扬与评价的情绪体验。女性正确对待荣誉感能充分调动自身的智力因素与非智力因素，为社会做出更大的贡献。某些女性在成才的道路上缺少荣誉感，缺乏竞争的信心，缺乏激励作用，从而影响自己的智力因素与非智力因素的调动。

2. 女性成才道路上的自卑感易使她们产生孤立感。孤立感会使女性在集体中失去与同事的合作，失去来自同事的帮助，从而影响自身成才。女性一旦打破自卑感，她们的智慧的火花就会发出耀人的光辉。当前，我国涌现出许多女改革家，她们之中的不少人也自卑过，但当改革把她们推上历史舞台时，她们打破了自卑感，很快地成为女强人。

（二）依赖心理

一般来说，在成才的道路上，女性比男性的依赖性强。依赖心理使她们在成才的道路上难以发挥思维的独立性。思维的独立性是指善于独立思考，能够独立地提出问题与解决问题。女性的依赖心理使她们遇事都倾向于依靠别人的帮助，导致独立思考能力得不到应有的发挥。依赖心理使女性在创造的道路上常常失去独立提出问题和解决问题的机会。

需要指出的是，依赖心理不是生而有之，而是在后天的社会实践中逐步形成的。女性的依赖心理并不是她们的天性。一般来说，女性的依赖心理比男性强是由于社会历史的原因与传统的陈腐观念造成的。女性的依赖心理束缚了她们的手脚。女性只要打破依赖心理，就能摆脱自我成才的绳索。成才的大门会一直向女性与男性等程度地敞开。

（三）嫉妒心理

一般来说，女性的嫉妒心理比男性的嫉妒心理强。嫉妒心理是女性成才的大敌，它甚至导致女性成才的自我死亡。

1. 嫉妒心理强的女性在看到别人在成才的道路上取得了成就时，就苦恼、愤怒与不安，有的女性甚至连别人打扮的比她漂亮点也闷闷不乐。嫉妒心理强的女性在工作中取得一点成绩就焦虑不安，生怕别人超过自己。嫉妒心理强的女性总是生活在痛苦中。那么生活在痛苦中的人，怎么能兢兢业业，努力工作，充分发挥自己的创造性，做出应有的贡献呢？

2. 嫉妒心理强的女性在看到别人取得成绩，受到表扬，特别是超过自己时，总是设法贬低别人，有时甚至不惜降低自己的人格搬弄是非，散布流言蜚语，诽谤、重伤别人。嫉妒心理强的女性的眼睛总是盯着别人的成绩，不是迎头赶上，发奋图强，而是绞尽脑汁地贬低别人。那么她们的精力用在攻击别人上，又怎么能发挥智能效应，在自己的工作上做出成绩呢？

3. 嫉妒心理强的女性往往人际关系紧张。因为她们总是忙忙碌碌地在别人背后说三道四，这样自然会造成人际关系紧张。在成才的道路上，嫉妒心理强的女性得到的是人们的鄙视。

因此，一切走在成才道路上的女性都要警惕嫉妒心理，都要高度克服嫉妒心。立志成才的女性要不求虚名，多做实事。嫉妒心是自我与别人比较时产生的，没有比较就没有嫉妒心。埋头苦干、不图虚名的人不与别人比虚名，而追求为社会创造更多的物质财富与精神财富。立志成才的女性要见贤思齐，尊重人才，向人才虚心学习，要注意看到自己的不足，迎头赶上。防止与克服嫉妒心的一个重要方法是奋发图强，积极进取。奋发图强、积极进取的心理状态能充分调动人体的身心潜力，有利于人的心理健康，有利于人充分发挥智力效应，为社会做出贡献。

（四）缺乏成才志向与意志

中国封建社会"女子无才便是德"的传统错误观念至今尚有流毒。目前，整个社会环境鼓励女子善于下厨、相夫教子、化妆等，否则就被议论不像一个女子。社会上对才华出众、拔尖的女性人才十分挑剔，而对忙忙碌碌、无所作为的女性很宽容。女性由于在结婚后忙于家务和教养孩子等，容易缺乏成才的志向。由于成才不是一帆风顺的，女性需要克服重重困难和险阻，需要有长期不拔的意志。缺乏成才志向的女性，由于没有远大的成才目标，缺乏成才的坚强意志。有些女性的虚荣心比较重，这也阻碍了她们成才。美国斯坦福大学著名心理学家推孟在自己《天才的发生学研究》一书中写到，在最成功和最不成功的人之间，差别最大的四种品质是：为取得成功而坚持不懈的努力、为实现目标不断积累成果的能力、自信心和克服自卑的能力。

（五）青年女性恋爱心理的冲突

随着青春期的结束和性意识的成熟，青年期女性的择偶需求成为一个突出的问题。恋爱是人类社会生存和发展的需要，也是一个人一生中重要的精神需求和心理归属。虽然女性在恋爱中的情感会高于理智，但是如果不了解自己的心理，不清楚自己的心理障碍，那么必然会不同程度地导致恋爱受挫，这对恋爱双方都是有害的。女性只有了解自身的心理弊端，积极地面对恋爱，才能矫正心理偏态，正确处理好恋爱与工作和学习的关系，为早日成功成才排除不必要的烦恼与忧虑。

1. 好奇冲动心理。年轻女性的恋爱多是在好奇心的驱使下开始的，带有很大的盲目性。一些女性受爱情小说、影视故事的感染，一旦出现了一个自己心目中早已定格的"白马王子"，就会不顾一切地敞开自己的心怀。这种闪电式的恋爱方式，较多地偏重于自然吸引，带有一定的虚假性和表面性。年轻女性在谈恋爱时，由于年纪轻，判断能力差，缺乏知识、经验，自制力弱，很容易上当受骗。有这种心理的女性要理智地看待爱情，培养正确的恋爱观，对不了解的人一定要多沟通、多接触，不要随便接受别人的爱情。

2. 虚荣从众心理。女性由于自卑心理较重，虚荣心也比男性强。虚荣心表现在恋爱中是多方面的，如在择偶中过多地强调身高、家庭地位、相貌、经济条件等，只要求对方能满足自己的虚荣心，而忽略其他实际条件。同时，女性由于独立意识差，缺乏主见，比较在意周围人的评价，在恋爱中易受环境暗示。社会上流行的择偶标准、周围人的看法、好友的对象条件，都会影响女性的恋爱态度。别人说好则自觉得意，别人说不好则会觉得不理想，女性往往因随波逐流而断送了自己的爱情。持有这种心理的女性一定要真正想清楚什么才是自己需要的，要认真倾听自己内心的声音，而不要被表面的假象所蒙蔽。在择偶时，女性既要广听众议，又要有自己的分析判断，有自己的主见。

3. 逆反心理。逆反心理是指人们彼此之间为了维护自尊，而对对方的要求采取相反的态度和言行的一种心理状态。有些女性的恋爱由于不符合一般世俗的标准，而受到来自家庭和社会的反对，但这往往会使她们反感，产生"你反对，我偏要谈"的逆反心理。特别是当大家批评她的恋人时，她就会义无反顾地对其恋人多加维护。大家越反对加压，她就越反感，越要爱他，而两人之间到底合不合适，她却无暇顾及。事实上，往往是周围人不反对了，两人之间的矛盾就要暴露出来了。有这种心理的女性一定要让自己冷静下来，认真分析一下周围的意见，而不能不分青红皂白地一概反着来。

4. 光晕心理。恋爱中的"光晕心理"是将对方的某些优点泛化，不加分析地用来判断、推论对方其他的能力和品质也是好的。人们常说的"捡起一点，不遗其余"，就是光晕作用的结果。恋爱中的"光晕心理"可以分为对别人和对自己两类情况。俗话说，情人眼里出西施，热恋中的女性往往把对方美化，使得对方的缺点在自己的眼中也变成可爱之处，从而失去理智判断能力。有的女性认为自己某一方面的条件（如职业、长相、家庭经济收入等）比较好，会对自己产生"光晕心理"，自恃择偶条件优越，对他人过分挑剔，把标准定得太高，从而导致因眼光高而缩小了自己的择偶范围，降低了恋爱的成功率。有这种心理的女性要尽量试着全面客观地看待自己，看待别人，要知道世界上没有十全十美的人。

5. 自卑心理。女性的自卑心理源于缺乏自信，而非完全的自身条件不足所造成的。有些女性在外人看来条件不错，但就是不自信；有些女性的自卑心理是由于生理缺陷或职业原因或有过某些过失而导致的。自卑心理容易使个人孤立和离群，不愿大胆追求而失去时机。女性即使确定恋爱关系，也缺少安全感，时时担心别的优秀女孩会把男友抢走，常常怀疑和猜疑男友与别的女性的关系，使两人经常处在紧张的状态下。有这种心理的女性要客观地评价自己，看到自己的长处，肯定自己的优势，培养自尊、自信、自强、自立的品质。

6. 梦幻心理。女性在恋爱时，往往幻想自己能经历一场像小说中描写的那样完美和轰轰烈烈的爱情，认为男友一旦爱上自己，就应该至死不渝，永远不会改变。在恋爱过程中，由于对男友有过高的期望值，女性时时刻刻希望自己成为爱情的中心，要求恋人围着自己转，听自己的话，为自己服务，迎合自己的性格需要，而不顾对方的需求、兴趣、爱好和价值，因此，彼此之间很容易发生摩擦和矛盾。这种理想和现实的差距往往使她们陷入无法满足的痛苦中。有这种心理的女性要从理想化状态回到现实世界中来，及时调整对爱情和恋人的期望值，学会互相尊重。

（六）女性婚姻心理的冲突

美满幸福的婚姻是人们所期待的，夫妻之间互相关照、互相体贴、同舟共济、白头偕老是人们所向往的婚姻生活。然而，现实生活中的婚姻往往是伴随着各种各样的冲突和矛盾的。在婚姻关系中，女性的心理冲突包括因与丈夫的理想、志向、性格等方面的差异未能互补而导致的心理负荷与情感挫伤，这就使致许多女性因婚姻家庭的不幸而影响事业的成功成才。

1. 因文化差异而产生的心理冲突

夫妻双方来自不同的家庭，夫妻双方不同的知识结构、文化教养和社会阅历导致他们在思想方法、理想志趣、社会经验和性格特征等方面存在不同程度的异质性。承认双方的异质性并进行整合的过程是长期的，贯串于整个夫妻关系的存续时期。然而，在这漫长的时期内，夫妻双方就会出现各种各样的冲突。

例如，在教育子女方面，由于夫妻双方在不同的家庭背景的熏陶下产生了不同的家庭教育目标，他们对子女的期待也不同，因此，他们在教育的手段和方法上就不可避免地产生一些冲突。在工人家庭中成长起来的一方可能更希望孩子脚踏实地地学点知识，务实劳作，而在文艺家庭中成长起来的一方可能更希望孩子在文艺方面有更好的发展。这样一来，夫妻双方很可能产生冲突，导致家庭不再和睦。

有些婚姻内的冲突从结婚一开始就显示出来。夫妻双方在家庭经济管理、金钱配置等方面不能达成共识，夫妻双方在业余的时间安排和兴趣爱好等方面不能相互支持，等等，这些都可以归结为由文化差异导致的冲突。

2. 因有过高的期望而导致的感情波动

恋爱和婚姻在形式和内容上都是不一样的。恋爱时的男女比任何时候都要宽容。正所谓情人眼里出西施，在光环效应的掩盖下，恋爱双方往往只看到对方美好的一面，对婚姻的期待都很高。然而，女性恋爱者更是感情重于理智。从自身来讲，她们总是尽量把自己的优越条件、良好品行表现出来，自觉不自觉地掩饰自己的缺陷。在考察对方时，她们也往往把对方的形象过分理想化。

在她们看来，自己的丈夫必将事业成功，拥有权力或金钱，坚毅、勇敢、精力旺盛……这种审美错觉的积极作用让她们揣着憧憬，勇敢地迈入婚姻的殿堂。然而，婚后的双方在不知不觉中会以一种自然状态出现在对方面前，他们似乎认为在自己最亲近的人面前保持完美形象是一种客套，从而由于关系亲密而任性行事，由于相互依赖而无所顾忌。随着时间的流逝，他们认为自己在感情上受了骗，有一种"看清庐山真面目"的感觉，所以情感上的波动在所难免。期望与现实中的天和地的距离是令人沮丧的，也是令人难以接受的。

3. 因角色变换而引起的心理矛盾

女性一旦进入婚姻就要为人妻、为人母，这几乎是人人都必须经历的生活事件，是可以预知的。然而，它对于每个女性来说又是从未碰到过的新问题。无论有怎样的思想准备、物质准备，婚姻和生育都不可避免地引起生活方式和个人行为方式上的极大变化。妻子、母亲——新的角色要求她们承担起责任。从依靠自己的父母到成为别人依靠的对象，这中间会有很长一段的心理适应期。此外，由于新的经济、人际等一系列复杂关系，女性更容易产生"婚姻是爱情的坟墓"的感觉，发现生活的乐趣减少了，夫妻间的不一致却与日俱增。对子女的抚养教育角色是由夫妻双方共同扮演的，因此，在孩子的抚养、教育等方面，他们都可能产生各种口角或冲突。

4. 因一些病态的行为而带来的冲突

我们把一切有损夫妻情爱与家庭团结的行为都看作病态行为。这样看来，婚姻中的很大一部分冲突是由夫妻中的这种病态行为引发的，而当事人往往是意识不到的。女性在与丈夫交往过程中常见的病态行为主要有以下三种：①要强、支配、控制行为。②陶醉与妒忌。③记恨与报复。

发生在婚姻家庭里的纷争事件屡见不鲜。做出过激事件甚至导致犯罪的往往以女性居多。女性的情感丰富而细腻并带有很大的隐蔽性，常常是爱戴、怜悯、同情等积极情感与憎恨、仇视等消极情感交织在一起。女性的情绪容易波动，其快乐、痛苦、愤怒、惊奇、羞怯等情绪内容变化快。从女性的特点来说，女性感情脆弱，对婚姻家庭及感情问题看得重，对这方面挫折的心理承受能力弱，处理问题的方式感情化的色彩较浓。相关资料表明，女性投入家庭建设的时间和精力比男性多得多。根据经济学中的成本与收益理论，女性对婚姻家庭的期待值显然高于男性，因此，当婚姻家庭的矛盾不能得到化解时，一旦感到绝望，她们就无法正确地宣泄情感，从而很容易选择一些极端的方式。

总之，女性在成才的道路上会遇到来自社会或自身各方面的干扰，但随着时代的发展、社会的进步，女性成才的道路越来越宽广，机会越来越多。如何把握机遇，提高自身的素质，学会学习，学会创造将是女性走向成功所必备的能力。女性要了解成才的过程中有很多影响因素，尽量扬长避短。

二、女性成才心理障碍的调适与克服

（一）自卑心理调适与克服

自卑，通常被解释为一种消极的自我评价或自我意识，是指与别人比较时，由于低估、轻视自己而产生的一种情绪体验。自卑感的消极作用最终导致的后果是女性人才的自我埋没，成为束缚女性成才的无形桎梏。因此，只有适时地进行心理调适，彻底打破自卑感，女性的智慧火花才会发出耀眼的光辉。

1. 突破性别角色定位

女性要想走向成功，首先应该警觉起来，根除内心的性别差异观，突破性别角色定位。女性应允许自己随心所欲地选择自己的形象，而不必考虑什么适合自己的性别角色形象；应根据自己独立的爱好选择自己的事业，而不必考虑这是否属于男性的传统领域；应重新审视和客观地看待自己，充分认识在传统性别角色定位里被认为不需要开发的潜能优势，让自己与所有男性一样重要，一样平等。这样有利于挖掘女性被压抑的潜能，使她们重新找回自己，为今后的成功打开一扇门。

2. 塑造自信心

女性在清除自己不需要的，必须摒弃的性别角色之后，最根本的还在于塑造自己的自信心。自卑的显著特点是没有自信，而自信是需要培养的。因此，女性有必要建立起自信心，让思想为行为服务，最大限度地发挥自身的潜能，创造辉煌的事业。

3. 确定明确的目标

无论人们对成功的定义是什么，制定并保持明确的目标对取得成功十分重要。一个致力于实现目标的人，能获得最大的成就。一个拥有人生目标的人，能够看到自己的人生进程；一个不自卑的人，能专注目标并为之奋斗。因此，她们取得了成功。每个女性都应该好好地设计一下自己的人生，确定自己的近期、长远奋斗目标，这对自己的成功很重要。

（二）依赖心理调适与克服

依赖心理是一种不健康的心理，表现为过分依赖他人，缺乏独立性。女性打破依赖心理等于挣脱了捆绑着她们成功的绳索。成才的大门同时向女人和男人敞开。

1. 人本身就是无尽的宝藏

科学研究的成果告诉我们，每个人身上都有巨大的潜能还没有被开发出来。如果我们充分并利用这些潜在的能力，那么每个人都会取得成功。女性依赖心理的产生更多的是没有认识到自己的潜能和价值，没有意识到自己就是无尽的宝藏，也没有想到要去开发和利用这个宝藏。因此，女性应克服依赖心理，用新的眼光重新审视和认识自己，依靠自我奋斗，打开并充分利用自己的潜能。人生赋予人们的智慧和能力并无多大差别，但这种智慧和能力总是潜藏在每个人的生命里，只有当女性自信并奋斗，它们才会聚集起来发挥作用，从而牵引女性不断走向成功。

2. 世界上唯一能依靠的就是人本身

女性依赖心理的一个显著特征是把希望寄托在爱人身上，把人生托付给丈夫，其实这只是幻想。夫妻关系从极大程度上讲是一种契约关系，或者更直接地说是一种股份关系。但无论是契约关系还是股份关系，它更多地体现为一种利益关系。许多事实已经证实并且还将继续证实，女性社会地位的提高与发展有赖于自身的同步发展。所有的分析都直接或间接地指向这样一个现实：盲目依赖他人，不依靠自我奋斗，缺乏独立性是危险的。因为在这个世界上，唯一可以依靠的人只有自己！当一个人遇到困难、困境时，谁都靠不住，只有自己才能拯救自己。

（三）嫉妒心理调适与克服

黑格尔曾说，嫉妒是平庸的情调对卓越才能的反感，即"只许你不如我，不准你超过我"。女性应高度警惕嫉妒心理，自觉抵制和克服嫉妒心理。

1. 正确认识自我，学会欣赏他人

一个人受主客观条件的限制，不可能万事如意，样样比别人好，时时走在别人的前面。一个人不仅要接纳自己，认识自己的优点，而且要学会正确地评价、理解和欣赏他人。

2. 加强自身修养，培养宽阔心境

嫉妒心理的另一个成因是心胸狭窄。要想克服这种狭窄的病态心理，我们就要加强修养，培养宽阔的心境；消除"我不行，也不让你行"的既害己又害人的陈腐观念；树立起"你行，我更行"的敢于竞争、超过别人的拼搏竞争的观念，包容他人，包容他人超过自己。

3. 不慕虚名，多做实事

嫉妒心是自我与别人比较产生的，没有比较就没有嫉妒心。因此，我们要埋头苦干,不图虚名,不与他人比虚名,而追求自我价值的实现。培根说过每一个埋头苦干的人,是没有功夫嫉妒他人的。如果我们给自己制定一个近期和长期的目标,孜孜不倦地为实现这个目标而努力,我们就不会为别人的成功而烦恼,也就不容易分心,这样一来,嫉妒就很难占据我们的心,阻碍我们前进的步伐。

4. 相互接近, 加深了解

嫉妒常常产生于相互缺乏帮助,彼此缺乏感情的人之间。一个嫉妒心强的人,其社交范围很小,只做井底之蛙,不知天外有天。一个人只有投入团队群体的海洋里,才能消除自私狭隘的嫉妒心理。因此,我们只有互相主动接近,互帮互助,才能消除嫉妒心理。

(四) 人际关系调适与克服

莎士比亚曾经对社交有一段精辟的论述:"对众人一视同仁,对少数人推心置腹,对任何人都不要自负。在能力上应能和你的敌人抗衡,但不要争强好胜,炫耀你的才干。对朋友要开诚布公,宁可人责备你木纳寡言,不要怪你多言多事。"这也是社交的原则。女性要想在社交舞台上表现自我,就必须懂得人际交往的原则。莎士比亚的这句话经典地概括了人际交往的原则。根据这个原则,女性可以通过以下技巧提高自己的人际交往能力,有利于早日成功、成才。

1. 重视良好的第一印象建立

在人际交往中,能够与我们朝夕相处从而了解我们的人较少。在与别人的短暂接触中,双方的第一印象很重要,对交往的继续与否有决定性的影响。怎样表现自己才能给对方留下良好、深刻的印象呢?卡耐基总结出六条途径:①真诚对别人感兴趣;②微笑;③多提别人的名字;④做一个耐心的听者,鼓励别人谈他们自己;⑤谈符合别人兴趣的话题;⑥以真诚的方式让别人感觉到自己很重要。

2. 主动热情

主动是一种礼貌礼节,有"礼"走遍天下。主动是一种尊重,而尊重是相互的。热情是一种强烈而深厚的情感,它是推动和鼓舞人们前进的一种力量。有人认为,先向别人打招呼,不是看低自己了吗?我向他打招呼,他要不理睬我,那多难堪。实践证明,我们主动交往得不到理睬的情况极少,除非对方对我们积怨太深。即使是一些"傲慢、古怪"的人,我们自然、亲切地与他们打招呼,他们也会对我们报以热情的姿态。

3. 经常赞美别人

希望得到别人的注意和肯定，这是人们共有的心理需求。赞美是最能满足这种需求的。要想学会赞美别人，首先，我们要时时留心身边的人和事，多发现别人的优点，真心实意地赞美周围的人。其次，我们要把握分寸，赞美得恰如其分，切忌"吹捧""夸张"。

4. 积极的自我暗示

多数女性由于在交往中不够自信，特别关注别人是如何评价自己的，导致心情紧张，言语动作、表情姿态不自然，从而影响双方的继续交往。那些害怕与人交往的女性应该经常给自己积极的心理暗示，如对自己说："我是受欢迎的人，我准行！"在头脑中把自己想象成一个良好的交际者。这样的心态会使她们在与人交往时轻松坦然，挥洒自如。

5. 善于找自己与别人的共同点

有些女性在交往的过程中不善于找自己与别人的共同点，常常带着偏见。有时，她们一听谈话内容就觉得没劲，不知道别人正需要了解这方面的心意；有时，她们看到别人的缺点就拒之千里。这就要求她们要做到耐心、细心，不要匆忙下结论。两个人的交往是需要慢慢磨合的，也许耐心地寻找和等待，她们就会找到自己与别人的共同点和优点。

6. 善于共情

共情是指个人体验到他人的内心感受，就好像那是自己的内心感受一样。也许做到这一点很难，但只要她们平时多从对方的角度思考问题，设身处地地为他人着想，就能不断提高自身的共情能力。

第三节　女性成才所具备的健康心理品格

人才学研究表明，人才的成功与失败不能单凭智力水平，还要看她的心理品格。一个人即使智力条件一般，但她具备了人才成功的优良的心理品格，又能坚持不懈地努力，也能锻炼成才。女性成才也不例外。因此，要想研究女性人才成长和发展的内在因素，我们必须研究人才成功的非智力因素心理品格。

所谓心理品格是一个内涵比较广泛的概念。期盼成才的女性应努力培养和形成良好的心理素质，始终以最积极的心态支配和控制自己的行为和思想，为成才插上有力的翅膀。

一、坚定的自信

自信是人对自己的能力行为的信任情感的一种表现。女性要充分认识自己的长处和潜在优势，正视自己的弱点和短处，克服自卑，实现自我价值。对于女性来说，封建传统和自然属性强加于她们的自卑感高于男性，因此，增加自信心是女性成功的第一秘诀。有了自信心，就有了争取成功的心理基础与心理准备。自信心是一种对自己潜在能力与力量的暗示，是一种对自己人生价值的潜在期望，是一种对自己克服一切困难达到预定目标的勇气的激发。自信心是女性最重要的心态之一，是自我的重要内容。坚定的自信会为女性带来成功，对女性成才起到极大的推动作用。

自信心可以使女性集中精力，产生自我推动力，在积极肯定的心态下促使她们去思考、去行动、去创造，从而完成使命，促成成功。

面对物欲横流的世界以及诸多诱惑和不确定的因素，没有自信心的人难以抗拒干扰，拒绝诱惑，往往随波逐流；有信心的人能够坚守自己的理想、信念不动摇，从而按照自己的心愿找到通向成才和卓越的道路。

自信心可以感染他人，赢得人缘。自信的人具有人格的魅力，富有号召力、凝聚力、影响力，既可以赢得他人的好感，又可以感染他人获得信心，从而具有良好的人缘。人缘好，是人一生的财富，也是人成功成才的一个因素。

二、强烈的成就动机

世界上的一切事物都是在某种动力推动下发生、发展的。人的行为起因自然也需要动力，这就是动机的作用，是每个人每时每刻都拥有的。然而，成就动机并不是人人都拥有的。只有在强烈的成就需求下，人们才能成功地实现目标。成就动机是指在特定情境下，个体通过自己的努力完成某些有价值的或重要的事情的欲望。它是一种高尚的道德情感，是在人的强烈事业心和求知欲望的基础上产生的推动个体谋求成功的内部动力。

由于成就动机低下，许多女性自甘平庸、自我埋没，最后默默无闻、一事无成。因此，强化和形成强烈的成就动机是女性成功的决定性因素。这是因为成就动机是女性选择目标的依据，它决定了女性成就的大小。众多研究已证明，对成功地完成某项任务抱有很高期望的人会比那些对此期望很低的人表现得更为出色。同样，一个人成就动机的强弱也影响其真正实现内心目标的可能性。一个人只有不断激发自己高尚的成就动机，才会永远不满足于现状，不断超越自己，不断否定自己，不断给自己制定新的目标，这样一来，其生命才会伟大。

三、坚强的意志

意志具有自制性，可以抗拒诱惑和排除女性成功道路上的各种干扰。女性追求成功的过程中总会存在一些欲望的诱惑和消极情绪情感的干扰。具有坚强意志的女性为了达到自己的目标，能够驾驭自我和克服自己的欲望，控制消极情绪，约束自己的言行，克服与目标实现不一致的思想行为，排除外界的干扰，不仅坚决执行自己的决定，而且抵制自己的冲动行为，使自己更加专注于人生的目标。

意志对女性克服困难、坚持目标起到非常重要的作用。所有渴望成功的女性都必须有锲而不舍的意志坚定性，因为但凡有价值的成就都会面临反复挫折，需要人们有毅力和勇气去面对。意志不坚定或缺乏意志的人在现实生活与事业发展中难以克服心理矛盾，遇到困难就怀疑预定的目标，错误地放弃追求，或者做事见异思迁、虎头蛇尾，对困难望而却步。具有坚强意志的人可以增强战胜困难的信心，不屈不挠地向着既定目标前进，从而到达成功的彼岸。

案例分享

"延迟满足" 心理实验

在美国得克萨斯州的一座城镇小学，正当校园苹果树飘香的时节，一个班的 8 名学生被叫到校长室旁边的房间，一位学者跟随老师走了进来。学者发给每人一块包装精美的糖，交代道："现在同学们每人手上有一块糖，你们可以随时吃掉它。不过，谁要是能等到我回来以后再吃，还会再得到一块糖。"学者交代完毕，就和老师一同离开了。糖块在同学们的手中，早吃晚吃皆可自行其是。晚吃可以多得到一块糖，这符合每名学生的愿望，只是必须抵御品尝的诱惑。随着时间的推移，一名意志薄弱的学生首先剥掉糖纸，把糖放进嘴里并发出诱人的"啧啧"声。受这名学生的感染，又有几名学生放弃得到另一块糖的机会，剥开糖纸品尝起来。过了 40 分钟，仍有一半学生理智地控制自己的欲望，一直等到学者回来，幸运地争取到最好的结果。

学者跟踪这些参与者长达 20 年，结果发现凭借良好的自制力能够"延迟满足"的学生，他们的数学和语文成绩要比那些管不住自己的学生平均高出 20 分，参加工作后把握机会的能力都很强，都能不畏艰难地走出困境，从而获得成功。那些没有经受住"延迟满足"考验的学生大都没有出息。

【分析与提示】

这项测试情商的"延迟满足"心理实验，给人们两点启示：一是情商。

其包含两大要素，即价值判断和自制力，就是不仅要能判断出什么对自己有利，还要能抵御诱惑，控制自己采取正确的行动。二是比情商更重要的智商。

四、独立自主的思维品格

科学在创新中形成，社会在创新中发展，历史在创新中前进。人才的本质在于创新。没有创新，就没有人才。创造心理学的研究表明，人们的创新活动离不开独立自主的思想品格。我们不难看出，女性人才在某个领域做出较大贡献的原因不仅是克服了依赖性、随从性和同调性，而且是保持了独立自主的思维品格。女性人才成长之路即女性独立自主的自强之路。

五、健康的情绪

情绪是人对客观事物所持态度的体验，是人的需要获得满足与否的反映。当客观事物能够满足人的需要时，人就会产生积极的情绪反应，有着健康的情绪体验；当客观事物不能满足人的需要时，人就会产生消极的情绪反应，缺乏健康的情绪体验。健康的情绪表现出欢乐、高兴、愉快、喜悦的积极心态；不良的情绪表现出沮丧、烦躁、悲观、愤怒的消极心态。情绪作为一种独特的情感体验，渗透在人们的一切活动中，关系着女性的发展与成才。情绪反映着人的精神状态，对人的行为产生明显的影响。积极的情绪可以使人保持精神的适度兴奋，使人的身心处于最佳的活动状态，能起到正向的推动作用，从而促进人积极地行动，提高活动效率。消极的情绪会抑制人精神的兴奋度，使人萎靡不振、精神疲惫，产生负面的影响，从而干扰、阻碍人的行动，降低活动效率。

情绪作为活动的组织者，调控人的智力活动。它对人们的知觉选择、注意资源的重新分配和思维活动的影响十分明显。人们之所以更容易记住自己喜欢的事情，难以记住不喜欢的东西，高兴时思维敏捷，悲观抑郁时思维迟钝，情绪在其中起到十分重要的调控作用。情绪主要是通过对个体认知、行为等方面的影响来促进或阻碍个体的发展与成才。因此，每个女性应学会调节和控制自己的情绪并使其朝健康方向发展，发挥情绪的积极作用，从而促进自己成功和成才。

情商（EQ）

我们以前认为，一个人在一生中能否取得成就主要依靠的是能力水平，即智商越高，越容易取得成功。长期以来，人们把成功和智力因素的关系绝对化，使得对孩子进行的整个教育都是针对智力的教育。然而，我们在无数成功者的案例中发现，他们具有一些共同的非智力因素的特征，如清醒的自我认识、稳定的情绪和不屈不挠的勇气等，这些共同的非智力因素就是情商。那么，到底什么是情商呢？

美国哈佛大学心理学家霍华德·加德纳在1983年提出，人有"多元智慧"，并首次将情商提到了与智商并列的高度。然而，真正的"情商"一词是由耶鲁大学心理学家彼得·塞拉维和新罕布什尔大学的琼·梅耶首创的，即EQ。情商（Emotion Quotient，EQ）即情绪商数，也就是我们平时所说的非智力因素，它包括自我认识、情绪管理、自我激励、了解他人和社会交往。在评价情商高低时，人们一般将其具体分为"自信心""爱心""独立性""竞争意识""乐观""诚实""交往合作""意志力""目标性"九项。美国心理学家丹尼尔·戈尔曼对情商进行的五个方面的概括可以作为我们衡量的大致标准：一是自我察觉情绪。我们能清楚地了解自己的情绪变化，如恼怒时能马上意识到自己的失态。二是驾驭心情。尤其在坏心情不期而至时，我们能很快冷静下来，甚至从另一个积极的角度重新评断目前的状况，如在公路上，有辆汽车突然超车插到我们的前面。我们的第一反应恐怕是在心里暗骂："可恶！差点就撞到我了！"然后越想越气，甚至导致鲁莽驾驶。这时，比较有效的方法是"重新评判"。我们可以告诉自己："这个司机也许有急事"，然后独自走开，待自己冷静下来再继续驾驶。三是自我激励。前进是富有激情的，我们在摔倒后要很快重新振作。四是理解他人情绪，也就是急他人所急，忧他人所忧。五是人际关系中的艺术和技巧，如第一次会面就记住别人的名字。

现代心理学研究表明，一个人成功的80%在于情商，智商只占20%。高情商的人能将自己有限的天赋发挥到极致，罗斯福就是一个典型的例子。罗斯福的智力一般，但极具人格魅力。他之所以能当上美国总统，带领美国走出经济萧条，在第二次世界大战中成为真正的赢家，这与他积极乐观的性格有着极大的关系。他真诚、坚强、富有人情味。在罗斯福走向成功的过程中，情感因素起到了非常典型的作用。情商中的各项能力在他身上得到了近乎完美的体现。

虽然情商概念产生于对智商的反思，但情商并不是智商的反义词，相反，两者无论是在概念上还是在现实中都是相辅相成、相互促进的。杜克大学的巴勃教授说过："如果一个人在智力和社会情感两方面都很出色，那么他想不成功都很困难。"

六、倾注事业的宽广胸怀

长期以来，女性围着家庭锅灶转，没有摆脱家庭小事，养成自私狭隘的心理品格。人才学研究表明，狭隘性是人才成功的又一大敌。我国女学部委员、半导体专家林兰英指出女性成才必须克服三大弱点，其中之一就是"心胸狭窄，心眼小，爱虚荣"。另外，女性要想成才一定要冷静、客观地处理好青年期恋爱心理的冲突和婚姻期恋爱心理的冲突。由此可见，女性要想成才，还必须克服狭隘性，处理好人生各个阶段的心理冲突，这样才能具有倾注事业的宽广胸怀。

综上所述，自卑性、怯懦性、脆弱性、依赖性、随从性、狭隘性是防碍女性成才的消极的心理品格，她们必须克服；自信性、勇敢性、坚韧性、独立性、自主性、宽广性是促进女性成才的积极的心理品格，她们必须具备。一般来说，后者的这些心理品格均是男性典型的性格特征。因此，女性要想成才，必须有较高的男性度，也就是成为男性的女性。因此，国外研究也表明，创造性高的人，多兼有男女两性的性格特征，即男性式的女子和女性式的男子。

思考与练习

1. 试分析女性成才的生理优势。
2. 试分析女性成才的心理优势。
3. 女性成才的心理障碍是什么？
4. 青年女性恋爱心理的冲突是什么？如何进行调适？
5. 女性成才应具备怎样的品格？如何克服女性成才的心理障碍？
6. 什么是心理健康？如何调适女性的心理健康？
7. 案例分析：嫉妒心理案例分析。

来访者基本情况：吴某，女，19岁，某学院二年级学生，班级组织委员。主诉与班长（女）关系总是处不好，特别烦她，所以在交往中显得很不自在，有时候真想辞掉这个组织委员不干了，省得整天低头不见抬头见的，心里总是很烦躁。

新学期入学后，班级竞选班委，我当了班级组织委员，班长则由一个比我多了 3 票的女学生当选。一开始，我们合作还不错，我们都有一些文艺特长和业余爱好，也可以说，在大家心中，我们算得上是才女。然而，我慢慢发现她好像处处在暗中和我较劲，总要在某个方面故意压我一头。例如，我在和别人聊天时，她总要插一杠子，一会儿，别人就和她聊得火热，把我晾在一边。她还特别会和老师套近乎、搞关系，虽然她的总成绩没我好，但是得了一等奖学金，我得了二等奖学金。她的性格比较外向，平时和男同学交往很多，好多同学都很听她的，甚至管她叫"大姐"。她的穿着打扮比较时尚，简直不像一个女生。现在，我特别讨厌她，总是想消消她的气势，故意与她作对。我甚至有的时候真希望她遇到一个灾祸，永远不要这样耀武扬威。现在，我就不能和她同在一个场合，因为只要她在场，我就觉得什么事都做不好。但是同在一个班级，又都是班委，经常见面，合作的机会也很多，好像总甩不掉她。我心里气得不得了，她好像没事一样，照样有说有笑。真是烦死我了，我到底应该怎么办？

(1) 吴某心理失衡的原因是什么？

(2) 如何帮助吴某进行嫉妒心理调适与克服？

参考文献

［1］罗慧兰．女性心理学［M］．长沙：湖南大学出版社，2014.

［2］黄蓉生，任一明．现代女性学概论［M］．重庆：西南师范大学出版社，2009.

［3］侯典牧．女性心理学［M］．北京：北京师范大学出版社，2017.

［4］王芳．当压力来敲门［M］．北京：华夏出版社，2020.

［5］Brian Luke Seaward．压力管理策略［M］．许燕，等译．北京：中国轻工业出版社，2008.

［6］程玮，周蓝岚．女性心理学概论［M］．北京：科学出版社，2015.

［7］颜农秋．家庭心理辅导（初中卷）　［M］．广州：中山大学出版社，2008.

［8］黄爱玲．女性心理学［M］．广州：暨南大学出版社，2008.

［9］Claire A. Etaugh，Judith S. Bridges．心理学：关于女性［M］．施轶，译．上海：上海人民出版社，2013.

［10］Claire A. Etaugh，Judith S. Bridges．女性心理学［M］．苏彦捷，等译．北京：北京大学出版社，2004.

［11］黄志敏．小班幼儿新入园分离焦虑研究［D］．桂林：广西师范大学，2007.

［12］李春雨．少儿舞蹈腰部科学训练的教学实践研究［D］．哈尔滨：哈尔滨师范大学，2020.

［13］仲慧慧．动态视力发展敏感期初探［D］．苏州：苏州大学，2012.

［14］贺兵兵．青春期学生逆反心理的表现与对策研究［D］．长春：东北师范大学，2007.

［15］刘燕.农村留守儿童心灵危机干预的校校合作机制研究［D］.湘潭：湖南科技大学，2012.

［16］郑云龙.竹溪县初中青春期教育的调查研究［D］.武汉：华中师范大学，2008.

［17］王溯.贵阳市 37 中七年级生物教学渗透性健康教育的实践研究［D］.贵阳：贵州师范大学，2014.

［18］武芳.高学历女性群体社会心理问题探究［D］.临汾：山西师范大学，2012.